Marco Meier

Inge Feltrinelli

Das erste Leben

Aus dem Italienischen von
Julika Brandestini und Verena von Koskull

ROWOHLT

Die italienische Originalausgabe erschien 2023 unter dem Titel
«Ingemaus» in «Varia» bei Giangiacomo Feltrinelli Editore, Mailand.

Das Zitat auf S. 138 stammt aus Stefan Zweig, «Tagebücher»,
S. Fischer Verlag, Frankfurt am Main 1984, S. 363.
Das Zitat auf S. 315 stammt aus Johan Huizinga, Homo Ludens – Vom Ursprung
der Kultur im Spiel, aus dem Niederländischen übertragen von H. Nachod,
Rowohlt Verlag, Hamburg 1956, S. 14-15.

Deutsche Erstausgabe
Veröffentlicht im Rowohlt Verlag, Hamburg, Oktober 2024
Copyright © 2024 by Rowohlt Verlag GmbH, Hamburg
«Ingemaus» Copyright © 2023 by Giangiacomo Feltrinelli Editore, Mailand
Die Nutzung unserer Werke für Text- und Data-Mining
im Sinne von §44b UrhG behalten wir uns explizit vor.
Innengestaltung Daniel Sauthoff
Satz Cardea OTCE bei Pinkuin Satz und Datentechnik, Berlin
Druck und Bindung GGP Media GmbH, Pößneck
ISBN 978-3-498-00726-3

Für Antonia und Sibylle

1
«Mischling ersten Grades»

Was hinter dieser Tür geschieht, weiß die kleine Inge nicht mit Sicherheit. Was weiß man schon mit nicht einmal sechs Jahren? Man weiß, dass es eine Mama gibt, einen Papa und dass die beiden immer da sein werden, um ihre Ingemaus zu beschützen. Man weiß, dass ihre Stimmen, die durch die Wände dringen, auch wenn du nicht verstehst, was sie sagen, und es wohl kaum mehr als die üblichen allabendlichen Gespräche sind, die magische Fähigkeit haben, dich ins Land der Träume zu schicken.

Es sind die Stimmen deiner Eltern.

Aber warum schreien sie heute Abend so?

Das kann Ingemaus nicht wissen. Sie kann nichts weiter tun, als die Augen zu schließen und zuzulassen, dass die Nacht alles mit sich fortträgt.

Siegfried Schönthal und Johanna Emma Gertrud Rosenmüller, für alle Trudel, hatten keine Zeit verloren. Ende Februar des Jahres 1930 haben sie geheiratet, eine kleine Wohnung in einem Neubau in der Königgrätzstraße 7 in Essen gefunden, und am 24. November desselben Jahres erfüllte sich ihr größter Wunsch, Eltern zu werden. Sie könnten nicht glücklicher sein. Jetzt sind sie unauflöslich miteinander verbunden.

Über ihnen verschleiert die Industrie der Essener Werke den Himmel, aber unter dieser Dunstglocke gelingt es Ingemaus, wie Trudel die kleine Inge nennt, die Tage zu erhellen.

Es sollte noch zwanzig Jahre dauern, bis auf dem Dach des majestätischen Hotels ‹Handelshof›, das gegenüber dem Hauptbahnhof aufragt, eine Leuchtreklame mit der Aufschrift ‹Essen - Die Einkaufsstadt› angebracht wird. 1930 dominiert in der Stadt an der Ruhr noch die Stahlindustrie. Fast anderthalb Jahrhunderte zuvor hatte Essens Aufstieg mit der kleinen Werkstatt einer Familie begonnen, der Krupps - Kohle, Eisen, Stahl, Produkte von immer höherer Qualität -, die schließlich zur Waffenschmiede ganz Deutschlands werden würde.

Siegfried ist Führungskraft bei der Neumann & Mendel in Essen, einer Firma, die Arbeitskleidung herstellt. Sein Chef, Ludwig Neumann, liebt sein Land so sehr, dass er sich im Ersten Weltkrieg freiwillig gemeldet hat und das Eiserne Kreuz Erster Klasse erwarb. Neumann ist eine hoch angesehene Persönlichkeit; die Bürger von Essen vertrauen diesem Mann, der seine Geschäfte sowohl mit Blick auf die Zukunft als auch auf die Vergangenheit führt, auf die Generationen, die ihm in der Führung der Firma vorausgegangen sind: Tradition und Unternehmergeist, eine perfekte Kombination für eine Industrie, die vielen die Gelegenheit gibt, sich verlässlich, konkret, unternehmungsfreudig zu erweisen, eben als echte Geschäftsmänner.

Siegfried Schönthal und Ludwig Neumann teilen mehr als nur den Arbeitsplatz. Beide sind Juden, doch die Religion der Väter zählt für sie nicht viel. Sie tragen ihre germanischen Namen mit Stolz und fühlen sich in jeglicher Hinsicht als gute Deutsche. Als solche sind sie seit jeher von allen, mit denen sie in Essen zu tun haben, respektiert worden: Sie

sind produktive Bürger einer Stadt, in der Arbeitsethik stets ein hohes Gut war. Nicht einmal nach Hitlers Machtergreifung im Januar 1933 zeigten Schönthal oder Neumann die geringste Besorgnis, weder um die Familie noch um die Firma. Ihr Ruf und ihr Ansehen würden sie vor dem wachsenden Antisemitismus schützen. Ihre Firma ist für ihren Patriotismus allseits bekannt. Davon sind sie überzeugt. Und doch waren die vergangenen Jahre in Deutschland schwere Krisenjahre. Die Zahl der Arbeitslosen ist exponentiell gestiegen. Im Lauf von fünf Monaten – von September 1929 bis Februar 1930 – wächst die Zahl der Beschäftigungslosen um zwei Millionen. Eine Wirtschaftskrise also, aber auch eine politische Krise. Der Wirtschaftskrise folgt eine gesellschaftliche und politische Krise.

Inges Vater und sein Chef sind natürlich nicht naiv, und manch einer hat auch versucht, sie zu warnen. 1934 hat ein niederländischer Freund Neumanns, ein Herr Joosten, klar und deutlich zu ihm gesagt: Verkaufe, solange es noch geht. Joosten ist Juniorpartner einer großen Fabrik für Arbeitshosen, die er mit seinem Onkel in Tilburg betreibt. Bereits mehrere Firmen jüdischer Deutscher haben ihren Betrieb liquidiert, das Geld außer Landes geschafft und im Ausland neu angefangen. Neumann ist zu stolz, um auf den Ratschlag einzugehen, zu sehr hängt er an dem, was er aufgebaut hat, und am Mutterunternehmen, doch Siegfried steht es frei, Joostens Angebot anzunehmen: eine Arbeitsstelle in den Niederlanden. Siegfried lehnt ab. «Solange mein Chef in Deutschland bleibt, bleibe ich auch.»

Trudel dagegen ist beunruhigter. Warnzeichen gibt es überall. Nicht nur die für alle sichtbaren – die ‹Für Juden verboten›-Schilder in den Schaufensterscheiben, in Kinos und Theatern –, sondern auch subtilere, aber nicht weniger aufschlussreiche, die Inges Mutter aufmerksam registriert und die Papa, ihr geliebter Väti, vielleicht zu übersehen vorgibt.

Da sind zum Beispiel ihre Nachbarn, die Neubergs, Juden und ebenso angesehen wie sie selbst. Die Männer der Familie nehmen Englischunterricht. Warum? Trudel kennt die Antwort, doch ist es nicht ratsam, sie laut auszusprechen, allenfalls vor dem eigenen Ehemann, und darum schreibt sie sie nur in ihr Tagebuch: «Sie denken bereits an eine mögliche Auswanderung.» Auf diesen Seiten vermerkt sie kleinere und größere Verfolgungen gegenüber den Juden; die Zeilen sind gespickt von Übergriffen und Schikanen. Ihr Tagebuch ist das Mittel, mit dem sie Zeugnis davon ablegen kann, was um sie herum geschieht, ohne das Risiko einzugehen, dass Ingemaus die Worte hört. Sorgen und Ängste sollen aus dem Leben ihrer Tochter ferngehalten werden.

«Siegfried hatte keine Wahl.»

Diesmal bemüht sich Trudel besonders, leise zu sprechen. Hinter der Tür schläft Ingemaus, dessen ist sie sich sicher, schließlich war es ein sehr anstrengender Tag, aber man weiß ja nie. Mutter und Tochter hatten fröhlich das Haus verlassen und trotz der Blicke der Passanten hüpfend die Straße überquert, die sie von der Grundschule trennt. Der Augenblick war gekommen, Inge in der Schule anzumelden. Ein neues Leben für sie, für alle, in diesem von düsteren Vorzeichen überschatteten Jahr 1936.

Im Sekretariat war man freundlich, bis Trudel anfing, die persönlichen Daten des Mädchens zu nennen: Vater Jude, Mutter Arierin.

«Jüdischer Mischling ersten Grades», lautete der Kommentar des Angestellten, als hefte er ihr ein Etikett an.

Erst ein Jahr zuvor sind die Nürnberger Gesetze verabschiedet worden und mit ihnen die Regeln, nach denen man sich

mit deutschem Blut und deutscher Ehre rühmen darf. Im Fall der kleinen Inge bedeutet das, keine deutsche Schule, es sei denn, fügt der Angestellte hinzu, das Schulamt entscheidet anders.

Trudel traut ihren Ohren nicht. Natürlich kennt sie die Regeln gut, jeder kennt sie, aber niemand darf es wagen, sich in das Leben ihrer Tochter einzumischen. Und so erhebt sie an diesem Tag in der Schule zornig die Stimme, damit alle genau hören, was sie zu sagen hat, auch die Eltern der ‹reinrassigen› Kinder. Sie brüllt, wenn man Inge nicht annehme, würde sie auf einer jüdischen Schule landen. Und wenn heute schon von einem Tag auf den anderen jüdische Lehrer verschwänden, wer weiß, was dann eines Tages mit den Kindern geschehe.

«Wenn die Dinge so stehen», schloss Trudel, ohne die Stimme zu senken, «dann wird meine Tochter nicht in die Schule gehen.» Dann nahm sie die Kleine bei der Hand und ging mit ihr nach Hause.

Jetzt erzählt sie ihrem fassungslosen Ehemann haarklein, was sie am folgenden Tag zu tun gedenkt.

Auf der anderen Seite der Tür kämpft Ingemaus gegen den Schlaf: Bei all der Aufregung des Tages, die ihr die Lider schwer macht, gelingt es ihr einfach nicht, wach zu bleiben und den aufgeregten Stimmen zu lauschen. Das Einzige, was sie mit Sicherheit weiß, ist, dass sie ihre Mutter noch nie so wütend erlebt hat.

Am nächsten Tag hat sich Trudels Zorn keinen Deut gelegt. Gleich in der Frühe geht sie zum Schulamt. Von dort wird sie zum Oberinspektor Thomas Elgering geschickt. Er ist derjenige, der über die Schulzulassungen der ersten Klasse entscheidet.

Oberinspektor Elgering kennt nur zwei Arten, seine Arbeit zu verrichten: Strenge und Unfreundlichkeit. Die Kombination der beiden erlaubt es, Dinge schnell abzuarbeiten. Wer nicht vor der ersten kuscht, die auf eisernen Regeln und Bürokratie fußt, ist gezwungen, vor den pampigen Antworten, die keine Widerrede dulden, den Rückzug anzutreten. Genau solche bekommt Trudel zu hören, als sie auch bei ihm darauf besteht, dass die Tochter keinesfalls an einer jüdischen Schule angemeldet werden dürfe.

«Und wo dann?»

Oberinspektor Elgering liebt rhetorische Fragen, die er vor allem für Menschen wie Inges Mutter übrighat. Kämpferische Personen, aber mit stumpfen Waffen gegenüber einem Staatsdiener.

Mühsam ihren Zorn im Zaum haltend, bemüht sich Trudel, ihm das Offensichtliche zu erklären, nämlich die Gefahren, die ihrer Tochter drohen.

«Das können Sie nicht zulassen, Herr Oberinspektor.»

Doch der hebt nur die Augenbraue, wie um sie herauszufordern, diesen Satz noch einmal zu wiederholen.

Trudel bleibt nichts anderes übrig, als das Büro zu verlassen, doch fühlt sie sich weder geschlagen noch entmutigt, denn sie hat noch ein letztes Ass im Ärmel und bittet darum, vom Schulrat empfangen zu werden, der für das Schulsystem verantwortlich ist.

Der Schulrat ist ein ganz anderer Mensch als Elgering. Alt, gutmütig, freundlich. Sicherlich kein Nazi, denkt sich Trudel, und als sich der Beamte schweigend ihre Klagen anhört, ist sie überzeugt, auf dem richtigen Weg zu sein. Doch gute Manieren können gegen das vom deutschen Reich errichtete bürokratische Labyrinth wenig ausrichten. Der Schulrat empfiehlt Trudel, einen förmlichen Antrag bei der Obersten Schulaufsichtsbehörde in Düsseldorf einzureichen und sich, sollte dieser unbeantwortet bleiben, direkt an den Kultusminister zu wenden. Ein endloser Aufstieg zu den Gipfeln der Bildungsinstitutionen. Ein Unterfangen, an dem jeder verzweifeln würde, nicht aber Trudel, die sich das nicht zweimal sagen lässt und im Laufe weniger Tage die Anträge fertig macht und abschickt.

Schweigen. Monatelang. Keine Nachricht, weder von der Obersten Schulaufsichtsbehörde noch vom Minister. Für Inge hat dieses Schweigen wieder einmal die Form der aufgeregten Stimmen ihrer Eltern angenommen, die auf den späten Abend warten, um über das weitere Vorgehen zu diskutieren. Inge ist zwar noch klein, aber ihr ist trotzdem klar, dass die Zeit allmählich knapp wird: Für sie soll die Schule nach Ostern des Jahres 1937 beginnen, und sie kann es kaum erwarten, die Stifte und Hefte zu benutzen, die sie mit ihrer Mutter gekauft hat.

Eines Abends klingen die Stimmen der Eltern noch aufgeregter als sonst, vielleicht weil Trudel entschieden hat, persönlich nach Düsseldorf zu fahren, um noch höhere Instanzen zu bemühen, und jetzt ihren Ehemann, der am folgenden Tag in der Filiale in Mönchengladbach zu tun hat, zu überzeugen versucht, sie mitzunehmen. Trudel ist es egal, wenn sie stundenlang auf den Ämtern herumsitzen muss, sie will nur eine Antwort. Und die Antwort kommt. Der Zuständige im Referat für Bildung bestätigt ihr, dass ihr Kind der deutschen Schule zugewiesen wird. Trudels Eingabe hat einen langen Weg genommen, doch am Ende hat sie es bis auf den Schreibtisch des Ministers Bernhard Rust in Berlin geschafft, der bekräftigen wird, dass Inge qua ihres Geburtsjahres 1930 und der evangelischen Taufe das Recht habe, die deutsche Schule zu besuchen. Der Leviathan der Gesetze hat sich selbst bezwungen.

Für eine Weile kehrt im Hause Schönthal wieder Fröhlichkeit ein. Gleich nach der wunderbaren Nachricht hat Trudel sich vor lauter Glück einen kleinen Luxus erlaubt: einen Fünf-Uhr-Tee im Düsseldorfer Café Tabari, wo der Akkordeonspieler und Polka-König Will Glahé spielt, der in jenen

Jahren mit seinem Tanzorchester Furore macht. Alles würde sich finden. Alles würde gutgehen. Das besagt schließlich auch der Brief des Bürgermeisters von Essen, Doktor Bubenzer, den Trudel in Händen hält: «Hiermit wird bestätigt, dass

Ihre Tochter der deutschen Schule in der Steelerstraße 342 zugewiesen ist.» Mit diesem Brief kehrt Trudel am folgenden Tag zum Oberinspektor des Essener Schulamts, Thomas Elgering, zurück. Sie hat nicht die geringste Lust, noch einmal mit diesem schrecklichen Beamten zu sprechen, doch zu gerne möchte sie das Gesicht des Bürokraten sehen, wenn er von ihrem Sieg erfährt. In einer Welt, in der sich Rechte unaufhaltsam erodieren, ist es Trudel gelungen, ihr Recht geltend zu machen. Herr Elgering empfängt sie mit der üblichen Kälte, und Trudel teilt ihm nicht minder ungerührt mit, dass ihre Tochter nach Ostern den Unterricht besuchen wird. «Ich hab's Ihnen ja gesagt», schließt sie, um zu unterstreichen, dass sie nie vorgehabt hatte, diesen Kampf zu verlieren.

Wenige Wochen nach Ostern kommt Inge tränenüberströmt nach Hause. Der Lehrer hat ihr mit dem Rohrstock auf den Kopf geschlagen, weil sie, so behauptet er, den Unterricht gestört habe.

«Das stimmt nicht, Mama, mir ist nur die Tafel runtergefallen!»

Bisher hat Trudel noch nie am Wort ihrer Tochter gezweifelt, und wegen einer aus den Händen gerutschten Schiefertafel wird sie bestimmt nicht damit anfangen.

«Herr Schandry ist ein Nazi», sagt Trudel am Abend zu ihrem Mann. Das genügt, um zu sagen, wie die Dinge liegen. Das Kind ist an der deutschen Schule aufgenommen worden, doch das bedeutet sicher nicht, dass das Etikett des «Mischlings ersten Grades» aus den Köpfen der Lehrer gestrichen ist. Hier geht es nicht darum, dass Inge wie vor Kurzem gezwungen wird, mit der rechten statt mit der linken Hand zu schreiben. Hier steht weit mehr auf dem Spiel.

Die Stimmen hinter der Tür sind zurückgekehrt, und jetzt weiß Inge, was sie bedeuten. Es wird etwas passieren.

Trudel geht direkt zu Lehrer Schandry. Sie deutet auf den Rohrstock, den er in der Nähe seines Pultes verwahrt, und sagt, so, wie er diese Waffe benutzt habe, um ihre Tochter zu bestrafen, werde sie ihm damit ins Gesicht schlagen, sollte er es wagen, dies noch einmal zu tun. Und sie endet: «Ich werde so heftig zuschlagen, dass Ihnen ein Striemen bleibt. Und zwar vor der ganzen Klasse.»

Das ist einer der vielen rebellischen Akte, die Monat für Monat von einem Meer beängstigender Neuigkeiten verschluckt werden. Immer mehr jüdische Läden werden mit dem Davidsstern und der Aufschrift ‹Jude› gekennzeichnet. Die Gestapo beginnt, systematisch in jüdische Wohnungen einzudringen und die Männer festzunehmen. Ein Jahr später, 1938, ist die Bedrohung allgegenwärtig, und im November desselben Jahres verändert sich alles. Nach der Reichspogromnacht werden im ganzen Land etwa dreißigtausend Juden verhaftet. Hunderte Synagogen werden in Brand gesteckt, jüdische Versammlungs- und Gebetsräume zerstört. Jetzt verändert sich auch der scheinbar unerschütterliche Väti, er wird schweigsamer, fast resigniert. Trudel ist die Erste, die in ihrem Mann diese fatalistische, verzagte, fast ergebene Haltung gegenüber der Unausweichlichkeit eines Schicksals erkennt, das sich gerade in dieser Nacht, vom 9. auf den 10. November, über das Familienoberhaupt zu senken scheint.

In Essen gibt es viele jüdische Geschäfte, und sie werden von der SA und der SS verwüstet und niedergebrannt. Juden werden aufgefordert, alle Waffen, die in ihrem Besitz sind, beim Polizeirevier abzugeben. Trudel rennt in die Innenstadt, will zur Firma, in der Väti arbeitet, bevor die Nazis dort ankommen, die, so hört man, die Wohnungen nach männlichen Juden durchkämmen. Siegfried und Neumann wissen, was vor sich geht. Ein ehemaliger Kommilitone von Neumann hat ihn vorgewarnt, was bald passieren würde, dabei soll Göring persönlich vor einiger Zeit gesagt haben, den jüdischen Ex-Soldaten werde nie etwas geschehen. So hat es Trudel in ihrem Tagebuch notiert. Warum sich also sorgen? Pflichtbewusst schaut Ludwig Neumann bei seiner Mutter vorbei, um seine alte Waffe aus dem Ersten Weltkrieg zu holen, die er abgeben muss. Väti ist zum Glück einsichtiger, und Trudel überzeugt ihn, sich im Schuppen des Schrebergartens ihrer Mutter an der Schillerwiese im Süden der Stadt zu verstecken. Dort soll Väti bleiben, bis sich die blinde Raserei dieser verfluchten Nacht gelegt hat. Ludwig Neumann wird auf dem Polizeiposten von der Gestapo verhaftet, als er seine Pistole abliefern will.

In den folgenden Tagen ist Inge der Geruch der Stadt unerträglich. Verbranntes Holz, Rauchschwaden, eine Dunstglocke, die diesmal nichts mit den Krupp'schen Stahlwerken zu tun hat. Die Nazis haben versucht, auch die Synagoge in Brand zu stecken, aber zum Glück ist sie stehen geblieben, zu solide, um einzustürzen. Hand in Hand steht Inge mit ihrem Vater davor, wie in der Zeit vor diesem Albtraum, als Vater und Tochter gemeinsam durch die Straßen der Stadt spazierten. Inge mag es, an der Seite ihres Vaters zu sein, seine Hand zu spüren, die sich sanft und zugleich fest um ihre schließt und ihr das Gefühl gibt, dass er sie niemals loslassen wird. Der stattliche, leicht korpulente, kahlköpfige, introvertierte und schweigsame Mann ist das Gegenteil ihrer Mutter, dieser zierlichen, kämpferischen, resoluten und dennoch liebevollen Frau, die Wert darauf legt, sich ebenso akkurat wie schlicht zu kleiden. Er meidet Entscheidungen, spielt auf Zeit, in seiner hilflosen Ruhe liegt etwas Weiches, in seiner ständigen Unentschlossenheit eine anscheinende Gelassenheit, die alles blockiert. Trudel dagegen packt das Leben an, sie ist eine Naturgewalt. Doch die vielleicht einprägsamste Kindheitserinnerung, die Inge für immer mit sich tragen wird, ist ihre Kinderhand, klein in der großen des Vaters: ein so großer Trost, dass die ganze Welt darin Platz findet.

Inges Mutter drängt ihren Mann. Reicht ihm das alles nicht? Will er weiterhin auf das Prestige der Firma als Schutzbrief vertrauen?

Die Resignation weicht in Siegfried einem neuen Bewusstsein: Er ist nicht mehr in Sicherheit, und seine bloße Anwesenheit setzt das Leben seiner Frau und seiner Tochter aufs Spiel. Denn in der Reichspogromnacht sind tatsächlich Gestapo-Beamte bei ihnen gewesen. Sie haben nach Siegfried gefragt, und Trudel ist es irgendwie gelungen, sie fortzuschicken, mit der Beteuerung, dass sie wirklich nicht wisse, wo ihr Mann sei, dass sie ruhig die ganze Wohnung auf den Kopf stellen könnten. Und sie waren gegangen. Doch was würde beim nächsten Mal geschehen?

Der Schuppen im Gemüsegarten an der Schillerwiese kann ihn nicht für immer retten. Mann und Frau sprechen lange darüber, und eine Frage liegt in der Luft, die nicht laut ausgesprochen zu werden braucht, so sehr durchdringt sie ihr Leben. Wann werden die Nazis Siegfried Schönthal verhaften?

Er muss weit fort, vielleicht ins Ausland, vielleicht in die Niederlande, das Angebot des jüdischen Partners der Firma Hedemann-Joosten annehmen. Ja, das ist der perfekte Plan, und jetzt ist auch Väti überzeugt, dass eine Ausreise die richtige Entscheidung ist.

Trudel weiß, was zu tun ist. Am Tag nach der Verhaftung hat sie die Mutter von Ludwig Neumann besucht. Sie fand sie in Tränen, verzweifelt, dieser allzu selbstsichere Sohn ist das

Letzte, was ihr noch geblieben ist, und Trudel verspricht ihr, dass sie ihr Möglichstes tun wird, um ihn zu retten; vielleicht ist der Moment gekommen, den Kontakt zu den niederländischen Partnern wieder aufzunehmen. Frau Neumann hört auf zu weinen und gesteht ihr, dass sie, wie der Zufall es will, eine gute Freundin des holländischen Konsuls in Essen sei. Und bei ihm spricht Trudel vor, um eine Einreiseerlaubnis für Siegfried zu erwirken, doch der Konsul, sichtlich zerknirscht, sagt ihr, dass er keine mehr ausstellen könne, dass nach der Reichspogromnacht die Grenze zu den Niederlanden von Soldaten der Wehrmacht patrouilliert werde. «Im Augenblick kann kein Deutscher ohne Genehmigung die Niederlande betreten, es ist alles zu.»

Wenn es ihr gelungen ist, die Tochter, «Mischling ersten Grades», an eine deutsche Schule zu bringen, dann würde es Trudel auch gelingen, den Ehemann ins Ausland zu bringen. Sie ist eine Arierin, genießt alle Rechte, und wenn sie nach Tilburg in die Niederlande reisen möchte, kann sie niemand aufhalten. Trudel lässt keinerlei Einwände gelten und denkt, dass sie im schlimmsten Fall einfach zurückgeschickt werden wird.

Inges Mutter fährt mit dem Zug. Erste Etappe, die deutsch-holländische Grenze. Und dort beginnen die langwierigen Überprüfungen, erst durch die SS, dann durch die holländische Polizei. Sie kontrollieren ihren Reisepass und das Einreiseformular, durchsuchen sie und versichern sich, dass sie keine Zeitungen bei sich trägt. Dasselbe tut die holländische Polizei, doch anstatt sie mit den anderen Passagieren in ihr Abteil zurückzulassen, wird sie abgewiesen und an der Grenze zurückgelassen.

Daraufhin bittet sie, mit dem obersten Zollbeamten zu sprechen, und sie bringen sie zu ihm. Jetzt muss sie sich nur eine glaubhafte Geschichte ausdenken, und sie muss sich beeilen. Und so erklärt sie dem Beamten, dass auf der anderen Seite der Grenze ihr Verlobter auf sie warte. Ob er denn wirklich so grausam sein könne, sie aufzuhalten?

Irgendwie gelingt es Trudel, dem obersten Zollbeamten das Herz zu erweichen, und es wird ihr gestattet, die Grenze zu überqueren, mit der Auflage, beim Zoll ihren Pass und eine Adresse zurückzulassen, wo man sie erreichen könne. Kehrt sie nicht nach zwei Tagen zurück, wird die Polizei nach ihr suchen.

Trudel hat es geschafft, sie hat niederländischen Boden betreten. Gut, und was jetzt? Zuerst fährt sie nach Tilburg, zur Firma Hedemann-Joosten. Doch Herr Joosten, derjenige der beiden Partner der gleichnamigen Firma, der Siegfried die Stelle angeboten hat, ist nicht da. Zusammen mit seinem Kompagnon Hedemann ist er zu einer Familienfeier nach Almelo gefahren, einer Stadt, die hundertfünfzig Kilometer weiter im Norden liegt. Trudel setzt sich an das Tischchen eines Cafés, wägt die Alternativen ab, holt Informationen ein, einige Unbekannte neben ihr mahnen sie zur Vorsicht, in diesem Land besser kein Deutsch zu sprechen. Dann steht Trudel auf. Der Plan ist der übliche: direkt auf das Ziel zuzusteuern, und wenn sie dort angekommen ist, Hedemann und Joosten die Dinge genau so zu schildern, wie sie stehen.

Nach mehreren Stunden im Zug erreicht Trudel Almelo. Und gerät mitten in die Feier hinein.

Bis tief in die Nacht erklärt sie den beiden jüdischen Unternehmerfreunden die Situation, in der sich ihre Familie befindet. Und am folgenden Morgen knüpft sie da wieder an, wo sie geendet hat. Joosten verspricht, alles in seiner Macht Stehende zu tun, um als Bürge für Siegfried Schönthal zu fungieren. Hedemann sagt ihr zu, er werde dasselbe für

Ludwig Neumann tun. Sie machen sich sofort an die Arbeit, die nötigen Genehmigungen einzuholen, es wird nur ein paar Tage dauern. In der Zwischenzeit muss Trudel nach Essen zurückkehren, bereit, in die Niederlande zurückzukehren, um das Verfahren für den Ehemann abzuschließen. Sobald die entsprechenden Stellen den beiden holländischen Partnern die Genehmigung zukommen lassen, werden sie ihr ein Telegramm schicken, dass sie sie so bald wie möglich und persönlich zu einer dringenden Besprechung treffen möchten; auf der Einladung wird auch das Datum des Treffens stehen. Mit diesem Telegramm wird Trudel keine Probleme haben, den Zoll zu passieren, ohne erneut nach einer Ausreiseerlaubnis gefragt zu werden.

Sie dankt den beiden Unternehmern, verabschiedet sich und fährt den Weg wieder zurück, bis zur Grenze, bis zu ihrem Pass, und dann zurück nach Essen.

Zwei lange Tage des Wartens vergehen, und am dritten kommt endlich das so dringend ersehnte Telegramm. Trudel bricht erneut auf in die Niederlande.

Trotz der Beschwichtigungen von Hedemann und Joosten beschließt sie, einen anderen Grenzübergang zu nutzen und wieder die Geschichte mit dem Verlobten vorzubringen. Sollte das nicht reichen, würde sie das Telegramm herausholen. Glücklicherweise läuft alles glatt.

Als sie in Almelo ankommt, raten ihr die beiden Unternehmer, direkt beim holländischen Innenminister um die Einreiseerlaubnis für den Ehemann zu ersuchen, und das tut Trudel. Die Kosten der Ausreise und die Zusicherung einer Arbeitsstelle übernimmt die Gesellschaft Hedemann-Joosten.

Die Zukunft, die Trudel für ihren Ehemann plant, baut sich über gestempelte Urkunden und Beglaubigungen, Papiere und Unterschriften, Genehmigungen und Erlaubnisse auf, in gewisser Weise nicht unähnlich der Art, wie sie Inges Schulanmeldung erwirkt hat.

Ein falscher Schritt, und alles, was sie mit solch großer Mühe zu konstruieren versucht, könnte in sich zusammenstürzen.

Jetzt ist Siegfried an der Reihe. Nachdem er persönlich in Köln war, um sich bei der Auswanderungsbehörde registrieren zu lassen, sollte alles in Gang kommen. Die Kräfte, die in diesem Feld wirken, sind so unvorhersehbar und zahlreich, dass sich im Lauf einer Nacht alles ändern kann, und so verwandelt sich das Leben der Familie Schönthal plötzlich in einen Spionageroman. Das Einschreiben, das einige Tage später aus den Niederlanden kommt, bittet Frau Schönthal, sich umgehend zur niederländischen Grenze zu begeben. Dort würde ein holländischer Staatsbürger mit einem Automobil auf sie warten. Das Kennzeichen ist in dem Brief genannt. Trudel bleibt nichts anderes übrig, als sich wieder aufzumachen. Und an der Grenze hält wirklich ein Automobil, auch das Kennzeichen stimmt. Der Mann am Steuer ist kurz angebunden, er hat keine Zeit zu verlieren, und kaum ist Trudel eingestiegen, sagt er ihr, dass die Dinge sich verkompliziert haben. Die Zahl der Juden, die versuchen, heimlich die Grenze zu überqueren, steigt stetig, und die Regierung beginnt Schwierigkeiten zu machen. Das Ergebnis sind längere Wartezeiten, um die Einreiseerlaubnis zu erhalten, und diese Zeit haben die Schönthals nicht. Darum heißt es handeln.
«Die Grenze bei Kevelaer wird von einer SS-Patrouille bewacht. Die kennen wir. Sie haben schon mehr als einmal ein Auge zugedrückt, aber sie stehen kurz vor der Ablösung. Ihr Mann muss die Grenze so schnell wie möglich überqueren.»

Trudel hört schweigend zu und macht stenografische Notizen. Der Holländer fügt hinzu, sie solle das Geld für den Helfer bezahlen, der die Flüchtlinge in die Garage eines katholischen Priesters bringen würde.

«Ihr müsst zu einem Lokal an der Grenze fahren, es ist ein kleines Café. Früh am Morgen. Ein Mann in einer blauen Arbeitshose wird euch ansprechen. Er wird euch fragen, ob ihr Feuer habt. Ihr müsst eine Essener Zeitung bei euch tragen. Haltet sie gut sichtbar. Alles Weitere besprecht ihr mit ihm. Sein Name ist van Larsen.»

Jetzt oder nie. Siegfried scheint am Rande eines Nervenzusammenbruchs zu sein. Trudel steht dem großen, korpulenten Mann hilflos gegenüber, der kaum atmen kann und wie ein Fisch nach Luft schnappt. Die emotionale Achterbahnfahrt hat ihn zermürbt, und der Gedanke, dass das Martyrium, vielleicht von einem Augenblick auf den anderen verhaftet zu werden, bald beendet sein wird, ist nur ein kleiner Trost. Auf der einen Seite seine Freiheit, auf der anderen Trudel und die kleine Inge. Es ist die einzige Alternative, aber trotzdem ist es schmerzhaft: Trudel ist Arierin, und sie und ihre Tochter werden in Deutschland bleiben.

Um früh am Morgen an der Grenze zu sein, besteigen die Eheleute Schönthal tags zuvor einen Zug nach Kleve, wo sie in einem Hotel übernachten. Das letzte Stück, vom Hotel bis zur Grenze, werden sie mit dem Taxi zurücklegen. Das wird die gefährlichste Strecke sein. Siegfried reist ohne Pass – der wurde ihm beim Auswanderungsbüro in Köln entzogen –, und es ist nicht schwierig, zu erahnen, was ihm durch den Kopf geht, als die Männer der Gestapo das Taxi zur Kontrolle anhalten und er gezwungen ist, ihnen ein Blatt zu reichen, auf dem ein großes ‹J› steht. Jude.

Gibt es Wunder? Wer darauf mit Ja antwortet, hat sicher schon häufig selbst welche erlebt. Die Männer der Gestapo lassen Siegfried und Trudel gehen, die vielleicht kaum Zeit haben, sich zu fragen, was gerade geschehen ist, weil ein zweites Wunder geschieht. In dem kleinen Café an der Grenze zu den Niederlanden taucht tatsächlich ein Herr van Larsen in blauer Arbeitshose auf. Siegfried Schönthal geht mit ihm hinaus in den Flur, um mit ihm zu sprechen, Trudel kommt wenig später hinzu. Versteckt in ihrer Tasche hat sie sechshundert Mark. Der Holländer, den sie einige Tage zuvor getroffen hat, hat ihr nicht gesagt, wie teuer die Dienste van Larsens sein würden, und so hat Trudel einen Großteil ihrer Ersparnisse bei sich. Würden sie ausreichen?

Ja, das Geld reicht, aber es ist noch nicht an der Zeit aufzubrechen, zuerst muss van Larsen sich um zwei Juden aus Berlin kümmern, die ebenfalls die Grenze überqueren wollen. Er würde später zurückkommen, gegen Mittag.

Worüber sprechen die Eheleute Schönthal in diesen wenigen Stunden? Nutzen sie die Zeit, um sich zu verabschieden, oder bleiben sie still und zermartern sich die Köpfe, für ein drittes Wunder betend, dass Herr van Larsen wirklich zurückkehren möge?

Mittags kommt der Holländer zurück und sagt Siegfried, er solle ihm folgen.

«Auf Wiedersehen. Viel Glück.» So verabschieden sich Mann und Frau. Ist es damit vorbei? Ist Siegfried für immer fort? Ist die kleine Ingemaus jetzt ohne Vater?

Trudel Schönthal bleibt noch lange in dem Café sitzen, neben sich die Tasche mit dem Geld. Wie lange braucht van Larsen, um zurückzukommen und ihr zu sagen, dass alles gutgegangen ist? Sie kann es nicht erwarten, ihn zu bezahlen und nach Essen zurückzukehren.

In diese Gedanken versunken, bemerkt sie nicht einmal den Mann in Zivil, der an ihren Tisch tritt. «Frau Schönthal?»

«Ja?»

«Kommen Sie bitte mit mir!», sagt er und versucht, nach ihrer Tasche zu greifen. Trudel reagiert sofort, sagt, sie sei selbst in der Lage, ihre Tasche zu tragen, doch der Mann schubst sie brüsk vor sich her.

«Sie sind verhaftet.»

Diesmal ist es wirklich vorbei. Wie es aussieht, haben Männer der SS Siegfried aufgehalten, bevor er die holländische Grenze überquert hatte. Wahrscheinlich haben die Kollegen von der Gestapo, die sie am Morgen angehalten hatten, sie verraten, und van Larsen konnte nichts für Siegfried tun. Vielleicht gibt es doch keine Wunder, denkt Trudel.

Trudel wird ins Grenzpolizei-Kommissariat geschleppt, die Beamten der SS um sie herum mustern sie lange. Ist es, weil sie wissen, was mit ihr geschehen wird? Im Büro des Leiters des Grenzkommissariats blenden sie sie mit einer Lampe, und sie erzählt alles: warum sie sich in diesem Café befindet, über den Ehemann, der in die Niederlande ausreisen will, von der Wahl dieses Grenzübergangs, weil er von der SS patrouilliert wird, die weniger grausam gegen die Juden ist, von dem Geld, das sie bei sich hat, um den Mann zu bezahlen, der dem jüdischen Mann bei der Ausreise helfen sollte.

«Sie lügen», sagt der Beamte, als sie geendet hat, bevor er sie in ein anderes Zimmer schickt. Sie fordern sie auf, sich komplett auszuziehen, und eine Frau mit Gummihandschuhen macht ihre Arbeit.

«Eine Bestie», beschreibt Trudel sie später auf den Seiten ihres Tagebuchs.

«Sie hat nichts bei sich», verkündet die SS-Beamtin schließlich in verachtungsvollem Ton. Daraufhin wird Trudel zurück zum Leiter des Grenzbüros gebracht, der jetzt viel freundlicher scheint, beinahe als wollte er sich für diese Behandlung entschuldigen. Oder vielleicht hat er sich nur beruhigt, nachdem er seine Kollegen in Essen angerufen und sich versichert hat, dass die Frau, die vor ihm steht, nicht lügt. Johanna Emma Gertrud Rosenmüller wohnt tatsächlich in dieser rheinländischen Stadt, hat eine kleine Tochter, die sich gerade bei der Großmutter befindet, und der Ehemann ist der Einzige, der auswandern möchte. Trudel erfährt, dass Siegfried, der kurz vor ihr vernommen worden war, Angst bekommen und angegeben hat, er sei alleine zur Grenze gekommen.

Wie viele Geschichten wie diese hat der Grenzbeamte wohl in den vergangenen Monaten gehört? Die Familie Schönthal wird weder die erste noch die letzte sein, die nach einer besseren Zukunft für eines ihrer Mitglieder sucht.

Trudel fleht ihn an. Siegfried hat eine Bürgschaft für die Auswanderung bekommen, und wenn er sich auf dieses Abenteuer eingelassen und gelogen hat, dann nur für sie und ihre Tochter. Der Grenzkommissar nickt, aber er kann ihn nicht durchlassen.

«Sie und ihr Mann müssen so schnell wie möglich nach Essen zurückkehren. Die Ausgangssperre für Juden beginnt um 18 Uhr.»

Trudel will etwas antworten, doch der Beamte bremst sie mit einer Handbewegung. Er ist noch nicht fertig.

«Für die Auswanderung genügt ein Bürge nicht. Sie müssen sich auch eine Steuerunbedenklichkeitserklärung besorgen.»

Ein weiteres Dokument! Doch die Worte des Beamten klingen, als hätte sie der Himmel geschickt.

«Und wer garantiert mir, dass mein Mann, wenn er an die Grenze kommt, nicht erschossen wird?», fragt Trudel.

«Ich.»

Trudel muss sich mit der Garantie des Grenzkommissars begnügen. Für den Rest wird sie auf ihre Entschlossenheit zählen und auf ihren Vater, der in der Polizeiinspektion in Essen gearbeitet hat. Dank ihm kommt nach einigen aufregenden Tagen zwischen Kriminalpolizei, Handels- und Industriekammer vom Essener Rathaus die steuerliche Unbedenklichkeitsbescheinigung. Und so ist Siegfried Schönthal am 8. Dezember 1938 erneut alleine am Grenzposten von Kevelaer. Er bezahlt zehn Mark Zollgebühr, um die Grenze zu überqueren, während Herr van Larsen, der Helfer, der Siegfried auf holländischem Boden begleiten wird, fünfhundert einstreicht, um ihn in die Garage des katholischen Priesters zu bringen. Trudel bittet ihren Mann, ihr ein Telegramm zu schicken, sobald er bei Hedemann-Joosten in Tilburg ist, mit dem folgenden Text: «Alles Gute zum Geburtstag!»

Und das Telegramm kommt am folgenden Tag, gerade noch rechtzeitig, denn am 12. Dezember vollzieht sich pünktlich die Ablösung der ‹barmherzigen› SS-Wachen, die am Grenzposten von Kevelaer stationiert waren. Von diesem Tag an, erzählt man sich, ist es keinem Juden mehr gelungen, die Grenze zu überqueren.

Und Ludwig Neumann? Hat auch er es geschafft? Trudel geht zu Frau Neumann, sie will ihr die gute Nachricht von Siegfried überbringen, um ihr ein bisschen Hoffnung für den Sohn zu machen. Und sie ist nicht wenig erstaunt, als sie Ludwig persönlich antrifft. Er ist erschöpft, das ist deutlich zu sehen, sein ausgezehrter Körper spricht Bände. Und obwohl er es versucht, gelingt es ihm nicht, die verbundenen

Füße in den Pantoffeln zu verstecken. Er will nicht erzählen, was ihm in diesen vier Wochen in Dachau geschehen ist, die auf seine Verhaftung in der Reichspogromnacht folgten; er sagt nur, dass er durch seinen englischen Freund die Erlaubnis erwirkt hat, mit der Mutter nach London zu emigrieren. Nach diesem Tag wird Trudel die beiden nie wiedersehen.

Wenn die Gefahr vorüber ist, bleibt die Leere. Es bleibt das Auf und Ab von dem Schmerz des Verlustes und einem Gefühl von Befreiung. Es bleibt die Frage, wie man einem Mädchen von acht Jahren den Sinn all dieser Diskussionen am späten Abend erklärt. Und unbeantwortet bleibt die Frage, warum Inge kürzlich so viel Zeit in den Hügeln bei Bottrop verbringen musste, der Stadt nördlich von Essen, in der die Großmutter lebt.

Viele, zu viele Fragen, die Johanna Emma Gertrud Schönthal, geborene Rosenmüller, wenigstens anfangs mit dem üblichen Pragmatismus anpackt. Während sie einen Koffer mit Kleidern, Schuhen, Unterwäsche und allem, was ihrem Mann nützlich sein könnte, packt, während sie die Zollprozeduren durchläuft, die nötig sind, um ihn an die Firma Hedemann-Joosten zu schicken, können wir nicht wissen, ob ein Teil ihrer Gedanken auf die Hoffnung gerichtet ist, ihren Siegfried eines Tages wieder in die Arme schließen zu können. Auch weil an jenem 8. Dezember 1938 nicht nur der Ehemann und Vater von Inge gegangen ist, sondern auch derjenige, der für das Auskommen der Familie sorgte, und Trudel ist sich bewusst, dass sie bald eine Arbeit finden muss. Zum Glück muss sie nicht lange suchen, und nach einer ersten Ablehnung wegen ihres jüdischen Nachnamens findet Inges Mutter eine Anstellung als Vertrauensperson in der Telefonzentrale einer lokalen Baufirma.

In der Zwischenzeit kommen die ersten Nachrichten aus den Niederlanden. Siegfried ist in ein Lager bei Hoek van Holland interniert worden, zusammen mit allen illegal eingereisten Juden. «Hier herrscht ein großes Durcheinander, und was man so hört, laufen selbst die christlichen Ehefrauen von Juden Gefahr, als Juden deklariert zu werden», schreibt er ihr. Außer den Juden findet sich alles Mögliche im Lager: Protestanten, Katholiken, politische Abweichler, aber auch ganz regulär eingewanderte Männer und Frauen.

Als sie diese Zeilen liest, hat Trudel vielleicht nicht einmal Gelegenheit, sich zu fragen, was schiefgegangen sein mochte, weil Siegfried ihr kurz darauf rät, die Scheidung einzureichen. «So läufst du und das Kind nicht Gefahr, in ein Lager deportiert zu werden.» Er steht noch immer unter dem Schutz von Hedemann und Joosten, und sobald eine ordnungsgemäße Aufnahme erfolgt ist, würden die beiden Partner sich bemühen, eine Auswanderung in die Vereinigten Staaten zu organisieren. Auch in den Niederlanden wird es für die Juden jetzt schwierig. Es gibt keine andere Lösung.

Die Scheidung einzureichen bedeutet jedoch, sich erneut in die zermürbenden Höllenkreise der Bürokratie zu begeben. Die Mutter wendet sich daraufhin an den Anwalt Jaegermann. Das Beste, was sie tun könne, erklärt dieser, sei es, das Internierungslager ihres Mannes aufzusuchen und sich von ihm eine schriftliche Erklärung geben zu lassen, in der er versichert, im Licht der politischen Entwicklungen in Deutschland einer Scheidung zuzustimmen. Auf diese Weise würde kein Rechtsbeistand notwendig sein. Darüber hinaus besagte ein Gesetz, dass die Nazis im Moment ihrer Machtergreifung erlassen hatten, dass Ehen, in denen einer der Partner Jude war, «mit sofortiger Wirkung annulliert werden könnten».

Ein weiterer Scheideweg. Und wie an allen Scheidewegen, die bisher Trudels dreißig Lebensjahre geprägt haben, liegt der Weg, den es einzuschlagen gilt, klar und deutlich vor ihr, auch wenn dieser selten mit dem übereinstimmte, was die junge Frau sich für sich selbst gewünscht hätte. Nie hätte sie ihren Mann verlassen wollen, doch immer ist ihr die Rolle der Kämpferin zugefallen, das ist ihr Schicksal. Und den Weg in die Niederlande kennt sie inzwischen gut.

Wieder ohne ein Einreisevisum, nur mit einem Brief ihres Anwalts, in dem steht, dass sie anlässlich der Scheidung dringend mit ihrem im Lager in Hoek van Holland internierten Mann sprechen muss, erreicht Trudel die holländische Grenze, wo sie die üblichen Fragen beantworten muss. Diesmal geht alles glatt, Trudel kann erleichtert aufatmen: Sie würde Siegfried wiedersehen. Er beruhigt sie. Er ist nicht mehr in Gefahr. Er bestätigt ihr, dass er, wenn es ihm gelingt, dort aufgenommen zu werden, und wenn die Bürgschaft von Hedemann-Joosten akzeptiert wird, bald in die Vereinigten Staaten auswandern werde. Er hat ihr auch bereits sein schriftliches Einverständnis zur Scheidung aufgesetzt. Doch zuerst muss Trudel eine letzte Schikane ertragen. Es obliegt dem Gericht zu entscheiden, ob die Trennung anerkannt wird. Der Vorsitzende des Gerichts, ein Herr von gewissem Alter, erhebt zum Glück keine Einwände. Anders als ein junger Nazi-Anwalt, der die Absicht zu haben scheint, sich aufzuspielen.

«Ich würde gerne wissen, warum Sie nicht längst die Möglichkeit genutzt haben, die Ehe zu annullieren, nachdem Ihr Mann Jude ist. Und darüber hinaus, wenn Sie keinen Juden geheiratet hätten, müssten Sie sich jetzt nicht scheiden lassen und beantragen, den Ehenamen abzulegen.»

Der Anwalt ist dabei, sich einzuschalten, als Trudel ihn

bremst und selbst das Wort ergreift. Sie steht auf, und an den Richter gewendet, sagt sie: «Ich habe meinen Mann 1930 geheiratet, damals gab es keine Rassengesetze. Meine Tochter ist protestantisch getauft worden. Natürlich, wenn ich damals so klug gewesen wäre, wie Sie es scheinbar sind, hätte ich wahrscheinlich keinen Juden geheiratet. Doch um meine Tochter durchzubringen, muss ich arbeiten, was mit einem jüdischen Nachnamen schwierig ist. Mehr habe ich dazu nicht zu sagen. Jetzt tun Sie, was Sie für richtig halten, gestatten Sie mir die Scheidung oder nicht. Aber gegen meinen Ehemann kann ich nichts Schlechtes vorbringen.»

Als ihre Ansprache beendet ist, dreht Trudel Schönthal sich um und verlässt erhobenen Hauptes den Gerichtssaal. Ihr Anwalt läuft ihr hinterher, keuchend und mit unverhohlenem Vorwurf in der Stimme sagt er: «Schön, jetzt haben Sie alles verdorben.»

Doch am 30. Juni 1939 erklärt das Landgericht Essen die Ehe für rechtmäßig aufgelöst. Kosten des Gerichtsverfahrens: 280,98 Reichsmark. Von da an trägt Inges Mutter wieder ihren Mädchennamen: Rosenmüller. Es beginnt abermals ein neues Leben. Mutter und Tochter werden auch nach dem Gesetz untrennbar.

Für kurze Zeit kehrt, bei allem Schmerz, das Gefühl von Leichtigkeit und Glück zurück, das die Familie Schönthal Jahre zuvor kennengelernt hatte. Aber Inge hat den Vater verloren und weiß nicht genau, warum. Inzwischen müsste er sich in den Vereinigten Staaten aufhalten, in New York, und für sie könnte er auch auf einem anderen Planeten sein. Juden, Arier? Was hat das alles mit ihr zu tun? Sie ist Deutsche und Protestantin, aber auch das bedeutet nicht viel, außer der Freude, Geschenke unter dem Baum zu finden und Weihnachtslieder zu singen wie alle anderen. Für sie sind das nichts als Worte. Der einzige Trost ist, dass die Stimmen hinter der Tür verstummt sind. Das Leben geht weiter, so ist es nun einmal, und in Inges Leben gibt es wunderschöne Dinge, wie das Meer, das sie liebt. Die Schule fährt mit ihr und ihren Mitschülern jedes Jahr ans Meer, immer dasselbe Ferienlager, dieselben Schlafsäle mit fünfzig Betten und der Erbsensuppe, die sie verabscheut und nicht hinunterbekommt. Aber dann ist da das Meer, das für alles entschädigt.

Von August bis September 1939 ist Inge im Ferienlager zwischen den Sanddünen der Insel Amrum, an der Nordseeküste. Mitten in der Nacht werden sie und ihre Mitschüler von den Lehrern geweckt. Sie müssen nach Hause zurückkehren, so schnell wie möglich. Deutschland ist in Polen einmarschiert. Der Zweite Weltkrieg bricht aus.

2
Die tanzenden Physiker

Wer weiß, wie schwer es Inge fällt, angesichts dieses Reiters, der mit seinem scheuenden hellen Fuchs kämpft, ein Lächeln zu unterdrücken. Der Mann versucht angestrengt, den federnden Gang und einen Ausdruck würdevoller Eleganz aufrechtzuerhalten, doch jedes Mal, wenn er bemerkt, dass seine Beine nicht parallel zum Rumpf des Pferdes sind, lässt er eine Grimasse der Enttäuschung sehen. Mann und Pferd wirken wie zwei voneinander getrennte Einheiten.

Es ist Sonntag, und Sonntage hasst Inge aus ganzem Herzen. Eintönig, langweilig, endlos, und wenn sie es nicht mehr aushält, beginnt sie die Mutter mit der Forderung zu bestürmen, die sich in einem einzigen Wort zusammenfassen lässt: «Siegen!»

In Siegen, hundert Kilometer von Essen entfernt, leben Tante Paula, Vätis Schwester, Onkel Adolf und die Cousine Anneliese, und dort sind die Sonntage ganz anders. Trudel sträubt sich immer ein wenig, aber dann gibt sie doch gerne nach, auch ihr gefällt Siegen, und noch mehr gefällt es ihr, an Paulas Arm spazieren zu gehen, genau wie sie es in diesem Augenblick tut, die vom ersten Schnee herabhängenden Zweige bestaunend.

Außerdem sind sie jetzt alleine, sie und Inge, und Paula und Adolf sind im Augenblick die richtigen Gesprächspartner, denn sie sind das Spiegelbild von Trudel und Siegfried. Adolf ist Arier und Paula, natürlich, Jüdin. Was aus Anneliese einen ‹Mischling ersten Grades› macht, genau wie Inge. Es gibt jedoch einen Unterschied: Ein Vater bietet mehr Schutz als eine Mutter, weil er eine stärkere Position in der Gesellschaft innehat und darüber hinaus dafür einsteht, dass Vermögen und Zukunft der Familie arisch sein werden. Aber die Dinge ändern sich schnell, und Trudel hofft, dass die Familie der Schwägerin nicht am Ende dasselbe Schicksal ereilt wie die ihre.

Siegfrieds Auswanderung, das holländische Abenteuer, die Scheidung. Das sind Ereignisse, um ein ganzes Leben zu füllen, stattdessen haben sie sich im Laufe weniger Monate ereignet, und es wäre verständlich, wenn es Trudel in diesen letzten Wochen des Jahres 1939 noch nicht gelänge, sie alle in die rechte Perspektive zu rücken. Ist es wirklich geschehen? War sie wirklich so verrückt, bei wenigstens zwei Gelegenheiten das Schlimmste zu riskieren, um schließlich als Alleinerziehende in Kriegszeiten mit ihrer Tochter zurückzubleiben?

Und vor allem Ingemaus, wie verkraftet sie das alles?

Kurz zuvor, bei dem üppigen Mittagessen bei Tante und Onkel auf der Veranda, ist es ihr nicht gelungen, ihren Blick aufzufangen, aber als sie sie jetzt beobachtet, wie sie herumspringt und zügellos mit ihrer Cousine lacht, wirkt sie, als könnte ihr nichts etwas anhaben. Einen Augenblick lang wünscht sie sich vielleicht, dass diese anscheinende Unempfindlichkeit gegen das Gewicht der Tragödien in einer nicht allzu fernen Zukunft zum Schild gegen die Übel der Welt werden möge. Sollte ihre Mutter einmal nicht mehr da sein, wer wird sie sonst beschützen?

Trudel lässt Paulas Arm nicht los, und Inge tollt, eingewickelt in ihren roten Mantel, zwischen den Erdschollen der Felder herum. Draußen ist es angenehm. Die Sonne scheint, die Luft ist schneidend, die Landschaft märchenhaft.

Und dann ist da dieser Mann auf dem Pferd. Um ehrlich zu sein, bemerkt Trudel ihn nicht sofort. Sie spürt, wie ihr

Arm aus Paulas Armbeuge gerissen wird, und als sie den Blick senkt, sieht sie Anneliese, die Trost bei der Mutter sucht. Sie ist verängstigt und schaut auf einen Punkt in ihrem Rücken. Trudels erster Gedanke gilt daraufhin Inge. Wo ist sie? Hat sie sich wehgetan? Ihr Blick huscht herum auf der Suche nach ihrer Tochter, ihrem roten Mantel. Auch Paula schreit auf, und Trudel weiß, dass ihre Schwägerin nur wegen einer Sache so schreien würde, die ihr am meisten Angst einjagt: Pferde.

Die Wiese vor ihnen steigt leicht an, bis hinauf zum Waldrand. Sie sehen den Reiter über sein Tier gebeugt, wie er ihm das helle Fell streichelt, wie um sich zu bedanken, dass es sich beruhigt hat. Und da steht Inge, gefesselt von der Szene; sie ist nähergetreten, um das Pferd zu streicheln.

«Entschuldigen Sie, meine Damen», sagt der Reiter. Aus der Nähe erkennen die Frauen seinen Dienstgrad: Er ist ein Offizier. «Ich wollte Sie nicht erschrecken.»

«Das haben Sie nicht, oder höchstens ein bisschen, keine Sorge», antwortet Trudel. Sie möchte hinzufügen, dass auch sie Pferde mag, schon immer, aber Inges Stimme unterbricht sie.

«Onkel Soldat, lässt Du mich auch mal reiten?»

Typisch Inge, denkt Trudel. Ihre Tochter ist ein Wirbelwind, das ist inzwischen klar, und entschieden frech; sie verabscheut es, an der Hand laufen zu müssen, übernimmt gern selbst die Initiative, genau wie jetzt mit diesem Fremden.

Einen Augenblick später sitzt Inge kerzengerade im Sattel dieses großen Rosses, während der Offizier es am Zügel hält. Der improvisierte Zug bewegt sich im Schritttempo, am Wald entlang, in respektvollem Schweigen, das nur von Inges Lachen und dem Schnauben des Pferdes durchbrochen wird.

«Meine lieben Damen», sagt der Offizier, «ich würde mich gerne für den kleinen Schrecken entschuldigen, indem ich Sie einlade, die Stallungen zu besichtigen.»

Für Trudel ist das die Gelegenheit, ihm zu antworten, dass sie sich nicht erschreckt haben, dass dieser Fuchs mit dem rötlichen Schimmer wirklich wunderschön ist, doch sie wird wieder von der Stimme ihrer Tochter unterbrochen.

«Die Ställe!»

Keck und auch ein bisschen unverschämt ...

Inges Begeisterung hat die Macht, das Misstrauen ihrer Cousine zu überwinden, die sich schließlich von der Hand ihrer Mutter löst, um vorauszulaufen zu der kleinen Reitbahn.

Die Ställe sind wenige hundert Meter entfernt, und als sie schließlich dort ankommen, lässt Inge sich aus dem Sattel gleiten, der Offizier fängt sie auf und setzt sie auf den Boden. Die Cousinen rennen los, schlüpfen zwischen die Boxen und Ställe, bleiben einen Augenblick stehen, um die Schnauze eines der Pferde zu streicheln, und beginnen dann wieder hin und her zu flitzen. Die Ermahnungen Trudels und Paulas erreichen sie nicht, die Cousinen sind außer sich vor Begeisterung, beachten die Erwachsenen nicht. «Onkel Offizier, wie heißen Ihre Pferde, welche sind die bravsten und welche die mutigsten? Können wir ihnen zu fressen geben? Bitte?»

Und mit diesem Wortschwall hat Inge bereits den Offizier erreicht, der bis zu diesem Augenblick die Szene etwas abseits beobachtet hat. Jetzt bückt er sich, um eine Handvoll Hafer aufzuheben.

«Gestatten», sagt er und geht hinüber zu Anneliese. Sobald sie das martialische Klappern der Sporen hören, verstummen die beiden Mädchen.

«Macht es so wie ich», sagt der Offizier. «Nehmt ein bisschen Hafer, dann sucht ihr euch ein Pferd aus. Aber achtet darauf, die Handfläche ganz flach ausgestreckt zu halten. Ihr müsst euch sein Vertrauen erst verdienen.»

Während Inge und Anneliese die Pferde füttern, ziehen die Erwachsenen sich nach draußen zurück. Tante Paula ist plötzlich sehr gesprächig geworden, und sie beginnt zu erzählen, seit wann sie in Siegen wohnen, wie gut es ihnen gefällt, wie schön alles dort sei.

«Inge und ich bleiben bis morgen hier», mischt Trudel sich irgendwann ein, beinahe instinktiv. Der Offizier nickt leicht mit dem Kopf.

Am darauffolgenden Tag, als der Offizier an die Haustür ihrer Schwägerin kommt, um sich, wie er sagt, noch etwas zu unterhalten, ist Trudel keinesfalls überrascht.

Weihnachten. Die schlimmste Zeit, um sie in Gesellschaft der Einsamkeit zu verbringen, auch wenn man zu zweit ist. Darum kehren Trudel und Inge nach Siegen zurück, und obwohl der Winter kalt ist, bleibt die Gewohnheit des Spaziergangs nach dem Mittagessen unantastbar.

Inge und ihre Mutter treffen erneut auf den Offizier. Und wieder bei einem Waldspaziergang, so als habe dieser Mann die ganze Zeit damit verbracht, die Gegend zu patrouillieren, in der Hoffnung, sie wiederzusehen. Es beginnen wieder die Höflichkeiten, die Spaziergänge, der Weg zwischen Haus und Ställen, auf dem sie sich besser kennenlernen können. Nach den Feiertagen, als der Moment gekommen ist, nach Essen zurückzukehren, bittet Inge, noch einige Tage bei ihrer Cousine Anneliese bleiben zu dürfen. Die Mutter stimmt nach einigem Zögern zu: Dort wäre Inge in Sicherheit. Und so, nachdem sie sich von ihrer Tochter verabschiedet hat, steigt Trudel in das Auto von Onkel Adolf.

Am Bahnhof herrscht ein Kommen und Gehen von Soldaten. Inzwischen ist ihre Anwesenheit zu einem neutralen Hintergrund geworden, zu einem so gewohnten Anblick, dass er beinahe selbstverständlich ist. Vielleicht aus diesem Grund, oder vielleicht als letzter Versuch, den Kontakt zu ihrer Tochter aufrechtzuerhalten, hebt Trudel, noch auf dem Trittbrett des Wagons stehend, die Stimme, um den ohrenbetäubenden Lärm des abfahrenden Zuges zu übertönen.

«Adolf, denk dran. Ingemaus darf nicht den Zug am 3. Januar versäumen. Am Tag danach ist mein Geburtstag, und ich würde ihn so gerne mit ihr feiern.»

Adolf beruhigt sie, Inge wird in diesem Zug sitzen, er selbst wird sie begleiten. Trudel bedankt sich bei ihm und setzt sich zusammen mit einigen Soldaten in ein Abteil.

«Ist der Platz neben Ihnen frei, verehrte Dame?»

Diese höfliche, korrekte Ausdrucksweise und diese Betonung auf der ‹Dame›! Das genügt ihr, um Offizier Heberling wiederzuerkennen, ihren Offizier.

Als Trudel den Kopf hebt, um ihm zu sagen, dass der Platz frei sei, kommt als Antwort wieder Heberlings kleines, angedeutetes Kopfnicken.

Und so reisen sie gemeinsam bis nach Hagen. Sie unterhalten sich, den Krieg jedoch sparen sie aus. Sei es, um den Gedanken daran zu vertreiben, was denjenigen geschehen könnte, die die Uniform der Wehrmacht tragen, oder um diesen Kokon von Intimität nicht zu zerstören, den sie sich Stück für Stück erschaffen haben, Tatsache ist, dass der Offizier aussteigt und die beiden sich am Bahnhof Hagen mit dem vagen Versprechen verabschieden, sich bald wiederzusehen. Doch der Offizier beeilt sich hinzuzufügen: «Ich meine gehört zu haben, dass Ihr Geburtstag am vierten Januar ist. Ich werde versuchen, der erste zu sein, der Ihnen an diesem Tag Glückwünsche überbringt.»

4. Januar 1940. Um sieben Uhr morgens klingelt es im Hause Schönthal. Trudel geht noch schlaftrunken zur Tür, um aufzuschließen, damit der Bäcker das Brot hinlegen kann. Wie jeden Morgen. Und wie jeden Morgen kehrt Trudel ins Bett zurück, diese Minuten im Halbschlaf sind ein Segen. Inge schläft in ihrem Zimmer, Adolf, der die Reise mit ihr zusammen gemacht hat, liegt auf dem Sofa. Der Tag wird lang und, wie Trudel hofft, schön. Es ist ihr Geburtstag!

Doch es klingelt erneut.

Trudel rennt zur Tür, bereit, dem Bäcker den Marsch zu blasen, stattdessen steht Heberling vor ihr. In der Hand einen Strauß Maiglöckchen.

«Sind Sie verrückt geworden?», fragt sie ihn.

«Guten Morgen, meine Dame.»

Inges Mutter sagt ihm, sie könne ihn nicht reinlassen. Auf keinen Fall! Drinnen ist auch ihr Schwager, es wäre unschicklich. Ein Skandal.

Der Offizier bricht in Gelächter aus. Dann fragt er sie, ob sie sich gegen Mittag treffen könnten, in der Stadt, im Hotel Handelshof, und geht.

Sie fangen an, sich regelmäßig zu schreiben und zu treffen, und mit der Zeit verwandelt sich das, was als zufällige Freundschaft begonnen hat, in eine Beziehung. Einige Wochen später wird der Offizier, der vor dem Krieg Sattler war, nach Göttingen in die Zieten-Kaserne versetzt, als Verantwortlicher für die Stallungen, die Reitkurse für die jungen Soldaten und die Pflege und Versorgung der Pferde sowie für ihre Ausrüstung und militärischen Einsätze. Zwischen Essen und Göttingen liegen mehr als zweihundert Kilometer, doch ein guter Vorwand, um sich zu treffen, ist nicht schwer zu finden.

Trudel hat sich an die Überraschungen des Offiziers gewöhnt, und so ist sie nicht mehr so außer sich, als ihre Kolleginnen der Firma Hegerfeld in Essen ihr den Besuch des Mannes ankündigen. «Trudel – dein Reitergeneral ist an der Tür.»

Heberling redet nicht lange herum. Er sagt ihr, dass seine Absichten sehr ernst seien und dass sie diesen Besuch als Verlobungsantrag verstehen solle.

Wieder einmal ist es ihm gelungen, sie umzuhauen. Aber Trudel sammelt sich und geht zum Gegenangriff über.

«Das ist ganz unmöglich.» Mehr fügt sie nicht hinzu.

Inges Mutter will sich umdrehen und an die Arbeit zurückkehren, doch der Offizier bekräftigt noch einmal sein Angebot. Er will sie heiraten.

Trudel schaut ihm in die Augen. Diese Sturheit, diese Entschlossenheit verdienen die Wahrheit. Sie erzählt ihm, dass sie schon einmal verheiratet war, und zwar mit einem Juden, Inges Vater. Es ist vollkommen undenkbar, dass er, ein Offi-

zier, der in der Deutschen Wehrmacht Karriere macht, sie heiraten könne, mit den Nazis an der Macht.
«Inge ist ein Mischling ersten Grades.»
Der Offizier verliert für einen Augenblick die Fassung. Inges Mutter sieht, wie er blass wird. Dann folgt sein übliches kleines Nicken, und mit einer Stimme, die seinen Schock nicht verrät, sagt er:
«Ich werde dich trotzdem heiraten, und wenn ich deshalb die Uniform ablegen muss!»

«Was mich angeht, kannst du Onkel Heberling ruhig heiraten.»
Inge ist neun Jahre alt, als sie diesen Satz zu ihrer Mutter sagt, die ihr soeben von dem Heiratsantrag des Offiziers, Otto Heberling, erzählt hat, daraus schließend, dass er sie sehr gern habe. Otto ist ein anständiger Mann. Das hat sie in dem Augenblick verstanden, als er sie aufs Pferd gehoben hat.
Direkt nach einer einfachen Hochzeitszeremonie ohne anschließende Feier folgt der Umzug von Essen nach Göttingen in die Wilhelm-Weber-Straße 42, bevor der Neuverheiratete nach Polen versetzt wird.
«Und jetzt sind wir wieder alleine.»
Göttingen ist damals eine kleine Universitätsstadt, die fünfzigtausend Einwohner zählt. Sie darf sich mit dem meistgeküssten Mädchen der Welt rühmen - der Gänseliesel, einer symbolträchtigen Brunnenfigur vor dem Rathaus, einer Gänsemagd, die, so will es die Tradition, jeder Doktorand nach seiner erfolgreichen Prüfung küssen muss - und einer Konditorei, der Cron & Lanz, die seit Generationen einen Pflaumenkuchen bäckt, von dem die ganze Stadt und Umgebung schwärmen.

Und dann ist da die Universität, die Georg-August, eine der ältesten der Welt, die einen guten Ruf genießt. Dort hat einer der wichtigsten Mathematiker der Geschichte gelehrt, Carl Friedrich Gauss. Verschiedene Nobelpreisträger hatten hier Lehrstühle inne. Von James Franck, Nobelpreis für Physik 1925, bis Walther Hermann Nernst, Nobelpreis für Chemie 1920, und Peter Debye, Nobelpreis für Chemie 1936, um nur einige zu nennen. Doch von alldem weiß Inge noch nichts. Für sie sind es ein weiterer Umzug, ein weiterer Neuanfang. Ein neues Kapitel eines noch jungen Lebens, das vielleicht die Atmosphäre einer Stadt wie Göttingen braucht, um aufzublühen. Keine Stahlwerke, Schornsteine, Sirenen mehr, dafür all diese wunderschönen historischen Gebäude, all die öffentlichen Grünflächen, die, sobald sich ein Sonnenstrahl zeigt, das Leben im Freien möglich machen. Viel Ruhe und ein wenig Studentengeist. In Göttingen scheint die Zeit vor dem Krieg stehen geblieben zu sein.

In der Schule findet Inge schnell neue Freundinnen. Darunter Gassy Bach, die genauso alt ist wie sie. Sie werden ihr ganzes Leben miteinander verbunden bleiben. Natürlich ist der sich immer weiter ausbreitende Krieg eine ständige Bedrohung für die neue Familie. Aus Polen soll ‹Papi› Heberling an die russische Front versetzt werden. Nach einigen Wochen jedoch hat das Generalkommando in Kassel ihn zum Kommandanten befördert, nun ist er verantwortlich für die militärische Ausrüstung der Pferde und der Packtiere des gesamten 3. Regiments der Deutschen Wehrmacht. Otto Heberlings neue Arbeitsstelle wird das Generalkommando in Kassel sein, Abteilung Waffen und Ausrüstung, etwa fünfzig Kilometer von Göttingen entfernt. Er wird zwischen den Büros in Kassel und der Zieten-Kaserne im Osten von Göttingen, in der Nähe des Göttinger Waldes – ein echter Wald mit

Buchen und Eichen -, pendeln. Und so verlassen Otto, Trudel und Inge die kürzlich gemietete Wohnung in der Wilhelm-Weber-Straße wieder und ziehen in die Zieten-Kaserne. Die Kaserne mit ihren Stallungen wird zu Inges neuem Zuhause.

Ein wahrhaft bizarrer Glücksfall. Gerade jetzt, da die Verfolgung der Juden von Tag zu Tag systematischer wird, bildet eine Kaserne der deutschen Armee die Schutzmauer der Familie eines Mädchens mit jüdischen Wurzeln.

Eines der ersten Geschenke von ‹Papi› Otto an Inge ist ein Pferd, Fritz. Inge hat nicht lange gebraucht, um zu lernen, fest im Sattel zu sitzen und zusammen mit ihrem Adoptivvater ausreiten zu können. Fritz ist zwar nur ein Pony, aber jetzt endlich kann Inge sich ordentlich austoben. Darüber hinaus wird sie so einen unwiderlegbaren Vorwand haben, wann immer möglich Hosen und Reitstiefel zu tragen und nicht diese unbequemen Seidenstrümpfe bis zum Knie, die sie zur Konfirmation hatte tragen müssen. Eine Tortur. So sehr, dass ihre Mama sich an Pullover, dicke Hosen und Spo-

ren gewöhnen musste. Inge will nichts anderes mehr anziehen als die, und wenn sie nicht reitet, verbringt sie die Zeit damit, Fritz zu striegeln oder mit ihren Freundinnen in der Kaserne herumzurennen.

Die Zieten-Kaserne ist eine Insel, die beinahe immun gegen den Krieg zu sein scheint. Mehr als einmal schlüpft Inge aus den langweiligen Lateinstunden und kehrt in die Ställe zurück, in der Hoffnung, dass der Jägermeister, der alles für die Treibjagden der Offiziere organisiert, entscheiden möge, dass auch sie mit ihrem Fritz sich dazugesellen darf. Das sind Privilegien, die ihre Klassenkameradinnen unweigerlich neidisch machen. Doch diese Reaktion wird sofort fortgewischt, wenn Inge die Freundinnen einlädt, mit von den Pferden gezogenen Schlitten herumzufahren oder sich an einen Tisch zu setzen, der dank dem militärischen Status ihres Stiefvaters weniger Entbehrungen kennt als andere.

Trotz des Krieges erlebt die Familie hier viele glückliche Momente, und Trudel selbst wird sie auf einer Seite ihres Tagebuchs als solche definieren, auch weil sich bald, am 3. November 1940, die Familie mit der Geburt von Inges kleinem Schwesterchen Maren vergrößern wird. Blond und ebenfalls von entschlossenem Charakter.

Die Stadt Göttingen wird vom Krieg weitgehend verschont. Die niedersächsische Stadt an den Ufern der Leine mit ihren charakteristischen Fachwerkhäusern liegt am Rande der mili-

tärischen Operationen und erfährt keine schweren Bombardierungen außer der Ende 1944, die die Schaufenster einiger Geschäfte zersplittern lässt und die Dächer zweier Kirchen beschädigt, die der Johanneskirche und der Paulinerkirche, sowie die Nordwand der Luther-Schule. Amerikaner und Engländer, die nach Ende des Krieges Göttingen besetzen, finden kein feindseliges Gebiet vor. Eine begnadigte Stadt, vielleicht durch ein Wunder, vielleicht wegen ihres geringen strategischen Nutzens. Weniger Glück hat dagegen die jüdische Bevölkerung. Die Verfolgungen ihr gegenüber werden immer schlimmer, und sie verschonen niemanden, angefangen bei den Verwandten Inges. Tante Paula ist in ein Arbeitslager nach Kassel-Bettenhausen geschickt worden, während Anneliese, Inges kleine Cousine, in ein Lager für Jugendliche kam, aus dem sie zwar lebend, jedoch zerstört an Körper und Seele hervorgehen wird.

Von der Oberschule für Mädchen, die Inge besucht, im nördlichen Teil der historischen Innenstadt, werden zwischen 1933 und 1945 zahlreiche Schülerinnen verwiesen, von ihren Eltern getrennt, in die Ghettos deportiert und nacheinander in einem der Vernichtungslager ermordet – Treblinka, Dachau, Buchenwald – oder direkt in den Lastwagen vergast. Eine Chronik der Stadt berichtet, dass Ende 1938 204 jüdische Bürger emigrierten. Insgesamt flohen aus Göttingen 304 jüdische Bürger. Eine Zahl, die bescheiden scheinen mag, wenn man außer Acht lässt, dass darin nicht oder nur teilweise die Juden enthalten sind, die in eine größere Stadt Deutschlands wie Berlin, Frankfurt oder Hamburg gezogen sind oder Europas, in der Hoffnung, eine Arbeit und ein besseres Leben zu finden, oder die sich in die Vereinigten Staaten eingeschifft haben. Viele Eltern entscheiden, die Kinder außer Landes zu bringen, während sie selbst in Deutschland bleiben. 1933 waren es vor allem jüdische Wissenschaftler, allen voran Physiker und Medizinprofessoren, die Göttingen in einem wahren Exodus verließen. Und wer entschieden hatte zu bleiben, musste sich der ‹Verordnung zur Ausschaltung der Juden aus dem deutschen Wirtschaftsleben› vom 12. November 1938 fügen, auf deren Grundlage sämtliche von Juden geführte Unternehmen eine Zwangsarianisierung durchliefen, was de facto einer Abwicklung der Unternehmen gleichkam. Für die jüdische Gemeinde Göttingens bedeutet diese Verordnung das Verbot, aktiv am Leben der Stadt teilzunehmen. Ab jetzt bleibt den Juden nur noch die Zwangsarbeit.

Otto Heberling ist gezwungen, Göttingen zu verlassen, weil seine Vorgesetzten ihn an die russische Front schicken, doch zum Glück dauert seine Versetzung gerade so lange, dass seine Familie Sehnsucht bekam; kurz darauf ist er schon wieder zurück.

Die schützenden Mauern der Zieten-Kaserne sind dick genug, Inge und ihre Familie zu schützen, doch häufig haben die Bedrohungen nicht nur das Gesicht böser Nazi-Lehrer, die einen schlagen, weil man eine Tafel fallen gelassen hat. Die Bedrohungen erscheinen auch in Form von Dokumenten, von Verordnungen, von Worten, die Schwarz auf Weiß eine neue Realität ankünden.

Eines Abends kehrt Otto Heberling sehr besorgt nah Hause zurück. Hitler, so erzählt er seiner Frau, habe soeben eine Verordnung erlassen, auf deren Grundlage ab sofort alle Ehen, die zwischen Offizieren oder Beamten mit Offiziersrang und Frauen geschlossen worden sind, die zuvor mit einem Juden verheiratet waren, annulliert würden. Die Verordnung ist als noch bindender zu betrachten, wenn es Kinder aus dieser

ersten Ehe gibt. Alle Offiziere haben dieses Dokument unterschreiben müssen, und so auch er.

Und er schließt: «Aber ich werde mich niemals von euch trennen.»

Die kleine Insel, auf der Inge lebt, bekommt erste Risse. Doch wie groß ist die Gefahr, dass große Gräben daraus werden? Inge vertraut sich Gassy, ihrer Herzensfreundin, nicht an, oder wenigstens nicht genug, um sie in Sorge zu versetzen. Die beiden Mädchen verbringen immer mehr Zeit miteinander, und es entsteht eine einzigartige Verbindung. Im Grunde ist auch Gassy ein «Mischling». Ihre deutsche Mutter, die kürzlich verstorben ist, und ein chilenischer Vater, den sie nie kennengelernt und der noch nie einen Fuß nach

Nazideutschland gesetzt hat. Für Ausländer ist es in der Tat unmöglich, Papiere zu bekommen, was das Risiko bedeutet, jederzeit deportiert oder ausgewiesen zu werden.

Vielleicht ist es dieses Gefühl von ständiger Bedrohung und Verlassenheit, das die beiden Freundinnen verbindet.

Inge ist ein sonniges Kind und ehrlich bis zur Unverschämtheit, wie ihre Mutter gut weiß. Mit Inge langweilt sich Gassy nie, und besonders seit sie die Mutter verloren hat, ist ihre Verbindung immer enger geworden. Und dann die Kaserne! Eine Art Spielplatz, wo Gassy sich gerne einschleicht. Sie lebt bei den Großeltern in der Einfamilienhausgegend zwischen der Altstadt von Göttingen und der Zieten-Kaserne.

Zur Schule gehen die beiden Mädchen ein Stück des Weges gemeinsam. Von der Kaserne folgt Inge einer Landstraße, die eine Anhöhe hinabführt und die Einfamilienhausgegend erreicht, wo sie Gassy trifft, und zusammen gehen sie weiter bis zur Schule. Die Großeltern gewähren der Enkelin eine gewisse Freiheit; solange sie gute Noten nach Hause bringt, haben sie keine Einwände. Und so nutzt sie jede Gelegenheit, sich in der Kaserne bei den Heberlings aufzuhalten. Auch weil sie Inges Eltern mag. Trudel ist stark, aber nicht autoritär. Otto ist großzügig, freundlich, vor allem zu Inges Freundinnen, und ganz besonders zu Gassy. Es sind zwei Erwachsene mit starkem Charakter, aber nicht streng und ebenso wenig grob. Kurz, Inge genießt absolute Freiheit, und dadurch werden auch für Gassy diese Tage in der Kaserne zu einer Atempause. Jedes Mal, wenn sie sich dort treffen, nimmt Inge sie mit zur Reitbahn, ihrer ersten Bühne. Für den Augenblick gilt die Aufführung nur ihrer Freundin, doch das genügt, um Spuren zu hinterlassen. So wie das eine Mal, als sie, nachdem sie die Uniform angelegt hatte, das heißt Reithosen und Stiefel, auf ihren Fritz stieg, ihm die Sporen gab und sich ohne jede Vorwarnung auf den Sattel stellte und wie eine Akrobatin einige Sekunden stehen blieb, während das Pony weiterlief. Gassy schaute bange und mit offenem Mund zu, doch sie konnte nicht sagen, sie solle herunterkommen, denn da oben sah Inge einfach zu schön aus.

Vor den Toren der Kaserne nähert sich der Krieg und droht, jede Hoffnung auf Zukunft zunichte zu machen, doch Inge scheint entschlossen, der Traurigkeit nicht die Oberhand zu gewähren. Es gibt so viel zu erleben! Zum Beispiel die Hitlerjugend. Harte körperliche Betätigung, Sport, Märsche, preußisches und militärisches Ethos. Für Inges Altersgenossen ist die Teilnahme bereits seit zwei Jahren verpflichtend, doch für sie als «Mischling» sind die Türen versperrt. Ein Glück, dass sie weder körperliches Kräftemessen noch Fanfaren interessieren. Und erst recht fühlt sie sich nicht zum Bund deutscher Mädel hingezogen - dem weiblichen Flügel der Jugendorganisation der Nazis, die Mädchen zwischen vierzehn und achtzehn Jahren dazu erziehen sollte, sich um Haushalt und Kinder zu kümmern. Inge liebäugelt eher damit, in eine Theatergruppe der Hitlerjugend hineinzukommen, die sich unter anderem darum kümmert, die aus Russland zurückgekehrten Soldaten in den Militärkrankenhäusern zu unterhalten. Es geht darum, ein bisschen Kabarett zu machen, zu tanzen, zu singen. Ein Spektakel auf die Bühne zu bringen. Das wäre, wie Teil einer echten Theatertruppe zu sein. Inge bittet ihre Eltern um Erlaubnis, doch sie verbieten es ihr natürlich. Selbst wenn, was unwahrscheinlich war, ihre jüdischen Wurzeln unbemerkt blieben, sagen sie, um sie zu überzeugen, es wäre zu kompliziert, vier Mal pro Woche von der Kaserne in die Stadt zu fahren. Inge fühlt sich ausgeschlossen, ihr ist das verwehrt, was alle anderen tun, und sie lässt jede Vorsicht fahren: Sie beschließt, sich einzuschleusen, und spricht einen dieser Jungen an.

«Hallo, ich heiße Inge, ich kann singen und sehr gut tanzen. Braucht ihr Unterstützung?»

Eine Theatertruppe braucht immer Unterstützung, und Inge wird engagiert, ohne dass Nachforschungen bezüglich ihrer Wurzeln angestellt werden. Und so geht sie mit ihnen auf eine improvisierte Tour durch die Stadt, wo sie mal rezitiert, mal tanzt, je nach Bedarf. Für die zwölfjährige Inge ist noch immer alles ein großes Vergnügen, und jede Gelegenheit ist eine Chance, die es zu ergreifen gilt. Zum Beispiel als der Jugendminister in Berlin beschließt, ein großes Festival zu organisieren. Jede Stadt soll eine Delegation schicken, und aus ihrer Theatertruppe meldet sich niemand. «Fahr du, Inge!», und sie fährt. Sie hat nichts mit den anderen Jugendlichen aus der Hitler-Jugend gemein, die ebenfalls an dem Auswahlverfahren teilnehmen, sie besitzt nicht einmal die Uniform, die weiße Bluse, die schwarze Krawatte und die beige Jacke, aber sie versucht es trotzdem und gewinnt. Es geht nach Berlin. Inge ist überglücklich, Trudel verzweifelt. Ausgerechnet in die Höhle des Löwen muss dieses Mädel gehen, dass nie stillstehen kann! Bei dieser Gelegenheit wird der Scharlach Inge retten, der sie zu zwei Wochen Krankenhaus verdammt und vor einem möglichen direkten Zusammentreffen mit Hitler und Goebbels bewahrt.

Doch im Jahr 1944 beginnt an Inges Oberschule für Mädchen die Runde zu machen, dass sie die Tochter eines Juden sei.

Inge spürt das bedrohliche Gewicht hinter diesem Wort, aber das ist auch alles. Sie wurde nicht nach den Prinzipien des jüdischen Glaubens erzogen, wurde konfirmiert und ist in einem laizistischen Umfeld aufgewachsen, ohne allzu viel Nähe zur Religion, nur so viel wie nötig, aber doch im Kontakt mit einer strengen und auf das Gewissen als moralische Instanz gerichteten Atmosphäre. Und Inge hat ein einziges Ziel: Auf ihrer glücklichen Insel nähern sich die Sommerferien. Alles andere kann warten. Alles kann bleiben, wie es immer war.

Doch dann die kalte Dusche: Ohne jegliche Vorwarnung informiert der Direktor die Familie vor der Sommerschließzeit, dass ab September «Ihrer Tochter, Inge Schönthal-Heberling, geboren am 24. November 1930 in Essen, Mischling ersten Grades, die Rückkehr in die Schule untersagt wird».

Für Inges Mutter muss dieser Brief klingen wie ein schreckliches Déjà-vu, das noch dazu in einen schwierigen Augenblick fällt. Trudel erwartet ihr drittes Kind, Olaf. Die Schwangerschaft ist schon fortgeschritten, doch das hindert sie keineswegs, sich sofort für ihre Ingemaus in Bewegung zu setzen. Herr Meier, der Direktor der Mädchenschule, zeigt sich zerknirscht, es sei wirklich unglaublich, dass diese ganze Misere aus einem Aufsatz entstanden sei, der Inge und ihren Klassenkameradinnen aufgetragen worden war, nachdem sie in der Schule ein Buch über Marie Curie gelesen hatten. Er selbst, Herr Meier, sei es gewesen, der die Seiten, beeindruckt von dem wunderbaren Text der Schülerin, an seinen Kollegen von der Jungenschule geschickt hatte, und dieser hatte, ebenso beeindruckt, mit seinen Schülern darüber gesprochen. In einem unfreiwilligen Dominoeffekt beginnt Inges Name zwischen den vier Wänden der Schule zu hallen. Inge Heberling? Inge Schönthal? Ist das nicht die Tochter eines Juden? Direktor Meier kann nichts tun, selbst angesichts der Tatsache, dass Inges Schulpflicht noch bis zum Ende des Schuljahres im kommenden April besteht. Trudel hat den Eindruck, ins Jahr 1936 zurückversetzt worden zu sein, als sie darum hatte kämpfen müssen, ihre Tochter in der Grundschule anzumelden. Der Direktor empfiehlt Trudel, bei der Schuldirektion in Göttingen anzuklopfen. Das tut Trudel, und nach dieser Tür kommen weitere, bis hinauf zu den höchsten Funktionären der Abteilung Sekundarstufe in

Hannover. Wieder einmal trägt Trudel den Sieg davon. Oberschulrat Möller will sie persönlich empfangen. Möller, ein Mann von mittlerem Alter, freundlich und augenscheinlich kein Sympathisant der Nazis, liest ihr die Verordnung vom 2. Juli 1942 vor, und erlaubt Inges Mutter sogar, sie zu kopieren.

«Jüdische Mischlinge I. Grades, die sich in den Klassen 1 bis 4 einer Mittel- oder höheren Schule oder der entsprechenden Klasse einer Hauptschule befinden, haben die Schule mit dem Zeitpunkt der Beendigung ihrer Volksschulpflicht zu verlassen.»

Mit anderen Worten: Inge kann bis zum April des Folgejahres auf der Oberschule für Mädchen in Göttingen bleiben.

Kein Erfolg auf ganzer Linie, aber für die Familie Heberling ist es trotzdem eine große Erleichterung. Für Inge dagegen ist es ein großer Erfolg, und sie beschließt, diesen zu feiern, indem sie ausstaffiert als Dressurreiterin in die Schule kommt. Sie stellt sich breitbeinig vor die Klasse. Von der Statur her ist sie klein und zierlich, aber in dieser Haltung und mit ihrem Gesichtsausdruck wirkt sie wie eine Amazone. Sie stampft ein paarmal mit ihren schweren Stiefeln auf, um für Aufmerksamkeit zu sorgen, die sie doch bereits errungen hatte, und ruft dann aus: «Ich werde es euch zeigen. Euch allen werde ich es zeigen!» Niemand – weder Gassy noch die Mitschülerinnen oder Lehrerinnen – reagiert, und alle interpretieren diesen kuriosen Auftritt vielleicht auf ihre Weise. Ist sie verrückt geworden? Was zum Teufel ist hier los? Nur Inge weiß, dass hinter diesem Akt der Rebellion die verdammte Verordnung über die Mischlinge ersten Grades steckt.

Noch ein paar Monate Ruhe, wieder eine Bedrohung abgewehrt. Alle drei können aufatmen.

Bis auf ein Detail. Olaf hat es eilig, auf die Welt zu kommen, und einen Monat zu früh, am 25. September 1944, gebiert Trudel Inges Bruder.

Eines Abends Mitte Oktober kehrt ‹Papi› Otto mit einer Ankündigung in die Kaserne zurück. Sein direkter Vorgesetzter ist zu einem Inspektionsbesuch in der Zieten-Kaserne. Eine Routineangelegenheit, erklärt er. In den Ställen stehen viele verletzte Pferde, die von der Front zurückgekehrt sind, um sich für zukünftige Militäreinsätze zu erholen, und der Oberst will sich ein Bild über ihren Zustand machen. Das Kavallerie-Regiment 3 wird die nächsten beiden Tage damit verbringen, sich von seiner besten Seite zu zeigen, fährt Otto fort, und dann schließt er mit leiser Stimme: «Danach will der Oberst mit uns über eine private Angelegenheit sprechen.»

Es ist nicht nötig, noch etwas hinzuzufügen. Es bleibt nur zu hoffen, dass die Inspektion gut verläuft und ihnen Ottos Ruf genug Zeit verschafft, um eine Lösung zu ersinnen. Am Ende behält Trudel die Nerven, und als Otto ihr eröffnet, dass der Oberst zum Mittagessen kommt, beschließt sie, ihm ihre besten Speisen zu servieren.

Der Oberst, der aus Kassel stammt, ist bereits im fortgeschrittenen Alter, er wirkt gutmütig. Darüber hinaus scheint die Inspektion gut verlaufen zu sein. Ottos Kavallerie-Regiment 3 ist in bester Ordnung.

«Das ist also Ihre Tochter?», sagt der Oberst plötzlich.

Diese Frage, hingeworfen, als handle es sich um einen weiteren Kommentar über die Gesundheit der Pferde, wirft Trudel erneut zu Boden. Otto sucht den Blick seiner Frau, sicher versucht er nicht, Inges Blick aufzufangen, denn sie hat bereits nach der Gemüsesuppe darum gebeten, auf ihr

Zimmer zurückkehren zu dürfen. Sie ist beinahe vierzehn, und seit ein paar Tagen hat sie bemerkt, dass etwas mit ‹Papi› Otto nicht in Ordnung ist. Er meidet sie, als hätte er Angst, ihr etwas zu sagen. Und jetzt ist da dieser Mann am Kopfende des Tisches, der sich das ganze Mittagessen über nicht einmal direkt an sie gewendet hat, sie nur ab und zu angeschaut hat, als wollte er etwas ihren Augen ablesen. Darum hat Inge um Erlaubnis gebeten aufzustehen, und nachdem die Erlaubnis gewährt war, ist sie gelaufen, um eine Wand zwischen sich und das zu bringen, was geschehen könnte. Inge muss dasselbe Gefühl haben wie in Essen, als sie in einem anderen Zimmer, diesem hier nicht unähnlich, die Stimmen ihrer Eltern hörte, die leise zu sprechen versuchten. Vergeblich.

Die Stimmen auf der anderen Seite verstummen ab und an, nehmen dann den Faden wieder auf. Inge versucht sich zu sagen, dass sie nicht über sie sprechen, aber schließlich bricht sie verzweifelt in Tränen aus, sie will die Kaserne nicht verlassen.

«Das Kriegsgericht hat ein Verfahren gegen dich eröffnet, Otto», erzählt der Oberst. «Man hat erfahren, dass es in deiner Familie ein Mädchen mit jüdischen Wurzeln väterlicherseits gibt.»

In diesem Augenblick werden die Stimmen erregter, die Worte sind beinahe nicht mehr zu unterscheiden, laut genug, um Maren und Olaf zu wecken, die im Nebenzimmer ihren Nachmittagsschlaf halten. Sie beginnen nach der Mutter zu rufen, die mit schlecht verhohlener Erleichterung hinübergeht, um sie zu beruhigen. Dann bleibt sie vor Inges Zimmer stehen, tritt ein, und nachdem sie sich neben sie gesetzt hat, versucht sie, alles zu erklären. Aber Inge lässt sie nicht einmal zu Wort kommen, und zwischen Schluchzern stößt sie hervor, dass sie in ihren vierzehn Lebensjahren nichts anderes getan habe als herumzuziehen, von einer Wohnung in die nächste, von einer Familie zur anderen, und sie fürchte, dass das ihr Schicksal sei. «Das ist so ungerecht.»

Trudel umarmt sie, sie weiß nicht, was sie sonst tun soll, tröstet sie, sagt ihr, sie solle sich beruhigen. Sie atmet tief durch und erzählt ihr, was der Oberst gesagt hat.

Nach dem Mittagessen kehrt Otto mit seinem Vorgesetzten nach Kassel zurück. Seit Monaten ist die Stadt unter ständigem schwerem Bombardement. Trotz der Kilometer, die sie von Göttingen trennen, können die Einwohner von den Glockentürmen aus die gleißenden Lichter und die dunklen Wolken aus Staub und Rauch sehen, die infolge der Bomben aufsteigen. Es ist darum nicht selbstverständlich, dass ‹Papi› am Abend wieder heimkehrt. Aber zum ersten Mal seit langer Zeit denkt Inges Mama nicht nur an den Beamten, der an ihre Tür klopfen würde, um ihr den traurigen Tod ihres Mannes zu übermitteln. Jetzt quält sie auch der Gedanke, mit ihrer fünfköpfigen Familie wer weiß wohin ziehen zu müssen.

«Ich glaubte, als Papi mit seinem Chef nach Kassel fuhr, nun ist alles aus», notierte Inges Mutter in ihren Memoiren. «Haderte mit dem Schicksal, betete um Dich, meine Kinder und um Papi, der aus Liebe zu mir und Euch wirklich alles aufs Spiel gesetzt hatte, nun vielleicht sogar sein Leben!!! Diese bitteren Stunden vergisst man nie im Leben.»

Niemand hätte ahnen können, dass Inges Schicksal von einem Bombenalarm in Kassel abhängen könnte. In Wirklichkeit war das nichts Ungewöhnliches in dieser Stadt, wo Otto und sein Vorgesetzter gerade nach dem Mittagessen in der Kaserne eingetroffen sind. Es ist einer von vielen Luftangriffen, und die Bomben fallen bereits auf Kassel, als Otto Heberling und sein Vorgesetzter vorschriftsmäßig mit den anderen Diensthabenden dieses Augenblicks in den Bunker hinabsteigen, der unter dem Büro der Abteilung Waffen und Ausrüstung für sie reserviert ist. Plötzlich ruft der Vorgesetzte seinen Untergebenen Heberling zu sich und sagt ihm, er habe eine Mappe mit Dokumenten vergessen, darunter auch die, die ihn, Heberling, betreffen.

Otto läuft die Treppe hinauf, zurück Richtung Büro des Obersten. Der Weg ist nicht lang, wenige Minuten würden ausreichen, die Mappe zu holen und in den Bunker zurückzukehren. Noch ein paar Stufen, dann der Gang und gleich darauf die Tür.

Vielleicht hört er zuerst den Knall, spürt dann den Druck nach oben, so als hebe eine Hand ihn in die Luft, und schließlich den harten Aufprall gegen die Wand. Als er wieder zu sich kommt und den Flur erreicht, bemerkt er, dass die Büros, in denen er bis vor wenigen Augenblicken gearbeitet hat, nicht mehr existieren. In seinem Rücken sieht er, als sich die Staubwolke ein wenig gelegt hat, die Überreste des Bunkers. Erst später wird er erfahren, dass keiner überlebt hat.

Offizier Heberling kommt mit einigen leichten Verletzungen davon. Und die Dokumente über das gegen ihn laufende Gerichtsverfahren sind zwischen den Ruinen in Flammen aufgegangen. Durch eine tragische Laune des Schicksals ist Inge einmal mehr gerettet.

«Der Krieg war dann bald vorbei», schreibt Trudel in ihren Memoiren lapidar. Göttingen hat sich ergeben. Amerikaner und Engländer sind in die Stadt eingezogen, ohne auf Widerstand zu treffen, und Otto Heberling ist für kurze Zeit in einem Gefängnis für Kriegsgefangene der Alliierten interniert.

Göttingen ist eine der wenigen deutschen Städte, die in der Lage sind, sich in kürzester Zeit zu erholen. Nur vier Monate nach dem Einzug der Alliierten öffnet das Theater wieder seine Tore und eröffnet die neue Saison mit der *Hochzeit des Figaro*. Und im Wintersemester 1945-1946 gehen auch die Vorlesungen an der Universität weiter.

Inge kann in ihre Klasse zurückkehren. Sie und ihre Freundin Gassy sind im siebten Himmel. Auch für sie ist die Fähigkeit Göttingens, sich zu erholen, eine wahre Wohltat. Aber es ist nicht alles nur rosig, der Krieg hat natürlich überall seine Spuren hinterlassen. Gleich vor den Toren Göttingens befindet sich ein großes Flüchtlingslager. Tausende Menschen aus den russischen Besatzungszonen. Hauptsächlich vertriebene Sudetendeutsche, beurlaubte Soldaten und Kriegsgefangene, die allesamt in diese beinahe unzerstört gebliebene Stadt geströmt sind. In kürzester Zeit steigt die Einwohnerzahl Göttingens von fünfzigtausend auf achtzigtausend. Zu manchen Zeiten machen die Flüchtlinge mehr als die Hälfte der Stadtbevölkerung aus.

Inge kommt auf ihrem gelben Fahrrad auf dem Schulweg jeden Tag an dem Flüchtlingslager vorbei, und an den Häusern, in denen sie beengt leben. Die Ausdünstungen dieses Lagers, der Gestank der Armut, Gerüche, die man ein Leben lang nicht vergisst, stürmen jeden Morgen auf sie ein, und wenn sie könnte, würde sie schneller fahren, doch das Lager befindet sich just auf der Kuppe eines so steilen Hügels, dass sie absteigen und zu Fuß gehen muss.

Das Jahr nach Kriegsende ist ein Jahr der ‹Umerziehung›. Die Engländer, die in die Stadt gekommen sind, eröffnen wieder das Kino, wo auch Dokumentationen aus Auschwitz und Buchenwald gezeigt werden. Und inzwischen sieht Inge jeden Tag die traurigen ramponierten Kolonnen der Kriegsgefangenen in die und aus den Fabriken strömen.

Auch Inges Schule ist zum Teil in ein Auffanglager verwandelt worden. Die Einwohner Göttingens müssen so eng wie möglich zusammenrücken, den Neuankömmlingen Platz machen. In den ersten Monaten fehlt es an allem, und auch das Essen ist knapp. Der Hunger verschwindet nicht von einem Tag auf den anderen, ab und zu ist es nötig, sich irgendwie zu behelfen. Abends, im Dunklen, wagen sich Inge und andere Kinder hinaus aus der Stadt oder in die Gemüsegärten von Himmelsruh, am Stadtrand, um ein bisschen Obst und Gemüse zu stehlen und nach Hause zu bringen. Für Inge ist es ein brüskes Erwachen. Es muss erst das Ende des Krieges kommen, damit sie das Elend in all seinen Ausprägungen kennenlernt – zwanzig Grad unter null und wenig zum Anziehen; der Hunger, der einen dazu bringt, Kartoffeln zu stehlen, Früchte und alles, was man auf dem Schwarzmarkt bekommen kann, eingeschlossen ein ekelhafter Schnaps aus Steckrüben, der ein wenig die Festtage erhellt; ein Weihnachtsfest mit einem mageren halben Hühnchen und zwei Kartoffeln, im Austausch gegen ein wenig Essbesteck; heiße, geschmacklose Gemüsesuppen, verteilt durch die Engländer.

Trotz allem ist die Luft, die man in der Stadt atmet, jetzt, da der Krieg wirklich beendet ist, unleugbar frisch, prickelnd, vielleicht auch dank all dieser amerikanischen und englischen Soldaten, die so freundlich und so gut aussehend sind. Und zwei junge Mädchen wie Inge und Gassy können davon nicht unbeeindruckt bleiben. Doch in Göttingen gibt es wenig, um die Kinder und Jugendlichen zu beschäftigen. Meist sind sie sich selbst überlassen, um zu tun, was ihnen gefällt. So spielen sie auf der Straße Ball, Autos gibt es noch sehr wenige. Das Theater und die Tanzveranstaltungen sind die einzigen Zerstreuungen, die es erlauben, ab und an auch am Abend aus dem Haus zu gehen. Umso erfreulicher, dass bald eine gewisse Theaterkultur entsteht. Das elegante neuklassische Deutsche Theater wird jetzt von Heinz Hilpert geleitet, einem Schüler von Max Reinhardt, dem Theatergott, der aus dem Exil zurückkehrt und einige seiner Inszenierungen mitbringt. Mädchen und Jungen sitzen im Olymp, wie die höchste Reihe genannt wird. Die Eintrittskarten gibt es praktisch geschenkt. Mit dem Studentenausweis kann man für eine Mark nicht nur den Klassikern, rezitiert von den besten Schauspielern, sondern endlich auch den Stücken der in der Nazizeit verbannten Autoren beiwohnen – Brecht, Schnitzler, Büchner – und dann den ganz neuen Stücken von Sartres *Fliegen* bis zu Carl Zuckmayers *Des Teufels General*. Man leidet noch immer Hunger, aber dieser andere Hunger kann jeden Abend gestillt werden. Inge hungert sehr danach, und Gassy ist immer froh, mit ihr zusammen neue Entdeckungen zu machen. Das Theater ist eine Traumwelt, die jeden Tag ersteht, wie das Kino im Übrigen, aber zu dieser Zeit werden zumeist sentimentale deutsche Filme gezeigt, die Inge nicht ausstehen kann.

Es ist eine Bildung im Nachholtempo. Alles ist komprimiert, die zahlreichen Stimuli, und Inge kann die Lampe entsorgen, die sie bisher verwendet hat, um unter der Decke zu lesen. Sie hat immer gerne gelesen und in Ermangelung an Alternativen alles verschlungen, von den vom Propagandaministerium gestatteten Romanen bis hin zu Liebesromanen. Goethe und Schiller, Hölderlin und Kleist hat sie satt, ebenso die Geschichten, die während eines Jagdausflugs spielen, mit der unvermeidlichen blonden Maid, die auf Rettung wartet. Jetzt kommen Hemingway, Faulkner, Wolfe, Sinclair Lewis, Fitzgerald. In Wirklichkeit waren sie nie weg, aber das Regime hat ihre Verbreitung verboten und mit ihnen die besten Vertreter der modernen und internationalen Literatur. Inge, und mit ihr viele andere, entdecken zum ersten Mal diese großen Autoren dank der genialen Idee Ernst Rowohlts, des findigen Verlegers, der den gleichnamigen Verlag 1908 gründete und während des Krieges gezwungen gewesen war, seine Aktivität einzustellen. Rowohlt macht da weiter, wo er aufgehört hatte, und um das zu tun, braucht er Papier und Lizenzen. So fährt er von Hamburg nach Stuttgart. Dort will er mit Jean de Lattre de Tassigny, dem Gouverneur Südwestdeutschlands, das in französischer Hand ist, konferieren und ihn von der Güte seines Projekts überzeugen. Der Gouverneur willigt ein, unter der einzigen Bedingung, dass der Verleger französische Autoren wie Sartre, Camus, de Beauvoir publizieren muss. Rowohlt stimmt zu, doch nach einer Weile wird auch dieses Papier knapp, oder wenigstens das für Bücher geeignete, und so hat der Verleger eine weitere Idee: Romane auf Zeitungspapier und in Form eines Boulevardblatts zu veröffentlichen. Die ‹Zeitungsromane›. Eine Erfindung, die Spuren im Leben und an den Fingerspitzen vieler Leser hinterlässt, die von der Tinte auf diesem wenig saugfähigen Papier stets verschmiert sind. Drei Jahre lang – von 1946 bis 1949 – bringen diese ‹Zeitungen› die Leser wieder in Kontakt mit der literarischen Kultur, bis 1950 Rowohlt die ersten Taschenbücher auf den Markt bringt, Rowohlts Rotations-Romane. Eine neue Reihe für eine Mark fünfzig.

Und dann sind da natürlich die Tanzveranstaltungen, befeuert auch durch die lebendige Wiederaufnahme der universitären Aktivitäten und des sozialen Lebens, das diese mit sich bringen. Göttingen ist der Dreh- und Angelpunkt der Naturwissenschaften, und für Inge und Gassy sind die erfahrenen Herren der Physik wunderbare Tänzer. Apropos Physiker: In der Stadt wohnen einige von internationalem Ruhm, wie die Nobelpreisträger Otto Hahn und Max Planck. Max Plancks Enkelin geht in dieselbe Klasse wie Inge und Gassy im Gymnasium, und eines Tages lädt sie sie zu einer Geburtstagsfeier ein. Die beiden Mädchen sagen mit Freuden zu; zu dieser Zeit gibt es jede Woche ein Fest, und doch sind es nie genug. Darüber hinaus verkleiden sie sich an jenem Abend im Hause Planck, um ein improvisiertes Stück aufzuführen. Der Opa des Geburtstagskindes sitzt auf einem Thonet-Schaukelstuhl. Er würde sich gerne ein wenig mit ihnen unterhalten, aber Inge und Gassy sind mit ganz anderem beschäftigt, sind mitten in den Vorbereitungen für das Fest. Daraufhin wagt Max Planck einen letzten Versuch und fragt Inge, was sie werden will, wenn sie groß ist.

«Klassische Tänzerin», antwortet sie, worauf sie das Gelächter des großen Physikers erntet.

Für die Jugend, für die Jungen ebenso wie für die Mädchen, dreht sich alles um ein Thema: die Tanzstunden. Für viele ist das die einzige Art, wieder ein Gefühl von Freiheit zu empfinden. Inge und Gassy schreiben sich an der Tanzschule Rödiger-Martens in der Baurat-Gerber-Straße ein. Ihr Lehrer heißt Otto Hack, er ist erst sechzehn, doch angesichts der Tatsache, dass in den Tanzschulen Männer Mangelware sind, hat der Lehrer des Kurses ihn als Tänzer für die verschiedenen Altersstufen hinzugezogen. Otto ist einer der wenigen Glücklichen seines Alters, die der Krieg nur gestreift hat, nachdem er als 16-Jähriger knapp um den Militärdienst in der Wehrmacht herumgekommen ist. Inge fällt ihm sofort auf: klein, zierlich, extrem beweglich und ein ziemliches Mundwerk. Immer in Bewegung, ein kleiner Wirbelwind im Rock. Darüber hinaus hat sie die besondere Gabe, sofort mit allen Bekanntschaft zu schließen, vollkommen unbefangen. Kurz, ein Mädchen, das einem den Kopf verdrehen kann.

Schade, dass zu diesen Zeiten in der Tanzschule Rödiger-Martens kein Jazz gespielt wird und auch kein Swing, kurz, keine Musik aus Amerika und England. Den jungen Tänzer und seinen Kurs erwarten noch die angesagten Gesellschaftstänze, höchstens ein bisschen Foxtrott, der sich nicht gerade eignet, um sich auszutoben, und zumeist ist Otto Hack aufgrund seiner Unerfahrenheit steif wie ein Besenstiel. Die Schule kostet wenig, doch man muss sie trotzdem bezahlen, aber Inge darf aufgrund ihres Könnens gratis teilnehmen, eine Art Stipendium. Während am Anfang die Männer noch an den Fingern einer Hand abzuzählen waren, füllt sich der Tanzsaal bald mit jungen Männern, hauptsächlich Kriegsheimkehrern. Für Inge und Gassy sind diese nur wenige Jahre älteren Burschen in jeder Hinsicht schon Männer. Sie haben Erfahrungen gemacht, die sie dank dem Kino nur erahnen können, und sie spielen sich als große Frauenhelden auf. Einige davon sind Studenten, und während Inge und Gassy jeden Tag besser werden, beginnen sie eine Skala zu entwerfen. Jurastudenten? Idioten. Medizin? Ein bisschen besser. Chemiker? Noch besser. Philosophen? Wunderbar. Physiker? Die besten. Letztere organisieren vor allem unvergessliche Partys. Sie mieten einen Raum in einem kleinen Restaurant, und dann genügen ein Grammophon und ein geklauter Schnaps aus der Universitätsapotheke, und fertig. Diese ‹Männer› behandeln die jüngeren Mädchen wie kleine Dummchen, verspotten sie, weil sie wie Inge lange, aus Vorhangresten selbst genähte Röcke tragen. Nylon ist etwas für diejenigen, die einen Onkel oder eine Tante in Amerika vorzuweisen haben. Das ist nicht schlimm, es geht auch so. Tanzen macht Spaß, vertreibt die Sorgen, doch es ist ebenso schön, nach der Stunde nach draußen zu treten, durch die Straßen der Innenstadt zu spazieren, zu quatschen, zu lachen, über ein Leben, das wieder sorgloser geworden zu sein scheint. Die Eltern sind bis zu einem gewissen Punkt damit einverstanden, denn damals wie heute gab es die feine Linie, die ein akzeptables schulisches Verhalten von einem inakzeptablen trennt. Die Noten von Inge und Otto Hack fallen in den Keller, und während für Inge eine Schelte der Eltern genügt, um sie zumindest vorerst zurück auf den rechten Weg zu bringen, wird für den armen Otto ein Internat in Bayern gesucht.

Inzwischen ist Papi Heberling aus seiner kurzen Kriegsgefangenschaft zurückgekehrt. Jetzt hat die Familie, die er zusammen mit Trudel geschaffen hat, nichts mehr zu befürchten. Doch aus professioneller Sicht und den sozialen Status betreffend, hat Heberling praktisch alles verloren. Er wurde aus der Zieten-Kaserne entlassen, und auch sein Dienstgrad eines Hauptmanns wurde ihm aberkannt. Die Kaserne selbst wurde von den Einwohnern Göttingens regelrecht geplündert. Eine besonders traurige Tatsache, wenn man bedenkt, dass die Einwohner bis kurz zuvor noch sehr stolz auf sie waren. Der alljährliche Wehrmachtstag hat immer viele Besucher angezogen, die interessiert waren, das Innere einer echten Kaserne zu sehen, zuweilen begleitet von Inge selbst, die an diesem besonderen Tag gerne die Ställe und Pferde zeigte und ihre Kühnheit als Reiterin zur Schau stellte. Von alldem ist nichts mehr geblieben. Die Heberlings müssen in eine Wohnung in der Innenstadt ziehen, in die Groner-Straße. Für Otto Heberling muss der Verlust seines Dienstgrades sowie seiner Wohnung eine tiefe Verletzung gewesen sein, eine tiefe Beschämung, trotz aller Versuche, in seinem ursprünglichen Beruf als Sattelmacher wieder Fuß zu fassen. Er muss lernen, sich anzupassen, sein Soldatenleben in ein Zivilistenleben zu verwandeln. Aus dem amerikanischen Kriegsgefangenenlager kehrt Otto zudem nicht nur mit zerbrochenen Hoffnungen zurück, sondern auch mit einer schweren Mageninfektion - wahrscheinlich dem Essen im Lager geschuldet -, die ihn zu einer langen Genesungszeit im Krankenhaus von Göttingen zwingt.

Für Inge ist es, als schlössen sich viele Kapitel auf einmal. Die Schule, das geschützte Leben in der Kaserne, ein in das Land der unendlichen Möglichkeiten emigrierter Vater, ein vielleicht zu spät gefundener zweiter Vater. Trotz allem war ihre Kindheit schön, aber Inge weiß, dass Göttingen nur eine Etappe für sie ist. Es gibt mit Sicherheit noch etwas anderes. Viele ihrer Freunde haben in ihr stets eine Eigenschaft erkannt, die sich in einem einzigen jiddischen Wort zusammenfassen lässt: Chuzpe. Es ist eines dieser Worte, die negative wie positive Bedeutungen vereinen, wie es nur die prägnantesten Lemmata tun. Unverschämt? Ja, ihre Mama würde sie so nennen, mit vor Zuneigung belegter Stimme. Anmaßend? Auch, wenn sie sich ganz ohne Angst auf ihrem Pony Fritz zur Schau stellt. Intuitiv? Mit Sicherheit.

Für diejenigen, die um sie waren, war Inge stets eine Brandstifterin, in der Lage, die Menschen um sie zu begeistern, um die Idee zu verwirklichen, die sie im Kopf hat.

Draufgängerisch. So würde ihr Tanzlehrer Otto Hack sie bezeichnen. «Ingemaus ist draufgängerisch und durchaus auch ein wenig berechnend, jedoch in einem guten Sinn», sagt Hack. Sie hat keine Angst vor kühnen Taten, und sie hat keine Angst vor ihren eigenen Ideen.

Und da ist schon eine andere. Es wird Zeit zum Abschied.

3
Das Feldbett

Eines Freitagmorgens im Januar 1950, die Luft ist frisch, aber nicht kalt, sticht nicht auf der Haut. Inge hat sich auf eine Straße etwas außerhalb von Göttingen gestellt. Außer einem Koffer und einer Reisetasche hat sie auch ihr gelbes Fahrrad bei sich. Sie hofft, bald eine Mitfahrgelegenheit Richtung Norden zu finden. Zunächst wollte sie den Zug nehmen, doch sie kann sich das Übergepäck wegen des Fahrrads nicht leisten. Kurz darauf hält ein kleiner Lastwagen. Der Fahrer dreht das Fenster herunter und fragt: «Wohin wollen Sie?»

«Nach Hamburg», antwortet Inge, als wäre das um die Ecke, während sie auf Zehenspitzen das Gesicht des Fahrers zu erspähen versucht.

«Na gut», hört sie ihn sagen, und kurz darauf steht sie vor einem korpulenten Lastwagenfahrer im Unterhemd, obwohl mitten im Winter. Der Mann steigt aus dem Führerhäuschen, greift nach dem Fahrrad und dem Koffer und verstaut sie unsanft auf der Ladefläche, nachdem er einen abschätzigen Blick auf das gelbe Fahrrad geworfen hat, als wäre es ein Ungeziefer. Inge ignoriert ihn und steigt mit ihrer Tasche in die Kabine, wo sie ein abgestandener Geruch überfällt, als würde der Mann hier drin wohnen. Dann jedoch schiebt sie die Abscheu von sich, den Drang, einen Schritt zurückzugehen und zu sagen, sie habe es sich anders überlegt, weil sie in dieser Mischung aus Gerüchen auch Seife, Schweiß und Leder wahrnimmt, die Gerüche der Kaserne, der Wochenenden, an denen sie zusammen mit den jungen Soldaten Sättel und Geschirre mit Fett polierte.

Das kann nichts anderes sein als ein gutes Zeichen, und darum Adieu, Göttingen! Inge kann das nicht wissen, aber dieses Gefühl, das in ihr aufkommt wie ein Zauberspruch, der vor ihren Augen Gestalt annimmt, wird sie noch mehrere Male im Leben haben. Was sie spürt, ist eine unbändige Freude, sie hat die innere Gewissheit, dass die Freiheit, ihre Freiheit, zum Greifen nah ist. Dass vor ihr eine leuchtende Zukunft liegt, und um sie zu erreichen, genügt es, sich der Gegenwart hinzugeben, die endlich gekommen ist.

Ihre Beziehung zur Zeit ist eine besondere. Einige Jahre später wird Inge sagen, dass sie immer kleine Augen, aber ein sehr starkes visuelles Gedächtnis gehabt hat. Die Vergangenheit ist für sie ein Ort, von dem sie eine bleibende Erinnerung in sich trägt, doch sie ist *vergangen*, und alleine darum kann dort so etwas sein wie Dankbarkeit, wenn auch nur dafür, die Entbehrungen des Krieges hinter sich gelassen zu haben. Die Gegenwart ist der erste Schritt zur Zukunft, in der Inge gerne leben will. Inge ist dankbar, eine Überlebende zu sein, ein anderes Leben begonnen zu haben.

Vor dem Fenster wechseln sich Felder und dichte Wälder ab. Diese Landschaft kennt Inge gut, aber jetzt will das ‹brave Mädchen› aus der Kleinstadt sich ohne Netz und doppelten Boden in die große Welt einer richtigen Stadt stürzen.

In ihrem Rücken wird Göttingen immer kleiner, und zusammen mit der Stadt scheinen die letzten Bindungen dahinzuschmelzen. Sie hat die Schule ein Jahr vor dem Abitur verlassen; was sie dort unterrichten, interessiert sie nicht, und statt nur eine schlechte Schülerin zu sein, hat sie beschlossen, auch dieses Kapitel zu beenden. Die finanzielle Situation der Familie ist alles andere als rosig. Trudel hat zwar Arbeit beim Gericht gefunden, das schon, aber es gibt da auch noch zwei Halbgeschwister, Maren, die zehn ist, und Olaf, mit sechs Jahren, die es zu versorgen gilt. Das Geld reicht nie. Inge muss gehen, und das tut sie.

Der Lastwagenfahrer ist eher abweisend, antwortet mit Grunzen auf die Fragen des Mädchens, das alles über die Straßen wissen will, auf denen sie fahren. Doch schließlich gewinnt das Wiegenlied des Motors die Oberhand mit seiner einschläfernden Wirkung. Trotzdem will sie nicht einschlafen und versucht wieder, eine Unterhaltung mit dem Lastwagenfahrer zu beginnen, doch er bringt weiterhin kein Wort heraus, die Augen starr geradeaus gerichtet. Ab und zu kommt es Inge jedoch vor, als betrachte er ihre Beine. Oder bildet sie sich das nur ein? Vielleicht hätte sie lieber eine Hose anziehen sollen, denkt sie, während sie versucht, ihren bunten Rock noch ein Stück weiter über die Knie zu ziehen.

«Wie lange dauert die Fahrt?»

«Vier Stunden insgesamt», antwortet der Fahrer und zeigt die Andeutung eines Lächelns. Inges letzte unschuldige Frage scheint eine Bresche geschlagen zu haben, denn jetzt wird der Mann gesprächiger.

«Wohin genau wollen Sie denn? Hamburg ist keine kleine Stadt. Ich fahre zum Hafen, ich muss eine Lieferung aufnehmen, die aus Amerika kommt, und dann fahre ich sofort nach Kassel zurück. Fahren Sie auch heute Abend nach Göttingen zurück?»

«Nein, ich bleibe in Hamburg, da werde ich in Zukunft wohnen und arbeiten.»

«Sie sind nicht die Einzige, die diese Träume hat», antwortet er.

«Das mag sein», antwortet Inge, «aber ich fange nächste Woche als Assistentin in einem Foto-Studio an. Ich werde mir eine Wohnung suchen und eine Weile dort leben.»

«Kompliment, Sie sind auf Zack. Ich hatte schon gedacht, dass Sie vielleicht in der Modebranche arbeiten.» Und mit dem Augenwinkel erhascht er einen Blick auf Inges Knie.

«Wegen der Art, wie ich mich kleide?», fragt Inge, die, ohne es zu merken, die Stimme um eine Oktave hebt.

«Für eine, die aus Göttingen kommt, ziemlich auffällig», nuschelt er.

Jetzt ist Inge diejenige, die ihn mustert. «Eine große Stadt verlangt andere Kleidung. Und dann will ich die beiden besten Sachen, die ich habe, nicht zerknittern. Ich glaube nicht, dass ich bald wieder Zeit zum Bügeln haben werde.»

Jedenfalls, fährt Inge fort, wenn er sie nahe der Alster herausließe, tue er ihr einen großen Gefallen. Sie kennt die

Stadt nicht, sie weiß nur, dass das Fotoatelier von Rosmarie Pierer, bei der sie am folgenden Montag zu arbeiten beginnt, in Eppendorf liegt, offenbar ein Wohnviertel, und eben nahe der Alster gelegen. Wenn sie dort ist, wird sie nach dem Weg fragen. Und im Übrigen hat sie ihr Fahrrad, mit dem sie schnell an ihr Ziel kommen wird.

«Gut, so machen wir es», antwortet der Lastwagenfahrer. «Ich heiße Max.»

«Inge.»

Für den Rest der Fahrt schweigen sie.

Zwei Stunden später findet Inge Schönthal, nicht einmal zwanzig Jahre alt, sich mit einer Reisetasche, einem Koffer und dem gelben Fahrrad auf dem Mundsburger Damm wieder. Sie atmet tief durch - Stadtluft, die Luft einer großen Stadt -, aber auch der Geruch nach Meer, wie ihr scheint.

«Wie komme ich zur Alster?», fragt sie eine Frau, die an ihr vorbeiläuft.

«Wenn Sie diesem Damm folgen, kommen Sie direkt zur Sechslingspforte, an der Außenalster.»

Inge folgt der Beschreibung, und als sie den Fluss erreicht, setzt sie sich auf die Wiese am Wasser. Hier wird die Außenalster breiter und fließt dann in die Elbe. Jetzt ist sie wirklich weit weg von zu Hause.

Es ist kurz vor sechzehn Uhr. Die Mutter hat ihr zwei Brötchen mit Butter und Kalbsleberaufstrich eingepackt und Tee in einer alten Thermoskanne. Und jetzt? Inge setzt sich auf eine Bank und beginnt zu essen. Noch nie hat sie bessere Brötchen gegessen. Ist es Heimweh, das sie bereits überfällt? Olaf und Maren kommen zu dieser Zeit sicher aus der Schule nach Hause. Vielleicht hat sie sich heute Morgen zu hastig von ihnen verabschiedet. Alles ist so schnell gegangen.

Die Geschwister sind fortgerannt. Die Mutter hat ein wenig geweint, dann hat sie sie umarmt und gesagt: «Ingemaus, du wirst das schaffen. Melde dich bald.»

Rosmarie Pierer, zwölf Jahre älter als Inge, hat ihr erstes Fotostudio direkt nach dem Krieg in Göttingen eröffnet. Es Studio zu nennen ist ein großzügiges Kompliment. Es ist so klein, dass die Dunkelkammer in einem alten Kleiderschrank eingerichtet wurde. Inge hat Rosmarie Pierer bei den Meyerhoffs kennengelernt, einer wohlhabenden Juristenfamilie, die in einer der Villen im Wohngebiet nördlich der Göttinger Innenstadt lebte. Pierer ging bei den Meyerhoffs ein und aus, und irgendwann hatte auch Inge angefangen, sie zu besuchen, mitgeschleppt von Günther, der mit einer der Töchter verheiratet war. Günther war einer dieser verrückten Physikprofessoren, die ganz ungeniert tanzten und die Abende von Inge und Gassy versüßten. Inge, damals kaum sechzehn, fand ihn etwas seltsam, und das machte ihn in ihren Augen interessant. Wie man hörte, hatte der Professor sich bis über beide Ohren in sie verliebt, und obwohl er bereits eine Frau hatte, verpasste er keine Gelegenheit, ihr den Hof zu machen. Er hatte sich in den Kopf gesetzt, ihr das Tennisspielen beizubringen, doch es war nichts zu machen gewesen, da Inge für diesen Sport wirklich keinerlei Talent besaß, und so blieb ihm, um seinen Flirt mit der jungen Frau fortzusetzen, nichts anderes übrig, als auf die Nachmittage im Hause Meyerhoff zu warten, die sich in Göttingen bald zu einem Treffpunkt für die Jugend aus besserem Haus entwickelt hatten. Es war Lola, die jüngste der Meyerhoff-Töchter, eine wahre Schönheit, von allen umschwärmt, ein wenig launenhaft und berühmt für ihre *rencontres*, wie man die Partys damals nannte, die sie im Wohnzimmer der Familienvilla organisierte. Dort traf sich das Göttingen, das sich nach der neuesten Mode kleidete, inspiriert durch die amerikanischen und englischen Soldaten, die durch die Innenstadt liefen. Die jungen Männer trugen spitze Schuhe, Brillantine in den Haaren und den Kamm stets griffbereit. Die Mädchen dagegen bevorzugten bunte Kleider und Pumps, in einem Stil, der kurze Zeit später zu einem Genre werden sollte, dem Rockabilly. Beneidet wurden diejenigen, die dazu eine echte Ray-Ban-Sonnenbrille trugen, vielleicht ein Geschenk von irgendeinem G. I.: Sie trugen sie voller Stolz Tag und Nacht. Auch in Göttingen hielten die Fünfzigerjahre Einzug, und für die mittellose Inge waren die Nachmittage bei den Meyerhoffs wie ein Märchen.

Ihr ganzes Leben hatte Inge um eine Frage gekreist: Gibt es wirklich einen Zufall, oder besteht unser Leben aus einer Reihe ganz alltäglicher Ereignisse, deren Sinn es zu ergründen gilt?

Wie dem auch sei, das Zusammentreffen mit der Fotografin Rosmarie Pierer ist mit Sicherheit ein Ereignis, das ihr Leben verändert hat.

An einem der vielen Nachmittage im Hause Meyerhoff kam Rosmarie zu Inge und fragte sie, ob sie daran interessiert wäre, ihre Assistentin in dem Fotostudio zu werden, das mittlerweile nach Hamburg umgezogen war. Göttingen war am Rand der Welt, und Berlin, das in Trümmern lag, hatte nach dem Zweiten Weltkrieg seinen Rang als deutsche Medienhauptstadt eingebüßt, war durch Hamburg abgelöst worden. Dort siedelten sich neue Zeitungen an, neue Wochenblätter, Zeitschriften, Nachrichten- und Werbeagenturen.

«Fotografie?», hatte Inge gefragt.

Bis zu diesem Augenblick hatte sie nie an die Fotografie gedacht, und ebenso wenig an eine Arbeit in dem Bereich.

Doch dieser vom Himmel gefallene Vorschlag hatte den Geschmack einer Chance. Ein bisschen Geld, eine aufblühende Stadt, interessante Leute zum Kennenlernen.

«Fotografie?», hatte Inge wiederholt. «Warum nicht!»

Und da steht Inge, ein paar Monate später, eines Freitagabends vor einer weißen hanseatischen Jugendstilvilla. Auf dem Klingelschild steht: ‹Studio Pierer›. Es sind zwei Stunden vergangen, seit sie sich auf diese Bank gesetzt hatte, und die Verabredung mit der Fotografin ist um 18 Uhr. Inge kann nicht länger warten, und auch wenn sie etwas zu früh ist, drückt sie auf den Klingelknopf.

Rosmarie Pierer steigt die enge Wendeltreppe aus dem Keller hoch und öffnet.

«Inge, wie schön, du bist da!»

Die beiden Frauen umarmen sich.

«Ich habe eine abenteuerliche Fahrt in einem Lastwagen hinter mir, du kannst dir nicht vorstellen, wie froh ich bin, hier zu sein», antwortet Inge.

«Komm, ich zeige dir, wo du schlafen wirst. Du darfst nicht zu viel erwarten, aber ich glaube, fürs Erste wird es gehen.»

Inge wird auf einem Feldbett vor der Dunkelkammer schlafen, wo Rosmarie unter anderem auch die Chemikalien aufbewahrt. Die neue Assistentin würde eine alte Truhe als Kleiderschrank benutzen, und wenn das nicht genüge, dürften ein paar Kleiderbügel an den nackten Wänden ihren Dienst tun.

«Das ist phantastisch», antwortet Inge.

«Leider gibt es kein Badezimmer, du musst mit dem Waschbecken in der Dunkelkammer auskommen. Aber du kannst gerne ein- oder zweimal die Woche zu mir kommen, um zu duschen. Die Toilette ist oben.»

«Das ist phantastisch», wiederholt Inge.

Schließlich reicht ihr Rosmarie einen Schlüsselbund. «Jetzt ist das ein bisschen auch dein Zuhause.»

Jenseits der Türschwelle des Studio Pierer liegt eine ganze Welt, die es zu entdecken gilt, und Inge hat die Absicht, das auf ihre Weise zu tun, indem sie auf ihrem Fahrrad in Richtung Hafen fährt.

«Und Samstagabend, was hast du da vor? Wieder Fahrradfahren?», fragt Rosmarie und lässt Inge keine Zeit, um zu verstehen, ob es sich um einen Scherz oder eine Provokation handelt. «Samstag ist das jährliche Treffen der Werbeleute und Graphiker von Hamburg. Es werden sicher viele interessante Leute da sein. Wenn du willst ...»

Inge sagt zu, ohne zweimal darüber nachzudenken.

Es scheint, dass die kreativsten Werbeleute, Graphiker und Journalisten aus der Medienwelt sich in der Deutschen Presse-Agentur (dpa) versammelt haben, die im Herbst 1949 ihre Arbeit wieder aufgenommen hat und nur zwei Schritte von dem Fotostudio entfernt liegt. Man unterhält sich und klatscht, man trinkt und raucht bis zum ersten Morgengrauen. An diesem Abend entdeckt Inge, dass es im Keller der etwas baufälligen Villa der Dpa auch eine Mensa gibt. Das ist eine wertvolle Information, denn dort kann man für weniger als eine Mark essen.

An jenem Abend, bei dem Treffen der Werbeleute, stellt Rosmarie ihr einen Haufen wichtiger Leute aus der Branche vor; einige Namen hat Inge schon gehört. Da ist ein gewisser Rudolf Augstein, der im Januar 1947 in Hannover die Wochenzeitschrift *Der Spiegel* gegründet hat und vor Kurzem mit Redaktion und Verlag nach Hamburg umgezogen ist. Augstein geht von einer Gruppe zur anderen und verströmt eine autoritäre Aura, wenn er sich nicht gerade beim Tanzen austobt. Und dann noch jemand Wichtiges, ein gewisser Axel Springer, der 1949 das *Hamburger Abendblatt* und später die *Bild* gegründet hat, das Boulevardblatt par excellence; auch er ist ständig in Bewegung, geht elegant gestikulierend von einem Grüppchen zum nächsten, und den jungen Frauen schenkt er kleine Veilchensträuße (Springer gab sich einen weiblichen Touch, der ihn seiner Meinung nach unwiderstehlich machte).

Inge platzt der Kopf.

Ausgestreckt auf ihrem Feldbett, kann Inge nicht einschlafen. Die Euphorie, die sie bis wenige Stunden zuvor empfunden hat, ist jetzt einem Schleier der Irritation gewichen, den sie nicht erwartet hatte. Wo ist sie an diesem Abend gelandet? In einem Haifischbecken oder in einem Eldorado?

Hamburg ist in einer Art Goldrausch, nur dass es anstelle von Goldnuggets hier Zeitungen aus dem Staub zu heben gilt, Zeitschriften auf den Markt zu bringen, neues Publikum zu entdecken. Man tut nichts anderes, als über innovative Projekte zu sprechen. Alle wollen Protagonisten dieses medialen Aufbruchs sein. Es gibt keinen Herausgeber, der gerade kein neues Blatt ersinnt. Die Lokalzeitungen bereiten sich auf ihre nationale Verbreitung vor. Und dann sind da die Neugründungen. 1946 ist zum ersten Mal die Wochenzeitung *Die Zeit* erschienen. 1947 war das wöchentliche Nachrichtenmagazin *Der Spiegel* an der Reihe, dem sich ein Jahr später die illustrierte Wochenzeitschrift *Stern* hinzugesellte. Wiederum ein Jahr später veröffentlicht der Verleger Springer zusammen mit dem Verleger John Jahr die *Constanze*, eine neue Frauenzeitschrift. Weiter spricht man mit Dringlichkeit von einer Illustrierten mit nationaler Verbreitung, die in kurzer Zeit erscheinen soll. Es gibt keine andere deutsche Stadt, in der man deutlicher den Beginn einer neuen Epoche spürt. Und um das alles zu unterfüttern, sind da die Milliarden von Dollar, die das European Recovery Program bereitstellt, der Marshall-Plan, der im April 1948 vom amerikanischen Kongress verabschiedet wurde, zum Wiederaufbau des alten Kontinents und vor allem Deutschlands.

Die anfängliche Trunkenheit Inges beginnt sich in Übelkeit zu wandeln. Alle Menschen, mit denen sie gesprochen hat, bemerkt sie, haben dieselben eindringlichen Worte benutzt: phantastisch, einfach, zum Greifen nah. Aber Inge gelingt es nicht, diesen Eindruck aus dem Kopf zu verscheuchen, so viele dynamische und brillante, aber gleichzeitig ein wenig leere und stumpfe junge Leute kennengelernt zu haben.

Das Urteil, das sie über diesen Abend fällt, ist lapidar und Ausdruck ihrer Überzeugung, beim ersten Handschlag schon den richtigen Eindruck von den Menschen zu gewinnen, oder wenigstens gleich nach dem ersten Smalltalk. In Göttingen hat das kulturell sprudelnde Ambiente sie in ihrer Jugend mit großen Intelligenzen zusammengebracht, wie dem Kreis der jungen Physiker. Es ist eine Zeit, in der Kämpfe durch intellektuelle Arroganz gewonnen werden und nicht durch die Zurschaustellung eines neuen Kleides. Unbewusst lernt Inge zu urteilen, ohne sich darum allen Glanz zu versagen. Es sind Zeiten, in denen es einfach scheint, die Welt zu erobern.

Inge ist ein bisschen arglos, eingebildet? Ja, das würde sie nie abstreiten, denn das sind die Qualitäten, die sie haben begreifen lassen, dass trotz allem dort in Hamburg etwas Wichtiges geschieht. Vor allem für die jungen Leute eröffnen sich unzählige berufliche Möglichkeiten. Im Zuge des Wiederaufbaus, in der ersten Zeit der Adenauer-Ära, verändert sich die Medienlandschaft radikal, und um ein Teil davon zu werden, muss man die Gelegenheit beim Schopf ergreifen.

Der Motor der Veränderung jedoch muss vor allem weiblich sein. Wie ist es möglich, fragt sich Inge, dass es an jenem Abend ausschließlich junge, selbstzufriedene Männer waren, die sich ihr als zukünftige Medienmacher präsentierten?

Inge wird zur rechten Hand von Rosmarie Pierer und beginnt ihre Ausbildungszeit. Die Fotografin hat sich erst kürzlich in Hamburg angesiedelt, und das gibt Inge die Möglichkeit, aus der Nähe zu verfolgen, wie man eine freiberufliche Tätigkeit in Gang bringt und betreibt. Darüber hinaus bekommt sie die Gelegenheit, solide Grundkenntnisse der Fotografie zu erwerben. Ihre Aufgaben sind vielfältig: Einmal muss sie die Location für eine neue Werbekampagne finden, ein andermal ist sie auf der Jagd nach neuen Gesichtern für ein Fotocasting. Die Aufnahmen im Studio, die Verwendung verschiedenster Objektive für die Werbefotos lehren sie, das Licht richtig zu setzen. Und schließlich, obwohl die technischen Details sie nie wirklich interessiert haben, lernt sie die verschiedenen fotografischen Apparaturen zu handhaben: von

den professionellen, großformatigen, bis hin zu den kleinen, viel handlicheren, die seit Kurzem auf dem Markt sind. Sie lernt, in der Dunkelkammer zu arbeiten, sie übt sich in Vergrößerungen und auf Barytpapier zu drucken, das das Weiß und das Schwarz und die Tiefenwirkung hervorhebt.

Aber auch wenn diese beiden anziehenden und fähigen jungen Frauen nicht unbemerkt bleiben, stagnieren die Aufträge. Oft fehlt das Geld, um größere Aufträge anzugehen, die wiederum größere Einnahmen generieren könnten, oder wenigstens sind die Ideen am Anfang noch nicht richtig auf dem Punkt. Um etwas dazuzuverdienen, posiert Inge ab und zu für Modefotos. Mit ihren kurzen Haaren, die ihre hohen Wangenknochen zur Geltung bringen, ihren Augen und vor allem dem strahlenden Lächeln ähnelt sie Leslie Caron, der französischen Schauspielerin und Tänzerin, die gerade zu der Zeit mit *Ein Amerikaner in Paris* ins Rampenlicht tritt, und daher mangelt es nicht an Aufträgen. All das zieht sie hinein, begeistert sie, und sie weiß wohl, dass ihre Zukunft nicht im Keller eines Fotostudios liegt; das weiß sie von Anfang an, seit sie sich aus Göttingen aufgemacht hat in die Welt. Auch darum legt Inge nie die Gewohnheit ab, auf den Sattel ihres gelben Fahrrads zu steigen, durch die Stadt und zum Hafen zu fahren.

Das ständige Ankommen und Abfahren großer Handelsschiffe und Passagierschiffe entflammt erneut ihre Neugier, die sie seit dem Krieg in sich trägt. Wie ist wohl das Leben auf der anderen Seite des Atlantik? Was geschieht dort drüben? Im Augenblick kann sie nichts weiter tun, als ihre vagen Ahnungen zu füttern, ihnen Nahrung und Atem und Schweiß zu geben, damit sie nicht vergehen. Es ist nur noch Raum für eine weitere Frage: Lebt Väti wohl noch immer in New York?

Und dann gibt es im Hafen eine Vielzahl interessanter Motive. Wer in diese Schiffe ein- und aussteigt, oder wer ganz einfach auf diesen Molen herumbummelt, trägt eine einzigartige Geschichte mit sich herum, und Inge bemüht sich mit ihrer Rolleiflex, das ganze Leben festzuhalten, das vor ihren Augen vorbeizieht. Wenn es hell ist, bewegt sie sich schneller, dank der Handlichkeit der Fotokamera, doch sie schreckt auch nicht vor Nachtaufnahmen mit dem Blitzgerät zurück, obwohl das zur damaligen Zeit noch ein ziemlich sperriges Ding war.

In den folgenden Monaten wird die professionelle Verbindung zwischen Inge und Rosmarie immer enger. Inge könnte an Rosmaries Seite Karriere in der Werbefotografie machen, die, nachdem die Anfangsschwierigkeiten überwunden sind, zu einer der begehrtesten Fotografinnen in diesem Bereich aufsteigt und sich nach und nach auf ganzer Linie durchsetzt.

Aber Inge will mehr. Die Rolle als Assistentin wird ihr bald zu eng, und die fensterlose Wohnung ist nicht mehr ganz so phantastisch wie das erste Mal, als sie sie gesehen hat.

Darüber hinaus sind sie und Rosmarie sich zu ähnlich, auch wenn sie es nie zugeben würden. Vor allem, was ihre Ecken und Kanten betrifft, die sie nicht abfeilen wollen oder können. Es gibt erste Streitigkeiten, erste Missverständnisse, die Luft wird dicker, und das nicht nur wegen der Chemikalien, neben denen Inge jeden Abend schlafen muss.

Es ist wieder einmal Zeit für einen Wendepunkt. Und sie wählt dafür einen Samstagabend im Jahr 1951. Es ist ein Abend zu Frühlingsbeginn, und Inge ist wieder einmal im Hamburger Hafen auf der Jagd nach einem Gesicht. Fotoapparat, Blitzlicht und Stativ um den Hals. Irgendwann hält an einer Kreuzung neben ihr ein weißer Cabriolet Borgward Hansa 1800. Aus dem Fenster beugt sich ein Kerl um die Vierzig, mit zurückgelegten Haaren und einer Sonnenbrille, obwohl es schon seit einer Weile dunkel ist. Er fragt: «Sind Sie Fotografin?» Eine rhetorische Frage, wenn man bedenkt, wie Inge ausstaffiert ist, aber vielleicht ist es nicht das erste Mal, dass der Mann sie in Aktion sieht.

«Sagen wir, ich versuche es. Warum?»

Er sagt ihr, er sei auf der Suche nach jungen Fotografinnen für seine neue Frauenzeitschrift. Ob sie Interesse hätte, Montag früh in der Redaktion vorbeizukommen und auch ein paar Bilder mitzubringen? Damit reicht er ihr eine Visitenkarte und verschwindet. Auf der Karte steht Hans Huffzky, Chefredakteur der *Constanze*, der Zeitschrift für ein explizit weibliches Publikum, die in den Kiosken Furore macht. Das Büro befindet sich praktisch um die Ecke vom Fotostudio. Inge kann es kaum glauben. Kann sie diesem Mann trauen, der sich ihr auf diese Weise genähert hat? Die einzige Art, das herauszufinden, ist, sich an die Arbeit zu machen. Sie verbringt das Wochenende in der Dunkelkammer, um ein passables Portfolio zusammenzustellen. Sie wählt aus den Fotos, die ihr am besten gefallen, entwickelt beinahe zwei Dutzend davon.

Montagmorgen steht Inge vor der Villa, wo seit Kurzem die Zeitschrift *Constanze* eingezogen ist. Wie üblich ist sie sehr früh dran, sogar noch vor den Angestellten, doch die Mappe mit den Fotos brennt ihr förmlich in den Händen, und darum klingelt sie; glücklicherweise ist die Rezeption bereits besetzt, und sie wird von einer freundlichen Dame empfangen.

«Herr Huffzky ist noch nicht da, und um neun hat er Redaktionssitzung. Er kann sie nicht vor zehn empfangen. Wollen Sie warten oder später wiederkommen?»

«Ich warte.»

Neben der Rezeption stehen zwei Breuer-Freischwinger und ein Tischchen mit einem Stapel Zeitungen und Zeitschriften darauf. Inge beginnt, die letzte Ausgabe der Illustrierten *Stern* durchzublättern, als Herr Huffzky hereinkommt.

«Ach gut, Sie sind schon da», begrüßt er sie und sagt ihr, er habe noch ein Treffen mit dem Verleger und eine kurze Ver-

sammlung mit den Chefredakteuren: «Aber ich bin gleich bei Ihnen.» Er lässt Inge in ein kleines Besprechungszimmer führen und bittet die Rezeptionistin, einen Kaffee für die junge Fotografin zu kochen. Auf einem Tischchen liegen mehrere Fotobände, während an den Wänden wunderschöne, in Passepartouts und schwarze Rahmen gefasste Drucke hängen. Alle von berühmten Fotografen, wie Huffzky ihr kurz darauf erklären würde.

Inge legt die Ilford-Schachtel mit ihren Abzügen auf die Knie und greift nach einem kleinen Buch. Es geht um eine Agentur, die sich ‹Magnum› nennt, den Namen hat sie natürlich schon einmal gehört. Es ist jedoch das erste Mal, dass Inge die Namen von Robert Capa, Henri Cartier-Bresson, David Seymour, Werner Bischof und George Rodger liest. Im Vorwort erklärt der Franzose Cartier-Bresson seine Theorie zum entscheidenden Moment – *le moment décisif*. Die Jagd. Den Instinkt. Die Vorherrschaft der Intuition über theoretische und technische Kenntnisse. Sich zu postieren und im richtigen, entscheidenden Augenblick abzudrücken, um auf der Bildfläche des Fotoapparats das abzubilden, was das Auge bereits gesehen hat. Das, was in diesem Artikel beschrieben wird, hat jedoch nicht das Geringste mit dem Beruf des Paparazzo zu tun. Es hat nichts damit zu tun, stundenlang irgendwo zu warten, dass eine Berühmtheit vorbeikommt. Es ist derselbe Unterschied, der zwischen einer Safari in der Sicherheit des eigenen Automobils und einem Abenteuer in der Wildnis besteht.

Epiphanie oder Offenbarung. Diese Zeilen zu lesen, gerade dort, als sie auf den Direktor einer der dynamischsten Zeitschriften der Epoche wartet, ist für Inge die Bestätigung, auf die sie seit einiger Zeit wartet: Ich tue das Richtige. Vielleicht entsteht in diesem Augenblick auch Inges innerer Zwiespalt, den sie für immer in sich tragen wird: die scheinbare Inkompatibilität zwischen den entscheidenden Augenblicken, die das Leben durchziehen, und dem Zufall, der uns auf ihren Weg setzt. Doch gibt es sie wirklich, diese Inkompatibilität?

Inge schüttelt den Kopf. Auf dem Tisch liegt auch ein Leporello, eine Art Faltblatt, das sich öffnet wie ein Akkordeon. Es bewirbt die erste Weltausstellung für Fotografie, die im darauffolgenden Sommer in der Schweiz, in Luzern, stattfinden soll. Ein anderes Faltblatt dagegen spricht von einem internationalen Fotoprojekt mit dem Thema ‹Family of Man›. Die Idee stammt von einem gewissen Edward Steichen aus New York, der in ein paar Jahren daraus eine Wanderausstellung machen will. In diesen wenigen Seiten liegt eine ganze Welt.

Inge ist schwindelig, es ist dasselbe Gefühl, das sie empfunden hat, als Rosmarie sie mit zum Abend der Werbeleute genommen hat. Sie hat das Gefühl, endlich zum Herzen dieser Suche vorgedrungen zu sein, die sie seit Monaten dazu treibt, ihr Fahrrad zu besteigen und auf Bilderjagd zu gehen. Sie spürt, wie sie eine Dringlichkeit und eine unbändige Neugier überkommen, zusammen mit den Zweifeln, die sie in den letzten drei Tagen nie ganz verlassen haben. Bin ich gut genug?

Sie geht schnell die Abzüge durch, die sie mitgebracht hat. Vielleicht sollte sie lieber gehen, um zurückzukommen, wenn sie wirklich überzeugt von ihren Fotos ist.

Doch sie bleibt. Und kurze Zeit später kommt, bestens gelaunt, wie es scheint, Hans Huffzky mit einem Kollegen herein. «Da sind wir. Sagen Sie mir noch einmal Ihren Namen?»

«Inge Schönthal.»

«Und das ist mein alter Freund Armin Schönberg. Er ist unser Graphiker und verantwortlich für das Layout. Ich nehme an, Sie haben nichts dagegen, wenn auch er einen Blick auf Ihre Arbeiten wirft. Los, lassen Sie sehen.»

Schönberg macht den Tisch frei. Inge öffnet die Ilford-Schachtel und legt ordentlich die Bilder der beiden Shootings aus. Das erste konzentriert sich auf die Handelsschiffe, das andere auf die Passagierschiffe. In einer Pause zwischen einem Abzug und dem anderen hatte Inge die Dunkelkammer verlassen und sich einige Ausgaben der *Constanze* besorgt, hatte sie studiert, versucht, ein ästhetisches Leitbild zu erkennen, das ihr bei der Auswahl der Fotos helfen würde. Darin also liegt der Sinn dieser Auswahl. Die beiden Sets sollen zwei Geschichten erzählen. Ist es nicht Cartier-Bresson selbst, der sagt, sein Fotoapparat sei nichts anderes als ein Notizbuch?

Links von Inge sitzt Huffzky, zu ihrer Rechten Schönberg. Sie sind leicht vorgebeugt, scheinen die Fotografien mit größter Konzentration zu studieren. Es herrscht absolute Stille. Inge, die zwischen ihnen steht, betrachtet die Nacken der beiden Männer, versucht, die Mikrobewegungen der Haut zu interpretieren, die sich zusammenzieht und wieder entspannt. Ein gutes Zeichen? Oder hat sie schon alles falsch gemacht?

Die Körper der beiden Männer richten sich wieder auf, sie gehen, um sich zu setzen. Der Erste, der spricht, ist Huffzky, und Inge hat den Eindruck, dass er ein bisschen zögerlich ist. «Eine gute Arbeit. Der Fokus liegt zwar nicht immer auf dem angepeilten Objekt, aber, meine liebe Inge, Sie haben zweifellos Talent und ein Gespür für Komposition.»

Man muss keine erfahrene Frau von Welt sein, um zu verstehen, dass dies nur eine Einleitung ist. Huffzky lässt sich gegen die Stuhllehne sinken. Jetzt kommt die Niederlage.

«Meine Liebe, nichts gegen Kräne, Handelsschiffe, Passagierschiffe. Aber wo sind die Menschen? Sie müssen Menschen fotografieren. Die Leute interessieren sich für Menschen, auch die Leser der *Constanze*. Ich will Menschen sehen.»

In der Zwischenzeit hat Schönberg sich erneut über ihre Abzüge gebeugt und betrachtet ein Detail darauf mit der Lupe. Dann richtet er sich wieder auf und nickt mit dem Kopf, aber nur, um zu unterstreichen, dass er dem zustimmt, was Huffzky soeben gesagt hat.

«Hier», sagt er und legt einen Finger auf das Foto, das er kurz zuvor betrachtet hat, «hier fotografieren Sie die Passagiere, die an Bord gehen. Warum sind Sie nicht näher hingegangen? In jedem dieser Gesichter liegt ein einzigartiges Schicksal, in jedem Gesicht eine eigene Geschichte. Das ist es, was die Leser sehen wollen. Ich stimme Hans vollkommen zu. Und ich bin überzeugt, dass Sie in der Lage sind, das zu tun. Sie müssen nur näher rangehen.»

Geschichten. Berichte. Erzählungen. Ist es nicht das, was sie immer versucht hat?

Was hat sie falsch gemacht?

Muss ich näher rangehen?

Haben diese zwei Männer sie jetzt genug gequält?

«Machen Sie sich keine Sorgen, Sie schaffen das», sagt Hans Huffzky, als hätte er ihre Gedanken gelesen. «Ich habe gesehen, dass Sie vorhin das Magnum-Buch durchgeblättert haben. Nehmen Sie es mit nach Hause, und lesen Sie aufmerksam, was Cartier-Bresson schreibt. Darin liegt der Schlüssel jeder guten Fotografie.

Inge dankt, sie behält für sich, dass sie bereits begonnen hatte, den Text zu lesen, und dann dankt sie noch einmal für die Chance, die sie ihr gegeben haben.

«Und wenn möglich, darf ich mir vorne die neue Ausgabe der *Constanze* mitnehmen?»

Es scheint ihr unmöglich, aber das Treffen hat nur zwanzig Minuten gedauert, und jetzt steht sie wieder auf der Straße vor dem Verlagshaus. Wenige Minuten zuvor ist es ihr durch die Worte eines großen Fotografen gelungen, ihrer Begabung für die Dinge des Lebens einen Namen zu geben, und jetzt hat sie den Eindruck, den entscheidenden Augenblick verspielt zu haben.

Sie ist zu Fuß zur Redaktion der *Constanze* gegangen, und so beschließt sie, einen kurzen Spaziergang an der Alster zu unternehmen, bevor sie ins Studio zurückkehrt. Sie muss sich noch eine Entschuldigung für Rosmarie zurechtlegen, da sie ihr nicht gesagt hat, dass sie an diesem Morgen nicht käme. Es ist beinahe Mittag. Sie könnte in die Mensa der Deutschen Presse-Agentur gehen und einen Happen essen. Sicher würde sie dort auch Rosmarie treffen. In letzter Zeit scheint es, als ob sich alle Werbeleute und Fotografen der Stadt dort versammeln. Und nicht nur, weil man beinahe nichts bezahlt.

Die Mensa ist zum Strudel geworden, in den man sich in der Hoffnung fallen lässt, dass zwischen Schwätzchen, Klatsch, improvisierten Arbeitstreffen etwas wahrhaft Interessantes entsteht. Immer häufiger sind dort auch amerikanische und englische Korrespondenten anzutreffen. Theoretisch braucht man einen Presseausweis, um dort hineinzukommen. In Wirklichkeit genügt es, jemanden zu kennen, der einen hat, und man bekommt ohne größere Schwierigkeiten Zutritt.

Inge setzt sich noch für einen Augenblick ans Alsterufer. Erst im letzten Jahr, denkt sie, saß ich am gegenüberliegenden Ufer dieses Flusses, der so ruhig dahinströmt, und aß ein Brötchen mit Kalbsleberwurst, das meine Mama mir gestrichen hatte. Seit Monaten war sie nicht mehr in Göttingen gewesen. Von ihrer Freundin Gassy hat sie keinerlei Nachricht. In ihrem letzten Brief hatte sie ihr geschrieben, dass sie ihr Abitur gemacht hat und sich an der Universität einschreiben wollte. Und wer weiß, was die Geschwister treiben, der kleine Olaf und Maren! In diesem Jahr sind so viele Dinge geschehen. Und alles ist glattgegangen, so glatt, dass man sich beinahe Sorgen machen könnte. Inge weiß nicht, ob das der Traum ihres Lebens ist. Bis vor Kurzem wusste sie noch nicht, dass sie ein Auge für die Fotografie besaß, und auch jetzt ist sie sich dessen, was sie tut, noch nicht ganz sicher. Die Fotografie kann sie jedoch weit bringen. Vielleicht auf die andere Seite des Ozeans.

Ich hätte resoluter auftreten sollen, denkt Inge, ich hätte ihnen die Geschichte dieser Fotos erzählen sollen, anstatt mir von ihnen vorwerfen zu lassen, sie existiere nicht. Oder war ich nur ein bisschen zu eitel? Andererseits war es Huffzky, der mich auf der Straße angesprochen hat.

Hoffentlich meldet er sich.

In den darauffolgenden Tagen sammelt Inge genauere Informationen über Huffzky. Im Kreis der Dpa nennt man ihn einen Vollblutjournalisten, anspruchsvoll bis hin zur Manie, aber auch einen großen Charmeur, voller Ironie und mit starkem Sinn für Ästhetik. Geboren in Dresden im Jahr 1913, hat er von Kindesbeinen an ein Talent beim Schreiben gezeigt. Inge erfährt, dass er Mitte der Dreißigerjahre als freiberuflicher Journalist nach Berlin gezogen ist, verschiedene Kooperationen mit Frauenmagazinen hatte und dass er auch links orientierte Intellektuellenzirkel frequentiert hat. Nach dem Krieg hat er dann mit John Jahr das Projekt *Constanze* ins Leben gerufen, die im März 1948 zum ersten Mal erschien. Die Idee war, ein bisschen Farbe in das graue Leben von Millionen potenzieller Leserinnen zu bringen (auch dank der Tatsache, dass die Zeitschrift eine der ersten sein würde, die im Vierfarbendruck gedruckt würde), sie aus ihrer Isolation zu holen, das Klischee der Frau an Haus und Herd aufzubrechen und eine neue Richtung einzuschlagen, nicht länger Illustrierte mit schlechten Paparazzi-Bildern von Königen und Prinzessinnen, sondern Mode, Beiträge über die Welt, das Kino, Feuilleton, Körperpflege und Kosmetik. Ein kommerzielles und unpolitisches Produkt, das die Latte immer einen Spann breit über dem traditionellen kleinbürgerlichen deutschen Geschmack halten sollte. Und jetzt stiegen die Verkaufszahlen der *Constanze* auf beinahe eine halbe Million Exemplare pro Ausgabe ...

Die Wahrheit ist, dass Inge vollkommen einverstanden mit der Kritik ist, die Huffzky und der Graphiker bei ihrem ersten Treffen geäußert haben. Was auf einem Foto zählt, sind die Menschen, ihre Art zu leben, die verschiedenen Kulturen, die verschiedenen Schicksale. Aber warum zum Teufel hat sie dann die Reportage mitgebracht, die sie am Hafen gemacht hat? Nein, sie würde nicht in die Mensa der Dpa gehen, gerade heute würde sie all diese Pfauen nicht ertragen. Was sie jetzt bräuchte, wäre ein schöne Runde Walzer, vielleicht mit einem ‹ihrer Physiker› aus Göttingen, die trotz ihrer ausgezeichneten Köpfe zu beschäftigt wären, ihre Füße zu beobachten, und sie frei von jeder Sorge kreisen lassen würden.

Inge beschließt, ins Studio zurückzukehren, sie will die Mittagspause nutzen, um erneut die Kontaktabzüge zu sichten, vielleicht versteckt sich zwischen den Negativen, die sie als überbelichtet aussortiert hat, etwas Interessantes. Und sie entdeckt, dass sie eine ganze Menge Fotos mit Menschen darauf hat. Wenn Huffzky sich nicht innerhalb der nächsten zwei Wochen bei ihr meldet, wird sie ihm ein neues Portfolio voller Geschichten und Gesichter zukommen lassen. Und dieses Wochenende würde sie sich auf die Jagd nach interessanten Persönlichkeiten machen. «Ich werde es schaffen», denkt sie. Sie hat keinerlei Absicht, sich ins Bockshorn jagen zu lassen. Jetzt muss sie jedoch Rosmarie gegenübertreten. Aber sie ist sicher, dass sie verstehen wird, sie selbst jedenfalls zerbricht sich nie groß den Kopf, wenn es darum geht, irgendein Geschäft beim Schopf zu ergreifen. Sie muss freundlich, aber entschlossen sein, denn dies ist ein entscheidender Augenblick. Dann fällt ihr plötzlich etwas ein. In wenigen Tagen hatte sie vor, nach Paris aufzubrechen, eben mit Rosmarie. Wie konnte sie das nur vergessen? Diese ganze Angelegenheit mit der *Constanze* hat sie ganz kopflos gemacht.

Die Gelegenheit für die Reise nach Frankreich hat sich kürzlich ergeben. Sie waren in der Mensa der Dpa, als plötzlich ein Mann hereinkam, der ihre Aufmerksamkeit auf sich zog. Die Mensa war ständig voll mit seltsamen Typen, aber dieser hier stach heraus. Groß, attraktiv, und doch machte er den Eindruck, gerade nach langer Reise von einem Lastwagen geklettert zu sein und dann das Erste übergestreift zu haben, was ihm zwischen die Finger kam. Der Tweed-Anzug hatte schöne Farben, leider standen sie ihm überhaupt nicht, er war schlecht geschnitten und überall abgewetzt. Inges instinktiver Eindruck bestätigte sich bald darauf, als Ulrich Mohr, das war der Name des Mannes, zu den beiden Frauen trat, um sich vorzustellen. Er sei Fotoreporter, der vor allem im Ausland arbeite, und in der *Quick* - der ersten nach dem Krieg in Deutschland veröffentlichten Zeitschrift, die hauptsächlich Nachrichtenbeiträge bringt - sei gerade ein Bericht von ihm über eine Indienreise erschienen. Er hatte das Land beinahe ein Jahr lang bereist. Vor alldem jedoch hatte Mohr während des Zweiten Weltkrieges in der Deutschen Marine gedient, und über ihn sind viele Geschichten im Umlauf, darunter eine Meuterei an Bord eines U-Boots auf dem Weg an die südamerikanische Küste.

Wie es aussah, war Ulrich Mohr buchstäblich von Inge verzaubert, und wäre es nach ihm gegangen, wären die beiden ein Paar geworden. Inge jedoch war weit mehr daran interessiert, Freundschaft mit einem Profi zu schließen, der so viel gereist war, man wusste nie, ob sie nicht eines Tages zusammenarbeiten würden.

Mohr besaß ein Produktionshaus, das ‹Drei Mohren›, das auch eine Fotoagentur war. Darüber hinaus hatte er ein Netz von Kontakten, das für die damaligen Zeiten wirklich beachtlich war. Und darunter waren nicht nur deutsche Kontakte. Vom Smalltalk waren sie schnell dazu übergegangen, von Projekten zu träumen, und eines Tages war Mohr ins Studio gekommen, um ihnen mitzuteilen, dass er bald, im Juni, ins Ausland fahren würde, zuerst nach Paris und dann London. Er wusste, dass Inge und Rosmarie eine Reportage über die gerade angesagte Pariser Mode machen wollten. «Wenn ihr mich begleiten wollt ...» Inge hatte sofort zugesagt, das war eine Gelegenheit, die sie sich nicht entgehen lassen wollte. Rosmarie hatte sich auserbeten, zunächst zu prüfen, ob sie die Abgabe einiger Arbeiten hinausschieben konnte. Schließlich hatte sie ebenfalls zugesagt.

Am Tag der Abfahrt nach Frankreich holt Uli – so wird Ulrich Mohr allseits genannt – sie in seinem Käfer ab und gibt zu verstehen, dass sie sich nicht träumen lassen sollen, Koffer voll Kleider und Hutschachteln mitzunehmen. Inge und Rosmarie warten schon auf der Türschwelle auf ihn, beladen ja, aber mit Stativen und Apparaturen für das Licht. Das persönliche Gepäck beschränkt sich auf zwei kleine Koffer. Ein erstaunter Mohr lässt Rosmarie auf dem Vordersitz Platz nehmen, während Inge als ‹halbe Portion›, wie sie sich selbst nennt, ruhig zwischen den exotischen Reisetaschen hocken kann, die Mohr bei wer weiß welchem Abenteuer in Kairo erstanden hat. Inge ziert sich nicht, auch wenn diese ledernen Reisetaschen stark nach Ziegen riechen.

Inge hat dafür gesorgt, dass Huffzky erfährt, dass sie zehn Tage verreist wäre. Der Direktor hat sich zwar noch nicht gemeldet, aber man kann nie wissen.

Die Reise ist wunderbar. Ab und zu hält Mohr selbst mitten in der Nacht an, um ein paar Fotos zu machen, weil er den Auftrag für eine Nachtreportage entlang der Route nationale zwischen Mainz und Paris bekommen hat, die vor Kurzem eröffnet wurde. Für Inge ist diese Reise eine Generalprobe: Es würde ihr nicht missfallen, eines Tages auf der Jagd nach Autorenfotos herumzureisen. Solange macht sie Notizen, schreibt Eindrücke auf, Ratschläge für das, was kommen wird. Es ist das erste Mal, dass sie ihr Land verlässt. Auch wenn sie es nicht erwarten kann, diese Grenze zu überqueren, macht ihr die Zollstelle zwischen Deutschland und Frankreich ein wenig Angst. Und während Mohr und Rosmarie entspannt und sogar gut gelaunt wirken, während sie die langwierigen bürokratischen Prozeduren durchlaufen, kauert Inge angespannt auf dem Rücksitz des Käfers. Auf der Reise hat Mohr ihr ein paar Worte auf Französisch beigebracht, «Oui, non,

Monsieur, merci» –, das absolute Minimum zum Überleben. «Oui, non, Monsieur, merci», wiederholt Inge halblaut, während sie die auf dem Schwarzmarkt erstandenen französischen Francs in den Händen umklammert.
Zum Glück geht alles reibungslos.
Endlich: Paris. So schreibt Inge in ihr Notizbuch.

«Dann also Paris! Zu Ehren der hohen Gäste – Staatsbesuch des dänischen Königspaares – also nicht nur unseretwegen, war ganz Paris illuminiert. Notre-Dame, Arc de Triomphe, Place de la Concorde usw. ließen uns förmlich in Fotoräusche ausbrechen. Wir sprangen aus dem Wagen, postierten das Stativ mitten auf den Champs-Elysées, hatten den ersten Konnex mit zwei französischen Fotografen, die fachmännisch an unserer Linhof Fachkamera herumfummelten und sie gleich für eine astronomisch scheinende Summe kaufen wollten. Wir eroberten Paris: das Wetter war novemberschön – nebelig und kalt! Diese zauberhaften Kleider am Faubourg Staint-Honoré! Ob wir nicht doch die Linhof verscheuern sollten? Ich kam mir überhaupt ziemlich ‹bochig› vor – mit meinen ausgelatschten Crepe-Sohlen und karierten Kniestrümpfen. Die faszinierten Blicke der Männer galten offensichtlich nur meiner dicken Linhof, die mit angeschlossenem Flash ja doch sehr imposant wirkt. Man erzählte mir, daß die Pariserin technisch ziemlich desinteressiert wäre und man hier in der Hand einer Dame nie eine Kamera sähe. Übrigens – das schöne Attribut ‹bochig› leiteten wir von einem dummen Kärtchen ab, das plötzlich an unserem Wagen steckte: ‹SALE BOCHE!!› – sehr charmant, nicht wahr?»

Am 21. Juni findet Inge Gelegenheit, einen Brief an ‹Papi› Otto zu schicken, der im Krankenhaus liegt: Hier in Frankreich ist alles gut!

Paris ist wie eine riesige Allee, flankiert von *moments décisifs*. Es gibt deren so viele, dass sie sogar menschliche Gestalt annehmen und sich direkt an Inge wenden. So wie zwei blonde Mannequins aus Wien, die sie auf dem Boulevard Saint Germain treffen. Eine von ihnen scheint Inge zu kennen:

«Hallo, Rotkäppchen, sie sind doch aus Hamburg?» Rosmarie und Inge nutzen den Zufall und machen gleich eine kleine Serie Modeaufnahmen. Und so geht es in den nächsten Tagen weiter.

Ein andermal nimmt ein Reporter vom *National Geographic*, der gerade aus Griechenland zurück ist, Inge und Rosmarie quasi von der Straße weg in seinem klotzigen Packard Clipper mit auf eine ausgiebige Paristour durch alle wichtigen Arrondissements. Die Tour endet vor einem Hutgeschäft, wo gerade der letzte Schrei aus Korea ausgestellt wird. Die zwei feschen Hamburgerinnen treten in den Laden ein und versuchen den Besitzer radebrechend dafür zu gewinnen, ihnen doch für eine Fotoreportage eine Auswahl dieser Hüte aus Korea auszuleihen. Wer hat in Deutschland je solche Hüte gesehen? Das wäre eine phantastische Reportage. Sie haben vor, Farbfotos zu machen, doch bei diesem schrecklich grauen Licht hat ihr Agfacolor-Film keine Chance. Nachdem sie endlich den Besitzer auf ihre Seite gebracht haben, damit er ihnen das Setting leiht, bitten Inge und Rosmarie fünf Elektriker von einem nahe gelegenen Laden um Hilfe («Wir brauchen mehr Licht») und heuern die gesamte Belegschaft von Verkäufern («Wir brauchen mehr Platz») an, bei dieser Inszenierung mitzuwirken.

Frankreich scheint den beiden Mädchen zu Füßen zu liegen. Wenn sie Menschen ansprechen, stoßen sie nur auf Entgegenkommen. Und entgegenkommend ist auch ein Chefredakteur von Vogue, der sich bereitwillig anbietet, ihnen entlang der Flure, die die Fotostudios der Zeitschrift verbinden, als Chaperone zu dienen. Beeindruckt von der teutonischen Schönheit oder angetrieben von ernsthafter Kollegialität, erklärt der Journalist zwischen einem Ratschlag und dem nächsten das, was ihm als das Wichtigste erscheint: wie man sich in der Welt der *Haute Couture* bewegt.

Alles läuft wie am Schnürchen. Und auch wenn mal etwas schiefgeht, scheint stets eine unsichtbare Hand zur Stelle zu sein. So als Inge und Rosmarie den Chef der Pressestelle von Jacques Fath kennenlernen, dem damals unbestrittenen Pariser Modekönig, und dank seiner Fürsprache eine Audienz erhalten.

«Sie lassen uns in einem großen, vollkommen mit Seide ausgekleideten Saal Platz nehmen. Und was tue ich?», schreibt Inge in ihrem Tagebuch. «Mit Anmut und Grazie schmiss ich im seidenen Empfangssalon ein Tintenfass um und saß schreckensbleich mit tintenbekleckstem Mantel vor der ebenfalls

mit Tinte befleckten Tapete, als seine Majestät erschien.» Doch Jacques Fath scheint Inges Missgeschick nicht bemerkt zu haben. Mit seinem ärmellosen Unterhemd, den Flanellhosen und einem Goldamulett um den Hals zeigt sich der Stylist sofort begeistert von dem Fotoshooting. Er zieht das

Turnhemd aus, ersetzt es durch ein extravagantes feuerrotes Hemd und lässt sich in allen Posen ablichten, sogar auf dem Boden liegend.

Inge ist noch nicht ganz einundzwanzig und überquert diese Schattenlinie im Tanzschritt. Sie selbst ist es gewesen, die sich bei mehr als einer Gelegenheit als frivol, frech, vielleicht leichtsinnig definiert hat.

Inzwischen fühlt Inge sich als Herrin der Bühne, es ist keine Spur mehr zu finden von der Ingemaus, dem Mädchen, das eine Mauer zwischen sich und den Worten der Eltern errichtete. Sie denkt nicht zweimal darüber nach und nimmt die Situation in die Hand, als es ihnen gelingt, wieder einmal durch einen Glücksfall, mit Jean-Louis Barrault Kontakt aufzunehmen, damals berühmt für seinen einige Jahre zuvor erschienenen Film *Kinder des Olymp*. Sie und Rosmarie organisieren auch mit ihm ein Fotoshooting, von heute auf morgen. Nur dass inzwischen viele Dinge geschehen können: zum Beispiel nicht widerstehen zu können, am Boulevard Auriol hängen zu bleiben und sich zur Parole «Vive la reine!» heiser zu schreien, um in dichter Menschenmenge das Eintreffen des dänischen Königspaars zu feiern? Das Ergebnis ist eine Verspätung zur Verabredung, die Barrault als Beleidigung empfindet. Wer sind diese zwei deutschen Parvenüs? Ein großer Schauspieler gibt zwei unerfahrenen deutschen Fotografinnen die Ehre, und die behandeln ihn wie den letzten Hanswurst? Barrault zittert vor Wut. Daraufhin hält Inge ihm einen Vortrag in zusammengestoppeltem Englisch. Sie hat diesen vor ein paar Stunden auswendig gelernt, vielleicht, um eine Waffe für Gelegenheiten wie diese zu haben.

Und der große Schauspieler?

Er bricht zunächst in Gelächter aus und antwortet Inge

dann freundlich in einem ebenso schwerverständlichen Englisch. Und danach verwandelt er sich vom mürrischen verletzten Schauspieler in ein sehr charmantes Modell. Er gibt vor, sich kaum für die Fotografien zu interessieren, doch als er sich in einer bestimmten Pose wohlig räkelt, verlangt er, das Foto solle erneut aufgenommen werden.

Uli Mohr hat sie nach Paris gebracht, doch für den Rückweg müssen die jungen Frauen selbst sorgen. Und da das übrige Kleingeld nicht für zwei Zugtickets reicht, müssen sie per Anhalter fahren. Als sie Brüssel erreicht haben, gelingt es ihnen – beinahe im Handumdrehen –, eine Fahrt in einem Ford mit sechs Plätzen und dänischem Kennzeichen bis nach Hamburg zu finden.

Ein weiterer Glücksfall, eine weitere wunderbare Reise. Und mit einer reichen Ausbeute in der Tasche, denkt Inge.

Am 29. Juni erreicht Inge Hamburg, und das Erste, was sie tut, ist, den Briefkasten zu leeren. Nein, keine Nachricht von Hans Huffzky. Etwas jedoch hat sich verändert. Jetzt hat sie Geschichten zu erzählen. Und so geht sie noch am gleichen Tag in die Redaktion der *Constanze* und hinterlegt an der Rezeption Bilder von zwei Shootings, mit der Bitte, sie zusammen mit den besten Grüßen dem Direktor zukommen zu lassen. Es ist nur eine Kostprobe. Oder besser, ein Köder. Wenn jemand von der Redaktion sich melden würde, hätte sie ein stattliches Dossier über ihren Paris-Aufenthalt bereit, mit haufenweise Fotos von Menschen. *Constanze* oder irgendein anderer Titel, egal, jemand wird früher oder später auf sie aufmerksam werden.

Sie geht zurück nach Hause, und ihre Gedanken richten sich sofort auf das, was zu tun ist, die Koffer ausräumen, in den Kalender schauen, doch zuerst will sie ihre Mutter in Göttingen anrufen. Trudel überspringt die Begrüßung und sagt sofort, dass Otto gestorben ist. Die Mageninfektion, die er sich im Kriegsgefangenenlager zugezogen hat, hat ihn erneut ins Krankenhaus gezwungen, und diesmal zu einer riskanten Operation mit schweren Folgen. Die Genesung im Krankenhaus hätte einer ständigen Pflege durch das medizinische Personal bedurft, die sich jedoch, wie Inge erfährt, auf einen einzigen Ratschlag reduzierte: «Trinken Sie auf keinen Fall etwas.» In der vergangenen Nacht jedoch hatte Otto, auf sich alleine gestellt, mit dem einzigen Trost der Familienbesuche, eingesehen, dass es nicht einfach sein würde, dort herauszukommen. Trotz der schrecklichen Schmerzen und des quälenden Dursts, den sie ihm verboten hatten mit auch nur einem einzigen Schluck Wasser zu lindern, hatte sich Inges Stiefvater vom Bett erhoben, vielleicht, um ins Bad zu gehen, doch die Beine trugen ihn nicht. Also griff er mit beiden Händen nach der Vase mit Blumen, die ihm Trudel gebracht hatte, und begann, dieses stinkende Wasser zu trinken. Am darauffolgenden Morgen starb Otto an einer Embolie, und Inge blieb nichts weiter, als den Tod ihres zweiten Vaters zu beweinen.

Inge trocknet sich die Tränen und krempelt die Ärmel wieder hoch. Ein Sommer voller Arbeit an Rosmaries Seite wartet auf sie. Doch ihre erste Reise über die Grenze in das wunderbare Paris hat Spuren hinterlassen, so sehr, dass sie beschließt, zu ihrem einundzwanzigsten Geburtstag dorthin zurückzukehren, wieder gemeinsam mit ihrer Freundin.
 «Anstrengend war mein Geburtstag in einem bekannten sogenannten Existenzialistenkeller. Natürlich musste der große schwarze N*sänger■ Richard Eduard für eine Aufnahme angeflirtet werden», notiert sie in ihrem Tagebuch.
 Leider jedoch sind die am Geburtstagsabend in dem existenzialistischen Kellerlokal geschossenen Fotos unbrauchbar. Am Ende hatten der Sänger und seine Combo sich breitschlagen lassen, einige Fotos zu machen. In der Zwischenzeit hatte Rosmarie mit einem Multiblitz gekämpft, um in das Dunkel des Lokals ein wenig Licht zu bringen, doch die Filme waren nicht empfindlich genug für eine so dunkle Umgebung. Das Gesicht des schwarzen Musikers war vollkommen mit der Dunkelheit des Kellerraumes verschmolzen. Inge versucht, die Fotografien beim Entwickeln in der Dunkelkammer zu

---

■ Dieses Buch enthält historische Quellen und Originalzitate, in denen diskriminierende Terminologie verwendet wird. Dort, wo dezidiert das N-Wort vorkommt, wurden die Stellen im Text so gekennzeichnet, dass sie in ihrem historischen Kontext erkennbar bleiben, das rassistische Wort aber nicht reproduziert wird.

retten. Aber ohne Erfolg, das Gesicht des Sängers wird für immer ein unkenntlicher Fleck bleiben.

Das Jahr 1952 ist angebrochen, und im Februar lädt eine italienische Zeitschrift die zwei Fotografinnen für eine Reportage nach Bologna ein – bis zur Landesgrenze auf eigene Kosten. Kein Problem. Sie kennen sich mittlerweile aus mit Reisen per Anhalter.

In Bologna macht Inge Bekanntschaft mit zwei jungen Damen aus bestem Haus und animiert sie im Handumdrehen zu einer kleinen Fotoperformance. Die Damen heißen Maria und Carmela und sind begeistert von der Idee, Inge und Rosmarie als Models zu dienen. «Solch eine ehrliche Begeisterung vor der dicken Kamera habe ich noch nicht erlebt. Gleich hackten mich Maria und Carmelita ein, kauften mir einen riesen Strauss Anemonen, schleppten mich in eine hochelegante Bar, um mir etwas nordeuropäisch Gutes zu offerieren – Sandwiches und Coca Cola – Chianti wäre mir lieber gewesen», notiert Inge in ihrem Reisetagebuch. Und da sie nun einmal auf Reisen sind, kann man gleich noch einen Abstecher nach Rom machen, wo es nicht schwierig sein wird, interessante Motive zu finden. Tatsächlich bringt Inge von dort, oder besser aus der Cinecittà, ein Porträt von Anna Magnani nach Hause, eines ihrer schönsten Fotos. Es ist während einer Drehpause von *Die goldene Karosse* von Jean Renoir, dass die Magnani sich für sie in Pose setzt. Auf dem Foto legt die Schauspielerin beide Hände hinter den Kopf in einer beinahe herrischen Pose, als wollte sie ihre Betrachter herausfordern. Sie trägt einen Morgenmantel, darunter ein weißes Hemd, die Brust ist nach vorne gestreckt, im Mundwinkel hängt eine Zigarette. Es ist ein atemberaubendes Foto, natürlich auch dank Inges Fähigkeiten, die es verstand, die

Diagonale zu zentrieren und dem Bild so noch mehr Dramatik zu verleihen.

Da die Lire knapp werden, geht es für Inge und Rosmarie erneut per Anhalter nach Hause. Mit einem Zwischenstopp in Mailand. Plötzlich vermisst Inge eine ihrer Taschen, Belichtungsmesser, Rollfilmadapter, Kabel für die Blitzanlage und ihre Lippenstifte sind weg - und auch das Reisetagebuch. Der nächste Fahrer, der sie mitnimmt, scheint ein reicher Mailänder Industrieller zu sein. Er hört sich die Sorgen der Bestohlenen an, zückt die Brieftasche und steckt ihnen ein Bündel Lire zu. Jetzt reicht das Geld sogar noch für einen Abstecher nach Venedig.

«Ostern in Venedig war ein einziges Schlangestehen! Menschenmassen auf dem Markusplatz, beim Dom und beim Campanile. Strahlende Sonne - Fotorausch: vergnügt auslaufende Fischer, ein kommunistischer Leichenzug auf einer Gondel, entsetzt dreinblickende Bettlerinnen.»

Per Anhalter geht es zurück Richtung Deutschland.

«Wir pausierten überall, wo es uns gefiel - Como, Lugano, Zürich, Basel - dort legten wir die letzten Devisen in Schokolade an und verdarben uns restlos den Magen. Nach all dem Schönen waren wir aber schließlich doch sehr froh, wieder den nächtlich so wunderschön beleuchteten Jungfernstieg und die Alster vor uns zu sehen.»

Einige Tage nach der Rückkehr aus Italien sind Inge und Rosmarie in der Mensa der Deutschen Presse-Agentur, um einen Kaffee zu trinken. Plötzlich taucht Armin Schönberg auf, Huffzkys Graphiker, der gleich, als er sie sieht, lächelt und herüberkommt.

«Guten Tag, Fräulein Schönthal, wissen Sie, dass wir kürzlich über Sie sprachen? Wir sprachen über eine Reportage, mit der wir Sie gerne beauftragen würden, sofern Sie Lust und Zeit haben. Könnten Sie nächsten Mittwoch zu unserer Redaktionssitzung kommen?»

«Ich habe nicht mehr zu hoffen gewagt, von Ihnen zu hören», antwortet Inge überrascht.

Schönberg spricht andeutungsweise von neuen Projekten, neuen Zeitschriften, doch jetzt muss er leider los, es wird ein andermal Zeit sein, darüber zu sprechen. «Ich wünsche einen schönen Tag!»

Inge atmet erleichtert auf. Schon zum zweiten Mal in kurzer Zeit, denn einige Tage zuvor hat sie es geschafft, Rosmarie nicht ohne einige Beklemmung ihre Kontakte zur *Constanze* zu beichten, und die Freundin hat sich erfreut und gleichzeitig traurig gezeigt bei der Aussicht, sie zu verlieren, aber sie würde ihr sicher keine Steine in den Weg legen. In ihrem Alter war auch sie viel mit der Kamera auf der Schulter unterwegs gewesen.

«Das ist eine Zeit, die nicht mehr zurückkommt. Und wenn du eines Tages einen sichereren Job brauchst, melde dich wieder bei mir. Deine Hilfe wird immer willkommen sein.»

Inge weiß von anderen freiberuflichen Fotografen, dass es als ‹Einzelgänger›, vor allem als Frau, nicht immer einfach ist, auch wenn bei all den neuen Zeitungen und Zeitschriften, die im Entstehen sind, gerade eine große Nachfrage nach Texten und Fotos besteht. Doch jetzt ist es Zeit, eine weitere Linie zu übertreten.

Mittwoch früh ist Inge bestens gelaunt, aber gleichzeitig sehr nervös wegen der Redaktionssitzung bei der *Constanze*. Sie verlässt das Haus, und wie es ihre Gewohnheit ist, bleibt sie am Briefkasten stehen. Darin liegen die letzten drei Ausgaben der *Constanze*, die unter anderem kleine Fotostrecken von Inge und Rosmarie enthalten.

Die Anspannung steigt.

Die Rezeptionistin, die Inge inzwischen gut kennt, begrüßt sie freundlich.

«Guten Morgen, Fräulein Schönthal, Sie sind für die Redaktionssitzung hier, nicht wahr? Herr Huffzky hat mich gebeten, Sie sofort in den Konferenzraum zu bringen.»

Als sie den Raum betritt, wird Inge von einer Rauchwolke umfangen, die ihr die Sicht vernebelt. Als die Wolke sich ein wenig verzieht, bemerkt Inge, dass Huffzky noch nicht da ist. Im Raum sind ein Dutzend Personen, fast nur Männer, einige stehen, andere sitzen. Es ist ein einziges Diskutieren, Lärmen, sogar Streiten. Und alle gestikulieren, mit einer Hand, während die andere eine Zigarette hält. Etwas Bedeutsames hängt in diesem verrauchten Zimmer in der Luft. Niemand beachtet Inge, jeder ist mit sich selbst beschäftigt. Was soll ich tun, mich vorstellen? Vielleicht ist es besser, wenn ich mir einen freien Platz suche, falls es einen gibt. Eine Hand, die nach ihrem linken Arm greift, reißt sie aus ihren Gedanken. Und im selben Augenblick herrscht plötzlich Schweigen, man hört nur noch die Lippen, die an den Zigaretten saugen.

«Herr Huffzky ... dann bin ich ja am richtigen Ort.»

«Sicher, wir haben Sie erwartet. Ich hole Ihnen einen Stuhl.»

Auch Huffzky zündet sich eine Zigarette an, und die Konferenz kann beginnen.

«Von ihr habe ich euch schon bei unserer Montagskonferenz erzählt. Diese vielversprechende Fotografin heißt Inge Schönthal. Wir haben kürzlich auch einige ihrer Fotos aus Paris und Bologna veröffentlicht. Das Handwerk hat sie im Studio von Rosmarie Pierer gelernt, hier um die Ecke, und jetzt arbeitet sie als Fotoreporterin. Ich habe gedacht, ihr für den Frühling die geplante Spanien-Reportage zu geben.»

Huffzky kommuniziert die Neuigkeit mit einer gewissen Kälte, so als würde er seine Untergebenen informieren, dass ab morgen am Eingang neue Blumen stünden. Inge sucht Huffzky, aber der Direktor hat sich bereits an den Verantwortlichen für die Frühlingsausgabe gewendet. Er fragt ihn, worauf der Fokus der Spanien-Reportage liegen soll und warum gerade dieses Land ausgewählt worden ist. Inge hört aufmerksam zu, es erscheint ihr logisch und gleichzeitig beliebig. Denn es ist ein Land in Südeuropa, von dem die Deutschen im Allgemeinen vor allem Klischees kennen: die *Carmen*, den Stierkampf, den Flamenco, vielleicht Goya und Velázquez, den kräftigen Wein, General Franco, manche wissen vielleicht noch etwas über den Bürgerkrieg. Die *Constanze* dagegen möchte tiefer dringen, den Alltag der spanischen Frauen ergründen. Herausfinden, ob die jungen Spanierinnen die traditionelle Rollenverteilung in Frage stellen können. Und weiter, was ist die Rolle der katholischen Kirche und was die der Monarchie?

«Was sagen Sie, könnte dieser Ansatz Sie interessieren?», fragt Huffzky.

Inge ist nicht unvorbereitet, und sie erhöht sofort den Einsatz.

«Sicher, aber nach der Versammlung würde ich gerne noch kurz mit dem Ressortleiter sprechen.»

Huffzky wendet sich endlich direkt an sie und beruhigt sie. «Die Details bezüglich Zeitplan, Länge des Textes, Anzahl der Fotos, Vergütung und Spesen, all das machen Sie später mit meinem Kollegen aus.»

Inge muss bis zum Nachmittag warten, um mit dem Ressortleiter zu sprechen, aber das ist in Ordnung; in der Zwischenzeit genießt sie das organisierte Chaos der Redaktionssitzung.

Der Ressortleiter erklärt ihr, dass im Mittelpunkt der Reportage Porträts von Frauen stehen müssten, Porträts, die jedoch auch den sozialen Kontext einfangen. Darüber hinaus wäre es nützlich, wenn Inge auch einige Shootings außerhalb der Städte machen könnte, zum Beispiel in Andalusien auf dem Land.

«Wie Sie sicher wissen, muss man, um ein gutes Portrait zu schießen, eine gewisse Nähe mit der zu fotografierenden Person herstellen. Es ist darum wichtig, sich genügend Zeit zu nehmen. Die Spesen für die Reise gehen natürlich zu Lasten der Redaktion. Und wie denken Sie zu reisen?»

«Nun, vielleicht per Autostop», antwortet Inge. Bisher hatte sie nie Probleme. Und es ist die beste Art, Menschen kennenzulernen.

Die Vergütung, erklärt ihr der Ressortleiter, wird nach ihrer Rückkehr festgelegt. «Sie liefern Texte und Fotos, einverstanden?»

«Ja, natürlich», antwortet Inge, «ich bin Fotoreporterin.»

«Eine Sache noch: schicken Sie uns ab und zu ein Telegramm, um uns auf dem Laufenden zu halten, wie die Arbeit vorangeht. Wir planen, die Reportage in der September- oder Oktober-Ausgabe zu veröffentlichen.» Bevor er sich von ihr verabschiedet, sagt er ihr, dass die Modestrecken, die sie in Paris aufgenommen hat, ihm sehr gefallen haben.

Sie haben angebissen, denkt Inge.

«Danke», antwortet sie dem Ressortleiter und schüttelt ihm die Hand.

Inge rennt zum Ausgang. Sie ist im siebten Himmel, und ihr Körper reagiert darauf, indem er den größtmöglichen Raum in der geringstmöglichen Zeit durchquert. Wenn sie könnte, würde sie tanzen. Doch dann unterbricht eine Stimme ihre Verzückung.

«Fräulein Schönthal», sagt die Rezeptionistin, «Herr Huffzky würde gerne noch einen Augenblick mit Ihnen reden. Er hat gesagt, er wäre bis 17 Uhr im Büro, aber wenn Sie wollen, können Sie auch direkt zu ihm hochgehen. Sie finden ihn im ersten Stock, im zweiten Büro auf der Linken.»

Sie haben es sich anders überlegt, denkt Inge. Dann klopft sie an die Tür, und der Mann, der sie mit ausgebreiteten Armen empfängt, lächelt. Nein, sie haben es sich nicht anders überlegt.

«Sehr gut», sagt Huffzky, «der Kollege hat mir schon gesagt, dass Sie sich schnell einig geworden sind.»

Inge nickt.

«Und Sie wollen tatsächlich per Anhalter reisen? Diesmal werden Sie alleine sein. Ganz alleine.»

Ja, das weiß sie, antwortet Inge, aber sie ist überzeugt, dass so zu reisen die einzige Art sei, ein Gefühl für eine Welt zu bekommen, für Südeuropa, das ihr noch vollkommen unbekannt sei. Sollte sie dann bemerken, dass sie zu lange braucht oder dass die Situation gefährlich wird, will sie auf den Zug ausweichen. Ulrich Mohr hat ihr erzählt, wie abenteuerlich die Zugfahrten südlich der Pyrenäen werden können.

«Einverstanden, das ist Ihre Entscheidung. Aber vergessen Sie nicht die Telegramme.» Und noch etwas solle sie nicht vergessen: «Wir sind keine Tageszeitung und auch keine politische Zeitschrift. Wir sind nicht wie die Engländer, für uns gibt es keinen Unterschied zwischen Nachricht und Kommentar. Sie müssen das Thema aus einem persönlichen Blickwinkel betrachten. Es ist wichtig, dass man anhand der Fotos und Texte versteht, wie es Ihnen geht, was Sie denken. Werden Sie zum aktiven Teil der Geschichte. Das ist es, was unsere Leserinnen lieben. Wir bringen keine trockenen Fakten, wir wollen eine Erfahrung weitergeben, eine Geschichte erzählen.»

«So haben wir uns auch durch Paris, Bologna, Rom, Mailand und Venedig bewegt», sagt Inge, um dann hinzuzufügen: «In diesem Bereich bin ich, glaube ich, noch besser als Rosmarie. Für mich ist das Wichtige, dass sich die Menschen vor der Linse wohlfühlen.»

«Ich bin wirklich gespannt, Sie in Aktion zu sehen.»

Inge verabschiedet sich mit der Allüre einer erfahrenen Freelancerin.

«Ich werde mein Bestes tun. Und danke für das Vertrauen.» Sie verlässt das Büro mit kleinen, eleganten Schritten, ganz wie das «anständige Mädchen aus Göttingen».

Von wegen erfahrene Freelancerin! Während sie zum Studio hinübergeht, spürt sie, wie eine Mischung aus Angst und Aufregung sie überkommt. Sie ist zu intelligent, um nicht zu wissen, dass die Fotoreporterin, die sich soeben diesen wundervollen Auftrag in Spanien gesichert hat, im Augenblick nichts weiter ist als gute Absicht und der Wille, es zu schaffen. Die professionellen Fähigkeiten, die sie bisher erworben hat, reichen nicht aus, doch wenn man die Redakteure der *Constanze* reden hört, ist sie bereits eine erfahrene Fotoreporterin.

Aber es ist nicht nur das. Was würde Herr Huffzky sagen, wenn er herausfände, dass sie nicht einmal eine Fotokamera besitzt, ganz zu schweigen von einem Blitzgerät, das handlich genug ist, um es mit auf die Reise zu nehmen? Und zum Glück soll die Hauptstrecke in Schwarz-Weiß sein. Sicher, Herr Huffzky hat auch um ein paar Farbaufnahmen gebeten, vielleicht für das Titelbild oder den Aufmacher, aber darum wird Inge sich später kümmern.

Wie bereitet man sich innerhalb von zehn Tagen auf eine Spanien-Reise vor? Und besorgt noch dazu die nötige Ausrüstung? Günther, ihr treu ergebener Physiker aus Göttingen, mit dem sie weiterhin in Kontakt steht, hat ihr versprochen, sich um den Kauf einer Rolleiflex zu kümmern. Über die Universität dürfte es ihm nicht schwerfallen, sie in kurzer Zeit und zu einem günstigen Preis zu erwerben. Rosmarie Pierer bietet sich an, aus Ersatzteilen ein tragbares Blitzgerät zusammenzubauen. Schließlich muss sie zum französischen und spanischen Konsulat, um ein Visum zu beantragen. Inge würde gerne durch die Schweiz fahren, um ihre Freundin Gassy Bach wiederzusehen, die sich in der Zwischenzeit, was für ein Zufall, mit einem Physiker aus Göttingen zusammengetan hat, der seit Kurzem eine Anstellung an der Universität von Bern hat. Wir werden es schaffen, denkt sie ein wenig melancholisch, während sie für einen Augenblick auf einer Bank am Alsterufer sitzt und aufs Wasser blickt. «Wir haben schon ganz andere Hindernisse überwunden.»

Wer weiß, ob Inge bemerkt, dass sie den Plural benutzt hat. Wäre ihre Mutter da gewesen, neben ihr auf der Bank, hätte sie sich wegen dieses Verhaltens geschämt. Trudel hatte keinen Augenblick gezögert, bevor sie gegen die Bildungsinstitutionen ins Feld zog, und sie sitzt hier und grübelt darüber, wie unzureichend sie sich fühlt. Irgendwann fällt Inge ein Satz ein, den ihre Mutter häufig sagte: «Ohne Dunkelheit kein Licht.» Vielleicht ist das ein Rat, der sich auch auf die Fotografie anwenden lässt, wer weiß.

Auch Ulrich Mohr verspricht, ihr zur Hand zu gehen, um das Nötige zusammenzustellen. Und wenn sie aus Spanien gute Fotos mitbrächte, könnte sie sie über seine Agentur auch anderen Zeitschriften und Zeitungen anbieten. Mohr ist immer auf dem neuesten Stand bezüglich der neuen Technik, und er erzählt ihr von einem Fotoapparat, der wahrscheinlich für Reportagen geeigneter sei als die Rolleiflex, die sehr voluminös und sperrig war. Auch Leica ist kurz davor, ihre ‹Serie M› auf den Markt zu bringen, einen sehr handlichen und leichten Apparat, ideal für die Reporter. Für Inge macht er eine Liste mit Kontakten, die ihr in Spanien nützlich sein könnten. Er empfiehlt ihr, einen Stierkämpfer zu besuchen, einen gewissen Pepe Luis Vázquez aus Sevilla, der sich durch die Eleganz seiner Vorführungen in den Arenen einen Namen gemacht hat. Mohr ist schon einmal in Andalusien gewesen für eine Reportage, direkt nach dem Krieg. Wäre er nicht im Aufbruch für einen Dokumentarfilm, hätte er sie gerne auf ihrer ersten Reise für die *Constanze* begleitet.

Inge will Anfang März 1952 aufbrechen. Vorher hat sie jedoch noch Gelegenheit zu einem kleinen Fotoshooting. Der Auftrag dauert nur wenige Tage, alles in Deutschland, also stellt sie die nötige Ausrüstung zusammen, ein paar Ersatzteile, und macht sich auf den Weg per Autostopp. Als sie nach Hamburg zurückkehrt, lässt sie sich weder in der Mensa noch im Studio sehen; vielleicht denken die Freunde und Kollegen, dass sie viel beschäftigt sei vor ihrer Abreise nach Spanien, und suchen sie nicht auf. Und Inge taucht nicht auf, weil sie von der kurzen Deutschlandtour, wie in einem Befund zu lesen steht, mit «einer starken Gehirnerschütterung, einer Wunde am Hinterkopf, einer Reihe gebrochener Rippen und einem gebrochenen Schulterblatt» zurückgekehrt ist. Der Kleinwagen eines gewissen Karl Langenfeldt, der kurz zuvor eine junge Frau mit einem voluminösen Fotoapparat an Bord genommen hatte, hatte sich mehrmals überschlagen, und Fahrer sowie Beifahrerin sind glücklicherweise lebend, wenngleich verletzt daraus befreit worden.

Inge beeilt sich, zwischen ihren Notizbüchern und Tagebüchern das Dokument zu verstecken, in dem ein gewisser Anwalt Heinz Kuhlmann Herrn Karl Langenfeldt auffordert, Schadenersatz für die von ihm verursachten Schäden zu leisten; sie kann nicht riskieren, dass die Nachricht von diesem Unfall den Kollegen von *Constanze* zu Ohren kommt. Das könnte das Ende ihrer Reportage bedeuten, das Ende von Spanien, von ihrem Reporterleben.

Ende März erhält Inge schließlich vom Konsulat das Touristenvisum für Spanien, mit einer Gültigkeit von neunzig Tagen. In der Zwischenzeit ist es Günther gelungen, eine Rolleiflex zu besorgen, und er leiht sie ihr. Die Contaflex, von der Uli Mohr ihr erzählt hat, ist noch nicht verkäuflich, und das ist schade, denn sie wäre perfekt gewesen für Inge. Klein, leicht und mit festem Objektiv, was sie, das ist wahr, zum Allzweckgerät macht, also wenig spezialisiert. Auch die Leica M, die bereits für lebendige Diskussionen unter den Reportern sorgt, würde erst 1954 auf den Markt kommen. Für Inge ist all das im Grunde kein Problem, ganz im Gegenteil. Mit der Technik ist sie nie wirklich warm geworden, und um ehrlich zu sein, interessieren sie die Raffinessen der neuen Apparate auch nicht. Ihrer Meinung nach ist die Rolleiflex der ideale Apparat, weil sie ‹idiotensicher› ist – was nicht ganz der Wahrheit entspricht, denn sie verlangt die spezielle Fähigkeit, das gespiegelte Bild zu lesen: rechts ist links und umgekehrt. Und dann hat die Rolleiflex eine Eigenart, die Inge jedoch wunderbar findet. Sie ist wenig handlich, und die Aufnahme erfolgt leicht von unten, zwingt denjenigen, der sie benutzt, zu Respekt und Bescheidenheit. Die Motive können also nicht aus zu großer Entfernung aufgenommen werden, sondern man muss sich ihnen nähern, wer fotografiert, muss sich beinahe selbst in die Szene hineinbegeben. Für Inge hat diese Einschränkung nur Vorteile.

Schließlich, am 7. April 1952, ist Inge in Spanien. Für sie ist diese Reportage wie eine Abschlussprüfung ihrer Lehrzeit als Fotografin. Und nicht nur das. Wenn man die verschiedenen Themen dieser Reise betrachtet, erkennt man darin bereits die Elemente ihres journalistischen Stils. Schwer zu sagen jedoch, ob ihr das selbst damals bewusst war. Inge Schönthal kam zur Fotografie als Assistentin von Rosmarie Pierer, Mode- und Werbefotografin, zwei Genres, die auf der Ausstattung des Sets basieren, auf einer am Reißbrett entworfenen Szenerie und Inszenierung. Was aus dem Fotografen auch einen Animateur und Bühnenbildner macht. Das ist die Art, wie Inge und Rosmarie zusammen in Paris, Bologna, Mailand und Venedig gearbeitet haben. Sie entwarfen die

Szenographie zusammen mit den Personen, die sie trafen, den Motiven und der vorgefundenen Situation. Darüber hinaus hat Inge auch ein wenig Erfahrung als Modell. All das wird ihr in Spanien nützlich, wo sie jedes Mal das Bild entwirft, das sie haben will. Sie arbeitet getrieben von einem symbiotischen Gefühl der Person vor der Linse gegenüber, ob es sich nun um eine junge, anmutige Bäuerin aus Andalusien handelt, eine Frau hinter einem Marktstand in Sevilla, eine Flamencotänzerin oder um eine Gruppe elegante Sekretärinnen, die es ihr gelingt, trotz der Hektik einer großen Stadt wie Madrid, vor ihrem Fotoapparat zu platzieren. Aber auch sie selbst wird oft aktiver Teil der Szene, die sie im Kopf hat.

Gelegentlich besorgt sie sich ein Kleid, einen Hut oder irgendein anderes Accessoire. Einmal leiht sie sich ein andalusisches Kleid von einer jungen Frau, die sie in einem Dorf getroffen hat und die Teil ihrer Reportage ist. Die Idee, im Laufe einer Reportage auch sich selbst zu fotografieren, ist sicher nicht neu, nur dass dies bis dahin für Inge einen rein dokumentarischen Hintergrund gehabt hat. In den neuen Fotostrecken dagegen ist das Selbstporträt integraler Teil der Erzählung. Sie liebt es, sich buchstäblich in die Kleider der anderen zu versetzen, sie liebt Kleider, das Spiel, die Bühne. Diese Selfies *avant la lettre* mit Selbstauslöser werden eines der Erkennungszeichen ihrer Arbeit. Es genügt, die ‹spanischen Kontaktabzüge› durchzusehen: Inge setzt sich, und die Schleppe des Flamencokleides bildet einen Teppich, auf dem auch das spanische Modell Platz nehmen kann.

Unter ihren berühmtesten Aufnahmen ist die von Pepe Luis Vázques aus Sevilla. Der Torero, ein gut aussehender Mann, lässt Inge eines seiner reich bestickten Kostüme anziehen.

«Mein erster Kampf mit einem Stier wurde eine Pleite. Doch ich will der Reihe nach erzählen: In Sevilla lernte ich einen Stierhändler kennen und bat ihn, mir einen richtigen Stierkämpfer vorzuführen. Er machte mich mit Pepe Luis Vasquez (sic!) bekannt, der als Stierkämpfer Millionen verdient und die Stierzuchtfarm Gana de Ria gegründet hat. Ich besuchte ihn in seiner Privatarena, 100 Kilometer vor Sevilla. Mir zuliebe trieben Pepe Luis, der jetzt 28 ist, und sein 19jähriger Bruder Manolo, zur Zeit einer der gefeiertsten Stierkämpfer Spaniens, einen der Stiere ein, die noch nie mit Menschen in Berührung gekommen waren. Es dauerte etwa eine Stunde, bis sie ihn hatten, einen schönen Brocken, mit dem sie dann in der Arena ihre Mätzchen trieben.»

Um das Porträt der Toreros zu komplettieren, kehrt Inge einige Monate später nach Spanien zurück, im Juli, zur Corrida in Pamplona.

«Aber erst drei Monate später erlebte ich Manolos ganze Tollheit bei einem Stierkampf in Pamplona. Er hatte zwei Stiere zu bezwingen. Die Nordspanier brüllten sich heiß, warfen Brot und Hüte in die Arena und tobten ‹Laß deinen Bruder kommen!›, als Manolo eine nervöse Bewegung machte. Er wurde vom Stier gefaßt, umgeworfen und zertrampelt. Plötzlich aber sprang er auf und machte dem Stier in verwegener Art zu schaffen. Trotz seiner Verletzung besiegte er ihn in klassischer Manier. Die Spanier überschrieen sich. Aus der Ehrenloge bekam Manolo für den Kampf zwei Stierohren, eine besondere Auszeichnung. Als er seine Ehrenrunde lief, nahm ich einem Spanier die Weinflasche ab, warf sie in die Arena und schrie: Manolooo! Er erkannte mich, trank aus der Flasche und warf mir eins der Stierohren zu. Es traf mich an der Backe. Ich sah aus, als hätte ich mitgekämpft. Am Abend trank ich mit Manolo vor seinem Hotel Apfelsinensaft und sonnte mich in seinem Ruhm.»

In der Redaktion wird die Reportage ein Erfolg, alle sind davon begeistert. Da ist er, der neue Stil, nach dem sie suchen. Hans Huffzky ist stolz auf seine Entdeckung: Inge tut nichts anderes, als seinem Ruf alle Ehre zu machen, den er in der Szene genießt, nämlich ein außergewöhnlicher Trendscout und Förderer zu sein. Es wird entschieden, dass Inges Repor-

tage in beiden Spätsommerausgaben der *Constanze* erscheinen soll.

Jetzt bleibt nichts weiter, als die Reaktionen der Leser der Zeitschrift abzuwarten. Huffzky hat Inge gewarnt. Die Leser der *Constanze* sind treu, aber eher apathisch, sie solle keine allzu ausgeprägten Reaktionen erwarten.

Im Brief eines Paars aus Hamburg ist zu lesen: «Liebe Constanze! Der Inhalt Deiner Zeitschrift gefällt! Das hörst Du sicher täglich. Die Spanien-Sache Deiner reizenden, kecken und herrlich ehrlich-unbekümmerten Berichterstatterin aber fanden wir besonders frisch und flott. Ein Schwung mehr für eine schwungvolle Zeitschrift. Das war mal was nach unserer Mütze!»

Aus dem Brief einer Dame, ebenfalls aus Hamburg: «Liebe Constanze, ob sich die Spanier freuen, wenn sie in Fräulein Schönthals Bericht lesen, dass ihre spanischen Freundinnen ‹wie Kletten an ihr hingen und sie sie nicht mehr loswurde›? Oder die spanischen Mädchen ‹stur wie ein Stier› und nur zum Heiraten da wären? – an den Berichten hat mir leider so manches ganz und gar nicht gefallen.»

Aus dem Brief eines Lesers aus Hilden: «Es wundert mich, dass eine Zeitschrift von Ihrem Format derart unreife Berichte einer Wanderamazone bringt. Ich empfehle der Verfasserin Inge Schönthal dringend den Ankauf einer Brille wegen Kurzsichtigkeit und ihrem Herrn Papa die Verfügung von strengstem Hausarrest.»

Leidenschaftliche und gegensätzliche Meinungen, die Huffzky als großen Erfolg wertet. Endlich sind die Leser der *Constanze* aufgewacht.

In der Dpa-Mensa scheint man über nichts anderes als die ‹Wanderamazone› zu sprechen. Wie es scheint, ist es ihr gelungen, einen Nerv des neuen Zeitgeists zu treffen. Für ihren Freund Uli ist es kein Problem, Inges Fotos zu verkaufen. Sie werden von allen Seiten verlangt. Huffzky ist fest entschlossen, dieses Naturtalent weiter zu unterstützen. Und er beginnt sofort. Er nutzt die letzten warmen Tage des Herbstes 1952, um ‹Ingelein› in seinem Borgward-Cabrio zu einem Abendessen mit einflussreichen Freunden aus anderen Redaktionen mitzunehmen. Darunter der Gründer und Herausgeber des Nachrichtenmagazins *Spiegel*, Rudolf Augstein, und der junge Verleger Axel Springer, der 1945 eine Verlagsgruppe gegründet hat, die seinen Namen trägt. Plötzlich scheint sich die gesamte Medienwelt, die in Hamburg etwas zählt, für die Entdeckung dieser «weiblichen Wunderwaffe», wie man sie unter Kollegen nennt, zu interessieren, die vor nicht allzu langer Zeit aus dem kleinen Göttingen gekommen war. All diese großen Herren umschwärmen sie mächtig, jeder reicht ihr seine Visitenkarte. «Ingelein, kleine Inge», tönt es aus allen Ecken. Inge ist im Zentrum der Aufmerksamkeit, alle wollen sie, alle fragen nach ihr, alle verhätscheln sie.

Es ist nicht leicht, die echten Komplimente von Schmeicheleien zu unterscheiden. Einigen ist Inges Temperament in der Tat ‹suspekt›: Man darf diesem Mädchen nicht trauen, das es gewagt hat, so frivol und unerschrocken in ihre Domäne einzudringen. Viele fühlen sich heimlich bedroht und hoffen, dass die junge Dame Erfolg hat, das schon, aber auch die Flüchtigkeit einer Sternschnuppe, die nach einer Saison verglüht.

Inges engster Vertrauter bleibt in dieser Zeit Ulrich Mohr. Er fühlt sich weiterhin stark zu ihr hingezogen, doch er weiß, dass Inge, obwohl sie ihn gernhat, es bevorzugt, wenn ihre Verbindung strikt geschäftlich bleibt. Mit Inges so plötzlichem

Erfolg jedoch ändert sich etwas in ihm. Er fährt fort, sie zu verehren, doch er beginnt auch, sich einige Fragen zu stellen. Wer ist diese Frau wirklich? Als er sie kennenlernte, wirkte sie wie ein Sonnenstrahl, immer fröhlich, voller unbändiger Lebendigkeit. Jetzt, mit zweiundzwanzig, scheint sie zwei Meter über dem Boden zu schweben, getragen vom Erfolg. Alle Hamburger Redaktionen wollen sie haben. Vielleicht hat die Ambivalenz, die Mohr in sich aufkommen spürt, etwas mit Neid zu tun. Inges Natur kommt Mohr so vor wie ihre Handschrift: absolut unleserlich, chaotisch. Mohr kann keinen Psychologen bitten, Inges Natur für ihn zu interpretieren, aber er kann einen erfahrenen Graphologen beauftragen, einen gewissen Heinz P. Karpinski aus Hamburg, die Geheimnisse zu enthüllen, die sich hinter diesen Buchstaben verbergen. Wer weiß, vielleicht kommt auf diese Weise auch etwas Interessantes über die Person heraus, die den Stift in der Hand hielt.

Der Bericht ist vernichtend: «Die Schreiberin tritt recht selbstbewusst und anspruchlich auf, was ihr in diesem Masse nicht zukommt. Sie legt es in Allem darauf an, wirkungsvollen Eindruck zu erwecken. Ihr Geltungs- und ‹Macht›-Streben erschweren den näheren Umgang mit ihr. Die menschliche Substanz ist unbefriedigend. Die Schreiberin lässt Herzenswärme und echte Anteilnahme vermissen. Alles ist bei ihr oberflächig angelegt. Auch in ihren Gefühlen ist sie nicht ‹echt›. Ihre Denkungsart ist materialistisch orientiert. In der äusseren Haltung wirkt sie recht attraktiv.»

Wie reagiert Mohr auf die mögliche Bestätigung seines eigenen Verdachts gegenüber dieser Frau, die er nicht erobern kann? Gibt es eine Konfrontation, eine Abrechnung, bei der Mohr, diese graphologische Diagnose als Beweis ihrer Inkompatibilität vor sich hertragend, Inge auffordert, zwischen ihm und der Karriere zu wählen? Und nach der Konfrontation, wenn es sie je gab, wie landete dieses graphologische Gutachten auf einem zerknitterten Stück Papier in Inges Kartons?

Doch die Dinge könnten auch ganz anders gewesen sein. Es könnte Inge selbst gewesen sein, die dieses Gutachten in Auftrag gab, als Scherz, in einem Versuch, den Nebel zu lichten, der sie in diesen Tagen umgab, als der Erfolg sie jagte, was immer sie auch tat. Auf der anderen Seite tauchen in den Schachteln, in denen Inge alles aufzuheben beginnt, auch politische und gesellschaftliche Artikel auf; eine Zwanzigjährige, die sich über das informiert, was um sie herum geschieht in diesen hektischen Jahren, kann sie wirklich nur um sich selbst kreisen? Sicher, es sind schwache Beweise, Spiegelspiele einer sehr jungen Fotoreporterin, die sich bewusst ist, auf sehr dünnem Eis zu gehen.

Dann nehmen sie jedoch die Arbeit, die Aufträge, die Dinge, die es zu tun gilt, erneut gefangen. Inge fragt sich, ob nicht der Moment gekommen sei, eine Wohnung zu suchen. Eine richtige Wohnung. Das Geld ist jetzt da, auch wenn man nicht weiß, für wie lange, aber wenn sie gut haushaltet, kann sie sich vielleicht ein Auto leisten. Ihr wird sogar ein fester Job bei einer Zeitung angeboten. Ein bisschen Stabilität und Sicherheit, eine Basis, von der aus sie zu neuen Abenteuern aufbrechen kann. Darüber hinaus ist ein sicherer Hafen vonnöten, wo sie vor diesem Hühnerhof voller Männchen in Sicherheit ist, die stets bereit sind, vor ihr herumzugockeln, einer gegen den anderen zu arbeiten, um sich hervorzutun. Dieses Verhalten der Männer muss Inge nicht nur als Bestätigung des beruflichen Erfolgs ansehen. Unter den Kollegen geben es ihr einige klar zu verstehen: Mehr als eine Person sagt ihr, dass ihre Art, fröhlich und offen zu sein, von einigen als Einladung zu mehr verstanden wird. Inge verflucht das

Schicksal, sie hat den Eindruck, keinerlei Gewissheiten mehr zu haben. Dann jedoch kommt ein großer Auftrag, und die Wolken verziehen sich mit einem Wimpernschlag.

Es ist ein Abend im Herbst 1952, Inge wohnt noch in Rosmaries Keller. Sie hört, wie an die Tür geklopft wird, dann ertönt die Klingel. Es ist spät, Rosmarie ist schon vor einer ganzen Weile heimgegangen. Inge liegt auf ihrem Feldbett und liest.

«Inge, bist du noch wach? Hier ist Armin. Ich habe eine Neuigkeit, die dich sehr interessieren könnte.» Durch das enge Kellerfenster sieht Schönberg, dass noch Licht im Studio ist. «He, Inge!», ruft er noch einmal. Inge steigt die Treppe vom Souterrain herauf und öffnet die Tür.

«Ach, du bist es. Es ist spät. Na los, komm rein. Ist was passiert?»

Schönberg ist außer Atem, und er nimmt sich einen Augenblick, um Luft zu schöpfen, bevor er die Neuigkeit verkündet: «Ein großer Reeder hat uns eine Gratisfahrt auf einem seiner Dampfer nach New York angeboten. Huffzky hat sofort an dich gedacht. Abfahrt ist in zwei Wochen.»

Schönberg fügt hinzu, dass sich, um ehrlich zu sein, in der Redaktion niemand bereit erklärt habe, so unvermittelt aufzubrechen und auf die andere Seite des Ozeans zu fahren.

Zu Inges Talenten gehört auch ihre Fähigkeit, ihre Aufregung angesichts solcher Nachrichten zu verbergen. Doch an diesem Abend bittet sie Schönberg herein; sie muss sich setzen, ihre Beine zittern. Als sie sich ein wenig erholt hat, fragt sie: «Habt ihr in der Redaktionssitzung schon darüber gesprochen? Habt ihr schon Themen für New York, die zur *Constanze* passen?»

«An Ideen fehlt es nicht», antwortet Schönberg, «wir müssen nur sehen, welche realistisch sind. Bis Mittwoch werden alle Redaktionen detaillierte Vorschläge ausgearbeitet haben. Man dachte an einen Besuch bei einer großen Modezeitschrift. Aber warum kommst du nicht auch am Mittwoch zur Redaktionssitzung? Es bleibt nicht viel Zeit. Bald geht es los.»

New York. Das kann kein Zufall sein. Im Großen Apfel haben sich die Spuren ihres Vaters verloren, nachdem er 1938 in die Vereinigten Staaten emigriert ist.

Inge ist nichts weiter geblieben als ein paar unscharfe Bilder: ein riesiger Koffer und ihre Mutter, die weint, während ihre Eltern sich darauf vorbereiten, zur holländischen Grenze zu fahren. Günther, Inges Tanzlehrer, hatte Inge in den Briefen, die sie sich schrieben, immer wieder gedrängt, dem Vater zu schreiben, nichts unversucht zu lassen, denn vielleicht lebte er nicht einmal mehr in New York, und wenn sie zu lange wartete, würden sich die Spuren ihres Vaters vielleicht für immer verlieren.

Ironie des Schicksals, erst kürzlich hatte Inge an Günther geschrieben und dem Wunsch Ausdruck verliehen, nach New York zu fahren. Um Väti zu treffen, natürlich, aber auch, um diese Stadt zu besuchen, in der so viele Romane spielen, die sie verschlungen hat.

An Schlaf ist nicht zu denken. Sie geht in den wenigen Quadratmetern ihres Zimmerchens umher, vielleicht gelingt es ihr, sich mit diesem Laufen im Kreis zu beruhigen. Inge geht, das Zittern von vorhin ist verschwunden, ihr Schritt ist entschlossen, verschwunden sind auch die unebenen Fliesen des Bodens, der Untergrund ist glatt wie ein Bürgersteig in New York, in der Ferne hört sie die Sirene eines Frachters. Sie hebt den Blick, und statt der abgenutzten Balken sieht sie ein Stück blauen Himmel zwischen den Spitzen zweier Wolkenkratzer. Plötzlich spürt sie einen leichten Druck in der Hand. Es ist ihre eigene Kinderhand, vergraben in der großen des Vaters.

Wer weiß, zu welchem Zeitpunkt in dieser Nacht sie schließlich eingeschlafen war.

Am Morgen darauf fährt Inge aus dem Schlaf hoch, sie ist vollkommen verschwitzt. Sie schaut sich verwirrt um, beinahe panisch. Es ist 8.30 Uhr. Sie ist zu spät. Aber was war das, ein Traum? Die weinende Mutter, der ohrenbetäubende Ton des Frachters, sie klein und verloren in den Straßen von New York, Vätis Silhouette, die ihr entgegenkommt. Nein, das ist mehr als ein Traum. Neben dem Bett sieht sie die neueste Ausgabe der *Constanze* liegen, frisch aus der Presse, die Armin am Abend zuvor für sie dagelassen hat. Um 9 ist ein Shooting im Studio. Und auch wenn Inge nicht mehr Rosmaries Assistentin ist, wohnt sie noch immer bei ihr und hilft ihr bei Bedarf gerne aus. Tags zuvor hat sie ihr versprochen, dass bis 9 Uhr alles für das Shooting bereit sein würde. Stattdessen sitzt sie hier, ganz verwirrt. Sie springt aus dem Bett, sie hat nicht einmal Zeit für einen Tee, wäscht sich schnell das Gesicht, unter den Achseln, zwischen den Beinen, kämmt schnell ihre Haare, zwei Tropfen Lavendelöl hinter die Ohren und ein Hauch Lippenstift. Vom Stuhl nimmt sie den ersten Rock, den sie zu fassen bekommt, und fertig. Kurz darauf kommt Rosmarie. Während sie die Lichter und die Fotokamera aufbaut, will Inge ihr von Armins Besuch erzählen. Rosmarie lacht: «Meine Liebe, ich weiß bereits alles. Gestern Abend habe ich ihn in unserem Club getroffen, und er hat uns von einer luxuriösen Überfahrt auf einem Dampfschiff nach New York erzählt. Wenn du kannst, sag sofort zu.»

Um ehrlich zu sein, denkt Inge bereits an die Vorbereitungen. Sie würde zwei Berichte verschieben müssen, und sie muss sich beeilen, das Visum bei der amerikanischen Botschaft zu beantragen. Huffzky kann ihr dabei helfen.

«Du brauchst auch ein Empfehlungsschreiben der *Constanze* und einige Kontaktadressen», sagt Rosmarie.

Kurz, es ist viel zu tun, die Zeit ist knapp, aber was macht das: Wenn Inge etwas will, hält sie niemand auf. Und jetzt will sie nach New York.

Am Tag vor der Redaktionssitzung bittet sie um ein Treffen mit Huffzky. Er empfängt sie mit einem breiten Lächeln: «Jetzt geht es los, meine Liebe.» Und wenn es ihm gelingt, am folgenden Tag ein Konzept mit der Redaktion auszuarbeiten, wird er ihr ein paar wichtige Leute vorstellen, so Huffzky.

«Jenseits des Ozeans werden Sie ein paar Kontakte brauchen, sonst erreichen Sie gar nichts. Kommen Sie nach der Konferenz zu mir. Und halten Sie sich in den kommenden Tagen frei, sowohl zum Mittag- als auch zum Abendessen.»

Den Redakteuren der *Constanze* mangelt es nicht an Ideen, leider sind die alle nur ziemlich vage. Jemand schlägt einen Bericht über *Harper's Bazaar* vor, ein anderer einen über den *New Yorker*. Und warum nicht einen über die Fotoagentur Magnum? Oder ein Porträt von Fotoreporter Robert Capa? Und dann sind da noch diese ganzen Jazzlokale. Die Theater am Broadway. Die Wall Street. Und natürlich ein Blick über Manhattan vom Empire State Building. Auch eine Reportage über Harlem wäre nicht schlecht, eine Stadt in der Stadt. Aber das Wichtigste ist, dass Inge sich in den Straßen von New York bewegt, wie sie es immer in den anderen Städten getan hat, das heißt auf der Jagd nach Gesichtern, besonderen Menschen. Wenn sie erst einmal dort ist, wird sie sicher Gelegenheit bekommen, einige wichtige Persönlichkeiten zu treffen. Und, was denkt sie darüber? Inge fühlt sich ein wenig überrumpelt von diesem Bündel an Erwartungen, doch sie antwortet begeistert: «Phantastisch, ich werde mein Bestes geben. Ab und zu schicke ich euch ein Telegramm mit Nachricht von mir. Und sollte ich bei jemandem besonders Großzügigen unterkommen, versuche ich auch mal, euch anzurufen.» Ihr fehlt noch immer das Visum, und die Reederei beginnt, Druck zu machen. Für die Versicherung müssen sie unbedingt wissen, ob sie mit an Bord geht oder nicht. Inge hatte geplant, über Weihnachten eine ruhige Woche mit der Familie in Göttingen zu verbringen, mit ihrer Mutter und den Geschwistern Maren und Olaf. Doch sie muss darauf verzichten. Ebenso auf ein Treffen mit Gassy, ihrer Herzensfreundin.

Dann kommt einer dieser Abende, die Inge nie wieder vergisst.

Huffzky hat ihr ausrichten lassen, sie solle sich etwas Hübsches anziehen, obwohl er gut weiß, dass eine Empfehlung dieser Art bei ihr ganz überflüssig ist. Sie sind bei dem Hamburger Verleger Heinrich Maria Ledig-Rowohlt zum Abendessen eingeladen, dem Sohn und Nachfolger Ernst Rowohlts. Der Name sagt Inge gleich etwas, und sie beschließt, sich zu informieren. In der *Welt* findet sie einen Artikel über Ledig-Rowohlt. Er wird als ziemlich origineller Typ beschrieben:

«Man wird sagen: auch das hat er von seinem Vater geerbt, der schon immer das größte Original unter den Verlegern um 1910, 1920 und 1930 war. Gewiß – doch nichtsdestoweniger: H.M. Ledig ist ein Individuum für sich unter den Verlegern des Landes, man spürt seinen formenden, knetenden, gestaltenden Willen überall unter der Maske des liebenswürdigen Kavaliers, Lebemannes und Genießers. (...) Er gründete die periodische ‹Story›, aus der dann, zu einer Zeit, als man im allgemeinen

Bücher nur für Butter und Zigaretten erwerben konnte, die Ro-Ro-Romane in Zeitungsformat wurden – beiläufig das einzige, was man im freien Handel offen für bares Geld kaufen konnte: die besten Romane eines Faulkner, Graham Greene, Chesterton, Gide und vieler anderer. Daraus wurde später die erste große deutsche Taschenbücherei.»

Aber natürlich! Als sie noch in Göttingen war, hat sich Inge beinahe die Augen an den Zeitungsromanen verdorben. Und dann erst die rororos!

Seit sie nach Hamburg gezogen ist, hatte sie noch nie so eine prestigiöse Einladung wie die ins Haus Rowohlt. Die einzigen Erfahrungen, die dieser annähernd nahekommen, sind die Besuche bei den Meyerhoffs, in Göttingen. Damals jedoch war sie nur heimliche Beobachterin, der es ab und an gestattet wurde, sich an die vornehme Tafelrunde zu setzen. Diesmal, in der Gesellschaft dieser beiden Herren von Rang und einem gewissen Alter, hat sie den Eindruck, die Attraktion des Abends zu sein. Ledig-Rowohlt - freundliches Lächeln, Hände, die abwechselnd eine Montecristo-Zigarre und Gläser mit Black Velvet halten, Seidentaschentuch und auffällige Socken, die auf die Farbe der Krawatte abgestimmt sind - erzählt von all seinen Verlegerfreunden aus den Vereinigten Staaten, und er hat auch eine Idee, wo das freundliche Fräulein Schönthal unterkommen könnte. Die Gläser sind ständig randvoll mit Champagner - echtem Champagner, nicht Sekt -, der die Speisen aus frischem Hering und Salat aus Kartoffeln und Zwiebeln begleitet.

Ein wunderbarer Abend, und beim Abschied drückt Inge Ledig-Rowohlt gegenüber die Hoffnung aus, dass man sich wiedersieht. Inge kann noch nicht wissen, dass ihr Gastgeber dieses Abends dazu bestimmt ist, eine Schlüsselfigur in ihrem Leben zu werden.

Huffzky hat auch für den folgenden Tag ein Mittagessen ausgemacht. Inge muss nichts tun, außer sie selbst zu sein, neugierig und guter Laune. Die Verabredung findet in einem der typischen Lokale statt, klein und dunkel, nahe der Reeperbahn. Es erwartet sie der Journalist mit jüdisch-polnischen Wurzeln, Melvin J. Lasky, der gerade in Berlin weilt und Co-Herausgeber der politischen Zeitschrift *Der Monat* ist. Lasky hat eine Halbglatze, einen Spitzbart, raucht unaufhörlich Pfeife, und auf den ersten Blick ist er Inge nicht besonders sympathisch. Dafür scheint er sowohl in New York als auch in London über hervorragende Kontakte zu den hochrangigsten Journalisten zu verfügen. Darüber hinaus erklärt er sich bereit, sich mit der amerikanischen Botschaft in Berlin in Verbindung zu setzen, damit die junge Reporterin ihr Visum bald bekommt. Wieder einmal fügt sich alles. Das amerikanische Visum kommt, die Fahrkarte für die Überfahrt auf dem Luxusdampfer kann direkt bei der Schifffahrtsgesellschaft abgeholt werden. Inge hat sogar noch Zeit, einen

Abstecher zu ihrer Familie nach Göttingen zu machen. Günther gelingt es, ihr als vorgezogenes Weihnachtsgeschenk die ersehnte Rolleiflex zu überreichen. Jetzt ist sie wirklich bereit, sie kann aufbrechen. Hans Huffzky und Mohr erklären sich galant bereit, sie am Abend des 18. Oktober zum Schiff zu begleiten. Der Himmel ist klar, Huffzky schlägt vor, sie sollten alle in seine Borgward steigen und angesichts der besonderen Gelegenheit, obwohl es schon frisch ist, das Dach aufmachen. Es ist noch Zeit für ein bisschen Smalltalk, einen Kaffee und ein Stück Torte. Huffzky hat Inge am Vorabend gesagt, er wolle ihr als eine Art Abschiedsgeschenk vor der Abreise noch eine weitere wichtige Person vorstellen. Die drei haben gerade bestellt, als ein sehr eleganter Mann mittleren Alters an ihren Tisch tritt. Er wendet sich gleich an Inge: «Liebes Fräulein Schönthal. Darf ich mich vorstellen? Rudolf-August Oetker.»

Das ist innerhalb weniger Tage das zweite Mal, dass Inge kalt erwischt wird.

Der Herr Oetker, in Fleisch und Blut? Der Erbe des Imperiums der hausgemachten Torten mit dem Hefetütchen und den schönen bunten Verzierungen, der König der Cremes und Puddings?

«Richtig», antwortet er lächelnd, «und nicht nur das. In wenigen Stunden werden Sie als unser Gast nach New York reisen, auf einem unserer neuesten Passagierschiffe.»

Es ist nicht leicht, Inge in Verlegenheit zu bringen. Doch dass der Schiffseigner und Unternehmer sie persönlich an Bord geleiten würde, hätte sie nie geglaubt. «Und es wird mir ein Vergnügen sein, wenn Sie nach Ihrer Rückkehr erzählen wollen, wie diese Schiffsreise über den Atlantik verlaufen ist.»

Schließlich reicht ihr Oetker noch einen Umschlag: einige Adressen, die ihr nützlich werden können.

«Melden Sie sich, wenn Sie wieder da sind.»

4
A Star ist Born

«Wir fuhren schon! Und so sollte es 11 Tage und 11 Nächte weitergehen – immer näher an das Land, dem man unbegrenzte Möglichkeiten nachsagt. Offen gestanden: ich hatte Angst. Jetzt, in meiner Kabine, allein auf meinen Koffern, kam dieser ganze Kontinent auf mich zu wie eine einzige, ungewisse Drohung. Ich kannte niemanden in Amerika. Halt, doch: die Sandra, die Tochter einer Millionärin. (...) Sollte ich meinen Koffer auspacken? Ich hatte ja 11 Tage Zeit. Ich entschloß, an Deck und auf Entdeckung auszugehen. (...) Ich stolperte planlos durch das Schiff, entdeckte eine kleine Druckerei, einen Fechtsaal, eine Sauna, einen Trainingsraum, ein Kino, einen Eiskühlraum, und unendlich die Riesenküche. Auf meiner Runde verlief ich mich schließlich und stand plötzlich in einer kleinen Wäscherei, in einer einzigen Wolke von dampfender Wäsche. Sieben Chinesen in weißen Drillichhosen sahen mich an und zischten etwas, das etwa ‹Was wollen Sie hier?› heißen mochte. Ich wollte nicht zugeben, daß mich der Zufall hergespielt hatte und wies schnell auf meine große weiße Jacke, die zum Glück einen Fleck hatte. Sofort wurde mir die Jacke ausgezogen und versichert, daß ich sie morgen entfleckt zurückerhalten könne.» (...)

Da es mir ohne Jacke zu kalt war, ging ich in meine Kabine zurück. Dort fand ich einen Zettel: «Guten Tag! Das Schiff begrüßt Sie herzlich. Heute Abend 8 Uhr Dinner, anschließend Konzert in der ‹Lounge›. Ich holte mein Wörterbuch hervor und sah nach, was ‹Lounge› heißen könnte. Es mußte so etwas Ähnliches wie ein Foyer sein. Dann also: fein machen! Ich stürzte mich ins Bad. Aus dem Hahn (mit skandinavischer Aufschrift) kam rostig-grünes Wasser heraus. Hatte ich etwas falsch gemacht? Aber nein: das war ganz normales Salzwasser für Leute auf hoher See. Drei Handtücher hatte ich zum Frottieren, drei zum Abtrocknen. Ich brauchte eines nach dem anderen und genoß den Komfort. Unter mir stampfte die Maschine.»

Heinrich Maria Ledig-Rowohlt hat Inge drei Bücher für die Reise über den Ozean mitgegeben: *Hiob* von Joseph Roth, *Amerika* von Franz Kafka und Auszüge aus den *Tagebüchern* von Stefan Zweig. Das ist ihre Wegzehrung. Drei Bücher, die unter den Nazis verbannt waren, drei große jüdische Schriftsteller für eine vielversprechende junge Frau, die sich jetzt, mit ihrem funkelnden, scharfen Blick, mit hoch erhobenem Kopf mit ihrem Nachnamen vorstellen kann. Die Überfahrt ist lang, und manchmal gibt es nichts Besseres zu tun, als sich den Worten derjenigen zu überlassen, die sie bereits überstanden haben, wie Stefan Zweig, der schreibt:

«Ankunft verspätet. Aber dafür das großartige Schauspiel der Sternenflagge in den Lüften. Nicht genug zu schildern das, wie sie auftauchen aus dem Dunkel. Weiß geleuchtet Fronten, die magisch auftauchen, ein Anblick, den man nicht träumen kann: die Großartigkeit unwahrscheinlich in der Nacht. Bei Tag ist es Architektur, Glas, Eisen, Stein, materielle Substanz, in der Nacht Schweben des quadratischen Lichts, glühende Zellen, durch das Geometrische unnatürlich. Gebändigt das Feuer, das die Natur nur wild kennt, hier das Unwahrscheinliche. Nichts konnten frühere Generationen mehr bestaunen. Auch ich selbst: da begann New York großartig zu sein bei Tag, es reckte sich auf.»

Inge braucht nicht lange, um das Schiff zu erkunden. Sie geht auf Entdeckungstour, um zu sehen, wie die hohe Gesellschaft lebt. Doch was ihr am meisten gefällt, ist lesend auf der Brücke zu sitzen, gemütlich ausgestreckt auf einem Liegestuhl, eingewickelt in eine dicke Wolldecke. Und zum Glück ist auch Richard Tüngel auf dem Schiff, Chefredakteur der *Zeit*, andernfalls hätte sie sich zu Tode gelangweilt. Sie haben sich in Hamburg kennengelernt, zur Abwechslung in der Mensa der Dpa. Richard Tüngel ist vom *New Yorker* in die Vereinigten Staaten eingeladen worden, der kultivierten Wochenzeitschrift, die 1925 gegründet wurde und zusammen mit dem *Time-Magazine* zum Vorbild für viele Redakteure europäischer Zeitschriften der Nachkriegszeit geworden ist. Tüngel gehört zum hanseatischen Bürgertum, gewöhnt an den Hang zum britischen Understatement, und beim Mittagessen klatscht er mit Vorliebe über die Konkurrenz: über diesen Rudolf Augstein, der mit seinem *Spiegel* die amerikanischen Illustrierten imitieren will. Augstein liebt es, mit amerikanischen Cabriolets an der Alster entlangzufahren, und so klein, wie er ist, scheint er hinter dem Lenkrad zu verschwinden. Es macht ihnen Spaß, sich über ihn zu amüsieren. Doch abgesehen vom Klatsch kann die am Tisch verbrachte Zeit als Lektion für *savoir vivre* genutzt werden. Tüngel ist gerne bereit, Inge zu unterweisen. Er ist ein perfekter Lehrer, weil *er* perfekt ist: ein Gentleman, vornehm, hoch gebildet. Er lehrt Inge, was man isst, wann man es isst, wie man in gewissen Kreisen isst. So lernt Inge, wie man Austern zubereitet und verzehrt, Garnelen, Kaviar und Eier im Glas. Sollte sie je zu einem hochrangigen Abendessen eingeladen sein, ist sie nun vorbereitet.

Als das Schiff durch die Mündung des Hudson steuert und dann in den Hafen von New York, schläft Inge noch halb. Es ist ein atemberaubendes Spektakel. Wie oft hat sie diese Bilder in den Zeitschriften gesehen? Und dann noch einmal in ihrem Kopf? Jetzt versteht sie Zweigs Worte besser. Doch diesmal ist alles anders, alles echt. Es ist die leuchtende Welt der Moderne, und in dieser Welt lebt ihr Vater.

Tüngel sagt Inge, dass der *New Yorker* einen Wagen mit Chauffeur geschickt hat, um ihn abzuholen, er könne sie bis in die Innenstadt Manhattans mitnehmen, wenn sie wolle.

«Das wäre wunderbar», antwortet Inge. «Ich weiß, wo ich hinmuss, aber nicht, wie ich da hinkomme.» Wenn der Fahrer sie an der Fifth Avenue, Höhe Madison Square und Central Park absetzen könne, wäre das perfekt. Für ihren ersten Tag in Amerika hat sie keinen genauen Plan, doch vor ihrer Abreise hat jemand, der schon da gewesen ist, ihr gesagt, dass man, um in die Neue Welt einzutauchen, genau dort anfangen sollte. Der Eindruck ist stark, unvergesslich, und dann, fuhr diese Person fort, solle Inge sich von der Subway Richtung Downtown verschlucken lassen, ein paar Stationen fahren und an einem bestimmten Punkt zurück an die Oberfläche kommen. Das werde wie eine zweite Geburt sein. Und die *Gotham City* kennenlernen. Die Sirenen der Feuerwehren und der Polizei, die Gullys, aus denen Dampf aufsteigt wie aus kleinen aktiven Geysiren.

«Ich nehme an, Ulrich Mohr hat Ihnen diese Geschichte erzählt, er neigt immer zu Übertreibungen», bemerkt Tüngel. «In diesem Fall muss ich Uli jedoch recht geben.»

Kurz darauf steht Inge mit Tasche und Koffer hinter der Grand Central Station, an der Ecke 42nd Street und Fifth Avenue. Bevor er sich im Verkehr verliert, ruft Tüngel ihr aus dem Fenster zu, dass er zwei Wochen in New York sein wird und dass sie ihn leicht über die Redaktion des *New Yorker* ausfindig machen kann; wenn sie sich für einen Drink oder ein Mittagessen bei ihm melden sollte, würde ihn das freuen.

Sie ist endlich angekommen. Tief erschöpft, aber enthusiastisch. Ihr Blick läuft rauf und runter an den Fassaden der Wolkenkratzer, nach links und rechts, hinauf zum Licht und dann wieder auf den Verkehr, auf die großen, bunten Kreuzungen, die Busse, die Taxis. Die Stadt erwacht, und die Bürgersteige bevölkern sich mit Menschen. Und wenn zwischen diesen ganzen Gesichtern unvermittelt ein bekannteres auftauchen würde? Wie sehr kann sich das Gesicht eines Mannes innerhalb von fünfzehn Jahren verändern? Wird Papa sehr gealtert sein?

Vor ihrer Abreise hat sie ihm geschrieben, dass sie für zwei oder drei Monate in New York sein würde und dass sie ihn gerne wiedersehen möchte. Sie hat nie eine Antwort bekommen, doch wahrscheinlich war die Zeit zu kurz gewesen. Dann jedoch verscheucht Inge den Gedanken an ihren Vater und fragt eine Passantin, ob es einen Autobus gibt, der sie direkt zur Upper East Side bringt. Ihr wird gesagt, das Beste sei es, einen Bus an der Lexington Avenue zu nehmen, drei Straßen weiter, auf der Rechten. Als sie noch auf dem Schiff den Stadtplan von Manhattan studierte, hatte sie beschlossen, sie würde als Erstes zum Metropolitan Museum of Art gehen, im Museumscafé frühstücken und dann die Gastgeber anrufen, die sie aufnehmen sollten. Sie würde auf der Fifth Avenue wohnen, nahe dem Museum. Inzwischen ist es beinahe zehn, und im Stadtführer steht, das Museum öffne um halb zehn.

Die graue Brühe, die ihr als Kaffee serviert wird, ist ungenießbar, die Spiegeleier und die Hash Browns dagegen sind exquisit. Satt und zufrieden setzt sich Inge auf die Museumstreppe. Die Herbstsonne wirft einen schmalen Lichtstrahl auf die Straße und die Stufen. Ihre Gastgeber werden zwischen halb zwölf

und zwölf vorbeikommen, um sie abzuholen, so wurde es ihr am Telefon gesagt. Aber wie phantastisch ist diese *Gotham City*, denkt sie. Darüber hinaus hat sie das Glück, wie ihr bald bewusst wird, in einer wahrlich exklusiven Gegend zu wohnen. Rudolf-August Oetker, dessen gegenwärtiger Reichtum als Reeder und natürlich als König der Süßigkeiten eine Vergangenheit in der Waffen-SS überdeckt, hat ihr über Freunde den Kontakt zu Sandra Morgan besorgt, der Urenkelin von John Pierpont Morgan, dem wahrscheinlich einflussreichsten

Bankier der Vereinigten Staaten im neunzehnten und beginnenden zwanzigsten Jahrhundert. Sandra studiert im College, darum ist ihr Zimmer im eleganten Penthouse leer, und Inge kann darin wohnen. Sandras Mutter hingegen ist Biologin, sie arbeitet für die Vereinten Nationen und ist spezialisiert auf die Geburtenkontrolle in Entwicklungsländern.

Vor dem luxuriösen Penthouse auf der Fifth Avenue liegt im Osten in all seiner herbstlichen Pracht der Central Park. Nach der ersten Woche weiß Inge, dass sie nur wenig schlafen wird. Jeden Abend füllt sich die Wohnung mit Menschen, die für die UNO arbeiten, Rauch und Cocktails. An ihrer Tür findet Inge häufig eine Einladung, zur Party zu kommen oder aber ihre Koffer zu packen, um, wenn sie Lust hat, am Wochenende mit ihnen in ihr Landhaus in Virginia zu fahren. Dort haben die Morgans auch Pferde. Ob Inge reiten könne?

Wenn es nicht die Hausherrin ist, die ihr Einladungen zukommen lässt, dann ist es Sandra. Inges Abende sind nie leer. Bei vielen Gelegenheiten sind es vor allem die jüdischen Familien, die sich interessiert zeigen, die wissen wollen, was eine junge deutsche Frau mit jüdischem Vater über die Jahre des Nazismus zu erzählen hat. Sie fragen sie, wie es ihr gelungen ist, nicht der SS in die Hände zu fallen. Und wie ist Deutschland heute? In welche Richtung steuert es? Wirtschaft, Wissenschaft, gibt es Neuigkeiten in diesen Bereichen? Und vor allem: Tut es den Menschen leid? Eine Tortur.

Bei einem dieser Abende lernt Inge einen Redakteur der Modezeitschrift *Harper's Bazaar* kennen. Und irgendwann schlägt er ihr vor, die Crème de la Crème der amerikanischen Modefotografen zu porträtieren. Wenn sie Kontakte brauche, könne sie ihn fragen. Inge findet die Idee brillant: die Meister fotografieren!

Tags darauf ruft sie in der Redaktion der *Constanze* an und schlägt eine Porträtserie dieser Fotografen vor. Das Projekt wird enthusiastisch aufgenommen. Obwohl sie einige Beziehungen hat, ist es kein leichtes Unterfangen, an die Meister zu gelangen, und darum beginnt Inge, den Agenten von Richard Avedon, Erwin Blumenfeld und John Rawlings zu schreiben, erzählt ihnen von ihrem Vorhaben, exklusive Porträts für die *Constanze* aufzunehmen, die neue Frauenzeitschrift aus Hamburg. Und während sie ungeduldig auf die Antwort wartet, streift sie eingehüllt in einen dicken Mantel mit Fotoapparat und Blitzgerät ganze Tage lang, manchmal bis zum späten Abend durch die Straßen Manhattans.

So auch an diesem beißend kalten Novembermorgen. Irgendwann gönnt sie sich eine kleine Pause. Sie setzt sich auf den Sims eines Schaufensters an der Madison Avenue, die Rolleiflex bereit zum Abdrücken, das Blitzgerät auf die Füße gestützt. Sie beobachtet fasziniert den Strom von Menschen auf dem Bürgersteig und den Verkehr, der auf seltsam ruhige Weise fließt. Sie bleibt eine Weile dort sitzen, glücklich und gleichzeitig ein wenig benommen. Sie denkt an ihren Vater. Sie hat keine Telefonnummer von ihm und hat nie wirklich mit dem Gedanken gespielt, einfach bei der Adresse aufzutauchen, an die sie vor einigen Wochen geschrieben hat. Und wenn sie heute dort hinginge? Zu Fuß ist es nicht weit von der Madison Avenue zur West Side Central Park.

Sie geht los. Und beim Gehen hört sie nicht auf, die Gesichter der Menschen zu betrachten. Plötzlich, an einer Ampel, wird Inges Blick von einer Mantelfarbe gefangen genommen. Eine Frau würde kaum diesen Pflaumenfarbton zwischen Violett und Braun wählen. Nur wenige würden so etwas wagen, denkt Inge, denn es ist eine Farbe, die blass macht, also ent-

weder ist man wunderschön und kann darauf pfeifen, oder man sieht darin aus wie ein Müllsack. Doch diese gedankenversunkene Frau an der Kreuzung, die diesen weiten dunklen Mantel trägt, auf dem Kopf einen eleganten Filzhut von derselben Farbe, die augenscheinlich keiner der Passanten erkennt, ist wunderschön. Ist das nicht Greta Garbo? Sie wirkt erkältet, hält die Tasche unter den Arm geklemmt und putzt sich die Nase. Schwarze Ballerinas mit Schleifchen und über der Schulter eine dieser typischen Taschen der Mädchen an amerikanischen Colleges.

Die Ampel steht noch immer auf Rot. Inge schnellt nach vorne, die Rolleiflex auf Bauchhöhe, schaut einmal kurz durch den Sucher und drückt auf den Auslöser. Keine Sekunde des Zögerns, denn Inge weiß gut, der Apparat, den sie in der Hand hält, ist sehr einfach zu benutzen, doch er ist noch sehr langsam, nicht wie die Leica, die Robert Capa benutzt. Inge hat nur die Zeitspanne zwischen Rot und Grün, sie kann nicht das Licht messen, schauen, ob die Frau ihre Anwesenheit bemerkt hat oder nicht. Klick.

Einen Augenblick später ist die Frau verschwunden. War das wirklich die Garbo? Inge folgt der Fifth Avenue weiter in Richtung Upper East Side. Ab und zu bleibt sie stehen, schießt ein Foto. Je eher sie den Film voll hat, desto eher kann sie ihn entwickeln. Der Redakteur vom *Harper's Bazaar* hat ihr das hauseigene Labor des Magazins zur Verfügung gestellt.

Zwei Tage später hält Inge die Kontaktabzüge in der Hand. Ja, es war wirklich Greta Garbo.

Sicher, das Foto könnte schärfer sein; dafür hat sie den Augenblick perfekt eingefangen. Selten hat man so ein Foto von der Garbo gesehen. Noch am selben Tag ruft Inge Ulrich Mohr an und erzählt ihm von diesem kleinen Scoop. Mohr sagt, sie solle ihm so schnell wie möglich einen Abzug schicken, und er gibt ihr die Adresse eines Kollegen von der Zeitschrift *Life*. Sicher werden auch sie an dem Schnappschuss interessiert sein. «Und sonst, Ingelein, wie geht es dir?»

«Es ist alles wunderbar. Ich wohne in einer sehr luxuriösen Wohnung, und nächste Woche beginne ich die Arbeit an einer Geschichte über die berühmtesten Modefotografen New Yorks. Ich melde mich wieder.»

In der Mensa der Dpa in Hamburg gibt es kein anderes Gesprächsthema als sie, Inge Schönthal. Sie ist vor nicht mal einem Monat abgefahren, und schon ist es ihr gelungen, ein Foto in der *Life* zu platzieren, dem Traum jedes Fotojournalisten. Wenn du es in die *Life* schaffst, schaffst du es überallhin. Dank dem Schnappschuss von der Garbo kann Inge stolz ihre ersten in New York verdienten fünfzig Dollar einstecken. Kurz darauf wird das Foto auch in Deutschland in der *Bild Zeitung* abgedruckt, allerdings ohne Bildnachweis und mit erfundener Bildlegende:

«Die ‹Göttliche› ist verschnupft. Auch Greta Garbo muss mal niesen. Die Göttliche, die 1941 ihren letzten Film – ‹Die Frau mit zwei Gesichtern› – drehte, hat sich längst ganz von Hollywood losgesagt und lebt still und zurückgezogen auf Anacapri. Nur gelegentlich macht sie in Rom ihre Einkäufe. Da erwischten der Schnupfen und unser Reporter sie.»

Von den Agenten der Modefotografen hört sie nichts. Und bei *Life* meinten die Kollegen, es sei wohl chancenlos, diese Stars der New Yorker Modeszene vor die Kamera zu kriegen. Wenn man sich entschieden hat, auf der anderen Seite der Kamera zu bleiben, habe das wohl seine Gründe, nicht wahr?

Inge gibt jedoch nicht auf, sie hat noch nicht die Adressen genutzt, die sie vom Redakteur der *Harper's Bazaar* bekommen hat. Der erste Fotograf, bei dem sie auftaucht, ist Erwin Blumenfeld, vielleicht weil man über ihn sagt, er sei sehr freundlich. Sein Atelier liegt am Central Park, im sechzehnten Stockwerk einer der Wolkenkratzer, die ihn flankieren. Der Aufzug bringt sie direkt zum Eingang des Studios.

> «Ich war furchtbar aufgeregt, denn ich war von seinen phantastischen Aufnahmen für VOGUE sehr beeindruckt. Und kaum ein Buch über amerikanische Fotografie, in dem er nicht mit seinen Bildern vertreten wäre. Ein kleines Männchen mit offenem Sporthemd, ohne Jackett kam mir entgegen und fragte in bestem Berliner Deutsch: ‹Was kann ich für Sie tun?› Von Hast und Aufregung war hier keine Spur, gemütlich setzte er sich mit mir auf eine Ledercouch mitten im Gewirr von unzähligen Fotoblitzen, mindestens zehn Kameras.» Inge nannte ihn einen berühmten Mann. «Wat denn, wat denn», sagte Blumenfeld, «berühmter Mann – so nennt man das vielleicht in Europa, hier in New York ist man nicht mehr als ein besserer Arbeiter.»

Und dann beginnt der ‹alte Zauberer› zu erzählen.

«Man nennt ihn Zauberer», wird Inge in ihrem Bericht für *Constanze* später schreiben, «denn kein Foto entsteht bei ihm auf herkömmliche Art. Meist nutzt er einen Spiegel oder mehrere Spiegelscherben, um das Bild zu brechen. Und er arbeitet stark mit Licht und Farbtricks.»

Blumenfeld erzählt Inge sein Leben. Vor dem Krieg hat er als Kaufmann in einem großen Warenhaus gearbeitet. 1930 hat er den Verleger Ullstein mit einigen seiner Fotos besucht. Ohne Erfolg. Kurt Korff, Chefredakteur der *Berliner Illustrierten* (ein Imprint des Ullstein Verlags), der den Ruf hatte, einer der Besten seines Faches zu sein, hatte ihn nicht nur abgewiesen, sondern in abfälligem Ton hinzugefügt: «So was Talentloses von einem Fotografen ist mir noch nie begegnet.» Wenige Jahre später wird er selbst astronomische Summen dafür bezahlen, Blumenfelds Aufnahmen zu bekommen, der in der Zwischenzeit zu einer Berühmtheit in den Vereinigten Staaten geworden ist. Bevor er sich jedoch ganz der Fotografie widmete, nahm Blumenfeld noch einige weitere Umwege. Vom großen Warenhaus wechselte er in die Frauenmode, dann machte er sich einen Namen als Schauspieler, später als Kunsthändler, und schließlich fand er sich in Amsterdam als Experte für Lederwaren wieder. Seinen ersten Fotoauftrag bekam er 1938 von der Pariser *Vogue*. «Endlich hatte ich es geschafft.»

Und als Dank für dieses Vertrauen produziere er seither für die Zeitschrift jedes Jahr etwa sechzig Seiten. Doch das große Geld kommt durch die Werbung. Lucky Strike zum Beispiel zahle dreißigtausend Dollar pro Kampagne. Jeden Montag lade er ein Dutzend Modelle ein. Blumenfeld blättert durch Zeitschriften, und wenn er ein interessantes Model entdeckt, bittet er seine Agentur, es zu ihm zu schicken. Er bevorzugt sie so, wie sie sind, «nicht mit diesen eleganten Fetzen am Leib». Wie dem auch sei, New York sei der beste Ort zum Arbeiten.

Ja, Blumenfelds Ruf ist bestätigt. Er ist wirklich sehr freundlich und großzügig. Inge hat mehr als genug Material, um ihren Artikel zu schreiben. Es fehlen nur noch einige Aufnahmen des Zauberers.

«Alles, nur das nicht», antwortet Blumenfeld. «Sehen Sie nicht, dass ich hässlich und alt bin?» Er ist kürzlich dreiundfünfzig geworden. Dann gibt er jedoch nach, und als er die Abzüge sieht, ist er mehr als zufrieden. Bevor er sie verabschiedet, schenkt er Inge einen seiner Originalabzüge und versichert ihr, für was auch immer, er stehe zu ihrer Verfügung. Und *by the way*, fügt er hinzu, er habe einen Sohn in Inges Alter.

Wenige Tage nach dem Treffen mit Blumenfeld ist Inge im Studio des jungen Richard Avedon. Und von ihm macht sie eines der schönsten Porträts, wenn nicht sogar das schönste, was die Komposition betrifft. Für die *Harper's Bazaar* ist Avedon der ganz große Shooting Star. Inge beschließt, genauso vorzugehen wie bei Blumenfeld. Sie geht zum Studio und klingelt. Was hat sie zu verlieren? Ihr öffnet ein junger Mann in blauem Sweater und Tennisschuhen. Sie fragt nach Avedon und erklärt den Grund ihres Besuches. Er bittet sie höflich, wenngleich mit einer gewissen Eile, Platz zu nehmen, und deutet auf einen Stuhl in der Ecke des Zimmers. Auch hier herrscht ein ständiges Kommen und Gehen von Menschen, vielleicht insgesamt um die dreißig. Redakteurinnen der *Harper's Bazaar*, Models, Laufboten, Kellner mit Tabletts voller Gläser mit Tee und Sandwiches. Von Avedon keine Spur. Und es ist schon eine halbe Stunde vergangen. Schließlich kommt der junge Mann zurück, der ihr die Tür geöffnet hat.

«So, nun endlich habe ich ein paar Minuten Zeit für Sie», sagt er. «Oh, entschuldigen Sie, Sie sind also Richard Avedon. Ich hielt Sie für einen Laufboten.» Avedon, neunundzwanzig, verheiratet und stolzer Vater eines kleinen Jungen, bricht in dröhnendes Gelächter aus. Und da lacht auch Inge herzlich über ihre arglose Impertinenz. Das Interview wird ständig unterbrochen, andauernd wird er für irgendetwas gebraucht. Avedon erzählt Inge, dass er in der Handelsmarine gewesen ist und dass sein Vater ihm einen Fotoapparat geschenkt habe, als er noch ein kleiner Junge war. Bald wurde die Fotografie zu seiner großen Leidenschaft, und nachdem er die ersten Fotos an die *Harper's Bazaar* verkauft hatte, verließ er die Marine. Zwischen einer Unterbrechung und der nächsten beobachtet Inge fasziniert das Arbeitsumfeld Avedons. In irgendeiner versteckten Ecke steht eine Jukebox, die *Cry* von Johnnie Ray and The Four Lads spielt. Ein junger Schwarzer assistiert Avedon mit der Eleganz und Geschicklichkeit eines Boxers. Inge ist sprachlos. Obwohl alle sehr beschäftigt sind, herrscht keine Hektik.

«Keiner schreit oder tobt. Avedon gibt mit seiner leisen Knabenstimme seine Anweisungen. Er fotografiert gerade mit seinem Lieblingsmodel Dorian Leigh. Und immer alles vor einem weißen Hintergrund. Avedon steht an seiner Kamera wie ein startbereiter Leichtathlet. Er kümmert sich persönlich um jede Stecknadel am Kleid des Models. Nach einer Stunde ist die Session mit Dorian Leigh beendet. Avedon sagt freundlich thank you. Das wars. Das nächste Model macht sich schon bereit.»

Es ist nicht leicht, sich inmitten dieser Choreographie zu bewegen, aber Inge gelingt es, etwas verschämt ein paar Fotos von Avedon und seinem Model zu schießen. Kurz darauf ist Inge wieder auf der Straße, wieder auf der Jagd, wie sie es liebt. Immer mit der Rolleiflex und oft mit dem schweren Blitzlichtgerät. So ist sie auch ausstaffiert, als sie eines Morgens auf der Fifth Avenue vor dem Haus Bernard Baruchs,

Finanzier und Berater Roosevelts, einen großen Menschenauflauf sieht. Politiker oder Geschäftsmänner, denkt sie, im Grunde ist der Name Bernard Baruchs in diesen Jahren der wachsenden Spannungen zwischen den Vereinigten Staaten und der Sowjetunion in aller Munde. Es lohnt sich, einen Blick zu werfen. Sie zwängt sich zwischen all diese Menschen, verschafft sich Platz, um einen freien Blick auf den Hauseingang zu bekommen. Wie Fledermäuse aus einer Grotte kommen daraus mehrere Handvoll Männer in tiefschwarzen Mänteln und Hüten hervor. Und dazwischen ist einer, den Inge sofort erkennt. Es ist Sir Winston Churchill! Inge drückt ab und geht wieder.

Jetzt bleibt nichts anderes abzuwarten als das Urteil der Kontaktabzüge.

Das Foto von Churchill ist nicht besonders gelungen. Unscharf, schlecht belichtet, das Bild ist zu dunkel. Doch der Mann, der da umringt von Männern ist, die aussehen wie Personenschützer oder Sicherheitsbeamte in Zivil, ist eindeutig Churchill. Der Stock, der Hut und dieses scheinheilige Lächeln.

Richard Avedon und Dorian Leigh dagegen sind göttlich. Sie überraschen selbst Inge. Im Durcheinander des Shootings hatte sie nur wenig Zeit, doch sie hat den richtigen Augenblick erwischt: Avedon richtet sanft Dorian Leighs Ohrringe, ihr Mund steht leicht offen, ihre Augen leuchten. Eine außerordentlich bewegende Fotografie.

Blumenfeld und Avedon sind zwei Berühmtheiten. Es ist erstaunlich, wie es Inge gelungen ist, sich ihnen zu nähern und sie sogar zu überzeugen, sich fotografieren zu lassen. Alle erkennen ihren Unternehmergeist an, aber einige der Kollegen bei der *Life* und der *Harper's Bazaar* lachen doch hinter vorgehaltener Hand, denn mit dem wahren König der Mode- und Werbefotografie John Rawlings läuft es bestimmt ganz anders. Der vierzigjährige Celebrity-Fotograf ist ständig beschäftigt. Unerreichbar. Die Telefonistin seines Studios antwortet immer dasselbe, wenn Inge anruft und um einen Termin bittet: «*Terribly busy, sorry.*»

Aller guten Dinge sind drei. Inge geht persönlich zu Rawlings in sein Studio. Der entscheidende Augenblick präsentiert sich in Form von fünfhundert roten Rosen. Den riesigen Strauß, der vielleicht dazu dient, ein Set für ein Shooting zu schmücken, balanciert ein Laufbote. Inge schließt sich ihm an, er könnte ihr Trojanisches Pferd sein.

Sie ist drinnen, die Rosen verschwinden wer weiß wohin.

«Hello, may I speak to mister Rawlings?»

Das Zusammentreffen mit dem Fotografen wird Inge in ihrer Reportage für die *Constanze* folgendermaßen beschreiben:

> «Ich kam in das märchenhafteste Studio, das ich je gesehen habe. Es war wie ein Aquarium, ein Museum. Einige bildhübsche Damen fragten mich, was ich wollte. Und nach einer halben Stunde kam der ‹so beschäftigte› John Rawlings auf mich zu und hatte eine halbe Stunde Zeit für mich.»

Rawlings führt Inge durch sein Studio, sagt, es habe ihn bis heute 60 000 Dollar gekostet. «Es war funkelnagelneu», kommentierte Inge, ebenfalls in dem Artikel.

Doch dabei wolle er es nicht belassen, er wolle es ausbauen, es dreimal so groß machen. Inge schreibt: «Die riesige Decke ist völlig aus Glas. Auf einer grossen Drehbühne wird gerade ein goldenes Sofa mit einem roten Baldachin versenkt. Rawlings Assistent ist Japaner.» Rawlings erzählt Inge, er habe mit dreiundzwanzig sein erstes Foto veröffentlicht. Es handelte sich um eine Hundeschau. Dann war er zur *Vogue* gekommen. Die Bezahlung? Fünfundzwanzig Dollar pro Woche. Sechs Monate später schickte ihn die Zeitschrift nach London, um dort ein *Vogue*-Fotostudio zu eröffnen. Sein größter Stolz sei es, neue Gesichter zu entdecken. Carmen Dell'Orefice, ein Arbeiterkind aus Brooklyn, sei 15 Jahre alt gewesen, als er sie zum ersten Mal fotografierte. Und sie kam gleich aufs Cover der *Vogue*. Heute verdiene sie so viel, dass sie ihrer Mutter ein Studium an der Universität finanzieren könne. Er liebe seinen Beruf, meint Rawlings, in keinem anderen Bereich könnte er seine Phantasie so ausleben wie in der Werbung.

Kurz, ein Mann, der alles erreicht hat? Ja, aber einen Traum hat er noch: einmal eine archäologische Expedition fotografisch begleiten zu können. Bevor er sich verabschiedet, sagt Rawlings der jungen Fotoreporterin, sie solle unbedingt den Fotografen und Schriftsteller Cecil Beaton in London besuchen. Eine wahrhaft außergewöhnliche Persönlichkeit.

«Schicken Sie mir ein paar von Ihren Fotos?»

Ohne Vorwarnung ist der Indian Summer vorbei. Inge bemerkt es, als sie Richtung Upper East Side geht. Die Kälte ist schneidend, sie beschleunigt besser ihren Schritt. Sie hat keine Skrupel gehabt, sich zwischen Mauern aus breitschultrigen Leibwachen zu drängen oder sich uneingeladen in die Ateliers der großen Fotografen zu schmuggeln. Doch die Vorstellung, direkt an die Tür des Vaters zu klopfen, den sie nicht mehr gesehen hat, seit sie acht Jahre alt war, ist ihr so unangenehm, dass sie am liebsten den Gedanken daran komplett verdrängen würde. Doch sie kann nicht. Wie würde er reagieren, wenn sie plötzlich vor ihm stünde? Und sie?

Als sie nach Hause zurückkehrt, findet sie auf dem Bett einen dicken Umschlag aus Deutschland. Inge öffnet ihn nervös. Rosmarie Pierer hat ihr ein wenig Post geschickt, darunter auch einen Brief aus New York. Er könnte von ihrem Vater sein. Und tatsächlich, so ist es. In dem Brief bedankt er sich bei ihr und schreibt, er würde sich freuen, sie wiederzusehen. Besser jedoch, wenn sie vorher anriefe. Der Ton des Schreibens ist freundlich, aber auch ein wenig zurückhaltend und förmlich. Inge ist irritiert. Spricht so ein Vater mit seiner Tochter? «Liebe Inge», hat er geschrieben, nicht ‹Ingemaus› oder ‹Ingelein›. Er hat ihr auch die Telefonnummer geschickt. Was tun? Sofort anrufen? Nein, besser morgen. All dieses Zögern entspricht nicht ihrem Naturell, und vielleicht irritiert sie das noch mehr. Ist sie zufrieden oder nicht, dass sie endlich eine Antwort bekommen hat? Sie hat entschieden. Sie wird es morgen tun. Morgen wird sie ‹Papa› anrufen.

Am folgenden Tag bleibt Inge ein wenig länger im Bett. Sie wartet, bis die Hausherren die Wohnung verlassen und zur Arbeit gehen. Das ist nur eine Vorsichtsmaßnahme, morgens ist sie meist alleine in dem großen Penthouse.

Inge genießt bereits ihr ruhiges Frühstück mit Blick auf den Central Park. Ja, der Indian Summer ist wirklich vorbei: Ulmen, Birken und Kirschen verlieren langsam ihre Farben; wo vorher bronzefarbenes Dickicht war, sieht man jetzt die Astgabeln.

Auf dem Esstisch findet sie eine Postkarte aus der Schweiz. Sie ist von Gassy!

> «Liebe Inge, grand merci für Deinen Brief, den ich heute Morgen in meine zarten, dennoch säurezerfressenen Hände gelegt bekam. Kriegst Du nicht bald den Drehwurm, wenn Du so ohne lange Nervenpausen um den Erdball schlidderst wie auf einer

Rutschbahn? Paß nur auf, daß Du nicht plötzlich den Schwerpunkt verlierst und ins Weltall abrutschst – vielleicht dem lieben Gott geradezu auf die Nase. Gassy.»

Wäre da nicht der letzte Satz gewesen, der sie zum Lächeln bringt, wäre Inge vielleicht von Melancholie und Traurigkeit überwältigt worden. Wie ihr Gassy fehlt! Einen Augenblick lang gestattet sich Inge die Erinnerungen an die Schulzeit in Göttingen, an die Stunden, die sie mit ihrer Freundin im Inneren der Kaserne verbracht hat, mit den Pferden, auf Tanzveranstaltungen, erst mit Otto Hack und dann mit Günther, dem Physiker. Eine schöne Zeit, trotz des Krieges und der Entbehrungen. Und dann erst ihre nächtlichen Streifzüge, um ein wenig Obst und Gemüse zu stehlen. Damals war ‹Papa› schon fort, um sich vor den Nazischergen in Sicherheit zu bringen, wie sie ihre Mutter einmal genannt hat. Sie ist traurig, dass sie sich an so wenig von ihrer Kindheit in Essen erinnert. Nur an die Stimmen der Eltern, die Angst, das Bett, auf dem sie nicht einschlafen konnte. Weiter erinnert sie sich, dass ihre Mutter häufig fort war. «Papa muss Deutschland verlassen», sagte sie. Jedes Mal, wenn die Mutter von diesen Erkundungstouren zurückkam, brachte sie Inge holländische Schokolade mit köstlicher roter oder gelber Cremefüllung mit. Daran erinnert sich Inge genau. Und je mehr ihre Mutter unterwegs war, desto mehr verschwand auch Väti. Und irgendwann war er einfach weg, emigriert, erklärten sie ihr. Emigriert, ein anscheinend so harmloser und doch so bedeutungsschwerer Ausdruck. Danach der Krieg und ...

Der Frühstückskaffee ist kalt geworden. Es ist neun Uhr, vielleicht noch ein wenig früh, um Väti anzurufen. Inge wühlt in ihrer Tasche, sucht die beiden Filmrollen, die sie im

Labor der *Harper's Bazaar* entwickeln lassen will. Wenn die Fotos von Rawlings akzeptabel sind, will sie in dieser Woche auch die Porträts der Fotografen schreiben und alles an die *Constanze* und an Ulrich Mohr schicken.

An jenem Morgen lässt die Sonne auf sich warten. Inge läuft nervös durch die Wohnung. Sie kommt an dem neuen Sofa vorbei: das alte, aus Leinen und wunderschön, hat sie einige Tage zuvor ruiniert, indem sie gedankenlos die flüssigen Chemikalien darauf liegen ließ, die sie benutzt, um den Blitz aufzufüllen; wegen des Bedauerns und wegen der quälenden Gedanken, wie sie dieses Desaster wiedergutmachen könnte, hatte sie mehrere Nächte schlecht geschlafen. Jetzt muss sie etwas finden, um Zeit totzuschlagen, darum ruft sie im Studio des Fotografen Irving Penn an. Sie hätte gerne auch ihn in ihrer Porträtserie. Inge weiß, dass er noch bis vergangene Woche in Paris war, vielleicht ist er nun zurück. Doch eine leicht pikierte Stimme am anderen Ende informiert sie, nein, er sei noch nicht zurückgekehrt. Inge räumt die Küche auf. Dann macht sie ein bisschen Wäsche. Es wird zehn. Auf dem Wohnzimmertisch sieht sie eine Ausgabe des *New Yorker*. Oh Gott, sie hat Tüngel von der *Zeit* komplett vergessen. Er wird sicher schon nach Deutschland zurückgekehrt sein. Schade. Aber ein Versuch kostet nichts. Sie ruft die Redaktion des *New Yorker* an. Ja, Herr Tüngel würde noch bis Samstag in New York sein, sagt ihr eine Redaktionsassistentin. Im Augenblick sei er jedoch in einer Besprechung. «Rufen Sie in einer Stunde wieder an. Soll ich etwas ausrichten? Sagen Sie mir noch einmal Ihren Namen?»

Eine Stunde später ruft Inge wieder an und spricht mit Tüngel. Er freut sich, von ihr zu hören, und fragt: «Haben Sie schon eine Verabredung zum Mittagessen? Falls nicht, könnten wir zusammen in Little Italy etwas essen gehen», schlägt er vor. «Schaffen Sie es, um viertel nach zwölf am Washington Square Park zu sein?»

«Sicher», antwortet Inge. «Mit der U-Bahn brauche ich nicht lange.»

Inge fühlt sich viel leichter. Sogar glücklich. Väti kann bis morgen warten.

Nicht mal eine halbe Stunde später kommt Inge an der Haltestelle Broadway/Bleecker Street heraus. Wie es aussieht, ist Tüngel noch nicht da ... doch, da ist er. Er macht ihr ein Zeichen. Sie umarmen sich wie alte Freunde; es ist schön, wieder Deutsch zu sprechen. Tüngel fragt, ob es ihr gelungen sei, einige Projekte umzusetzen. Ja, sie sei ganz zufrieden mit ihrer Arbeit bisher, erklärt sie, eines ihrer Fotos sei sogar von der *Life* gekauft worden. Inge holt ein paar Kontaktabzüge aus der Tasche und zeigt Tüngel die Fotos, die sie von Avedon, Rawlings und Blumenfeld gemacht hat. Er kann es kaum glauben, auch wenn er nicht vollkommen überrascht ist. Schon auf dem Schiff, das sie in die Vereinigten Staaten brachte, hat er verstanden, dass Inge nicht nur überschwänglich, sondern auch sehr entschlossen ist. «Das scheinen mir sehr gute Arbeiten zu sein.»

Inge erzählt auch ihm, dass sie die Artikel in dieser Woche fertigstellen wolle. Und wenn das gelänge, könnten sie sich vielleicht am Freitag noch einmal treffen? Sie würde ihm gerne das Bündel mit der Bitte übergeben, es an die *Constanze* zu überbringen. Noch an diesem Nachmittag will sie die Abzüge im Labor der *Harper's Bazaar* abholen.

Tüngel sagt erfreut zu, und vielleicht auch mit leisem Bedauern, weil er Inge gerne beim *New Yorker* vorgestellt hätte. «Doch wie Sie selbst wissen, veröffentlichen sie selten Fotos.»

Um sich abzuheben, setzt die Zeitschrift tatsächlich auf lange Artikel, und der ikonographische Teil ist Sache der Illustratoren und Zeichner, in typisch angelsächsischem Stil. Das Verhältnis von Bild und Text ist damals nicht nur eine Frage von Ästhetik oder Gewichtung auf der Seite. Es geht um die Frage, wie Information vermittelt wird. Im Übrigen ist Tüngel gerade aus diesem Grund in New York. Die Zeitung, die er leitet, die *Zeit*, nimmt in diesem Kampf eine Vermittlerposition ein, zwischen denen, die primär auf das Bild setzen, wie *Time*, *Life* oder *Stern*, und denen, die sich wie die klassischen Politikzeitschriften und Nachrichtenmagazine weiterhin auf Texte konzentrieren. In einem Augenblick wie diesem, in dem die Ankunft des Fernsehens droht, die Karten auf dem Tisch neu zu mischen, hat die Ford Foundation einen Workshop organisiert und um die zwanzig europäische Verantwortliche aus dem Medienbereich eingeladen, wie eben Tüngel, um über das Verhältnis von Bild und Text zu diskutieren.

Inge ist inzwischen dazu übergegangen, ihm von ihrem Vater zu erzählen, der ganz in der Nähe sein könnte, und von den zwei Porträts, die sie inständig hofft, vor ihrer Rückkehr nach Europa noch aufnehmen zu können: Irving Penn und Robert Capa.

Dieses Mittagessen war ein wenig so, wie nach Hause zurückzukehren. Inge hat sich geöffnet, und vielleicht ist sie nun endlich bereit, ihren Vater anzurufen. Auf dem Rückweg holt sie die Abzüge in der *Harper's Bazaar* ab. Es ist beinahe siebzehn Uhr, als sie ihr Zimmer im Penthouse betritt. Sie legt sich einen Augenblick aufs Bett, verscheucht die letzten Zweifel, geht zum Telefon, hebt den Hörer ans Ohr und wählt Vätis Nummer.

Am anderen Ende antwortet eine gewisse Frau Schönthal. Nein, leider sei Herr Siegfried Schönthal nicht zu Hause. Wenn sie so freundlich wäre, morgen zwischen neun und zehn noch einmal anzurufen.

«Sagen Sie mir Ihren Namen?»
«Inge Schönthal. Ich bin Siegfrieds Tochter.»
«Schönthal? *Okay, goodbye Miss Schönthal.*»
Was für eine Absurdität. Habe ich gerade mit Papas neuer Frau gesprochen?, fragt sich Inge. Wer weiß, ob sie Kinder haben. Die Stimme war angenehm, nur das Englisch verriet einen leichten deutschen Akzent.

Es gilt, über zwölf Stunden zu vertun bis zum nächsten Anruf. Inge prüft die Optionen, die ihr zur Verfügung stehen, dann sagt sie sich, dass dies die perfekte Gelegenheit sein könnte, um mit Nelly auszugehen. Nelly ist das schwarze Dienstmädchen der Morgans, und sie lebt in Harlem. Sie putzt, kocht, kurz, sie kümmert sich um alles, und sie und Inge haben sich immer gut verstanden. Nelly hat sie mehr als einmal eingeladen, zum Abendessen zu ihr zu kommen. «Nelly», fragt Inge, «wäre es gut für dich, wenn ich heute Abend zu Dir nach Harlem komme.» Später erzählt Inge davon in ihrem Tagebuch:

> «Nelly schaute mich überrascht an, dann lächelte sie. ‹Ich will Jazz hören!›, sagte ich zu ihr. Auf dem Weg nach Harlem stiegen immer mehr Weiße aus dem Bus und immer mehr N* stiegen zu. Zuletzt war ich die einzige Weiße. Ich bildete mir ein, daß mich alle anblickten. Nicht vorwurfsvoll, nicht kritisch. Und doch war es mir peinlich. Die jungen N*innen waren entzückend angezogen. Keineswegs auffällig. Dezent, grau in grau, sie trugen Schleier und ein wenig Schmuck. Viele waren wirklich geschmackvoll gekleidet. Der Omnibus schaukelte bis in die 157. Straße. Keine Nelly war zu sehen. Die zweistöckigen Wohnhäuser waren sehr düster. Die Fassaden hatten Feuerwehrleitern. Es war mir unheimlich, im Dunkeln glänzen die N* so. Da kam Nelly. Wir begrüßten uns herzlich und gingen in eines der

grauen Häuser. Nelly's Zimmer war einfach, aber sehr gemütlich – mit einer kleinen Küche und einer Brause. Vom Herd brachte sie Waffeln und gebratenes Huhn. Es schmeckte genau so gut wie in der Fifth Avenue. Nelly spielte mit Charme die Hausfrau. Sie hatte sich eine lange Samthose angezogen und einen hellen Sweater. Wir gingen los. Unterwegs kauften wir Whiskey. Das machen nicht nur die N* in Amerika. In Lokalen ist es verhältnismäßig teuer und niemand stört sich daran, wenn der Gast unter dem Arm Alkohol mitbringt. Unser Ziel war das Savoydancing. Das ist das vornehmste Restaurant in Harlem. Zwei Dollar Eintritt mußten wir bezahlen. Gegen 500 Menschen saßen in einem schönen großen Saal. Drei Orchester spielten. Alles blickte mich an. Ich war auch hier die einzige Weiße. Es schien mir auf einmal anmaßend, daß ich mich in diesen Kreis gedrängt hatte. Aber es wurde sehr nett. Wir bestellten Soda, zogen unsere Whiskeyflasche hervor und waren vergnügt wie alle anderen. Die Combos spielten ausgezeichnet, und mir machte es Spaß, daß ich am laufenden Band zum Tanzen aufgefordert wurde. Gegen Morgen begleitete mich Thomas, einer meiner Tänzer, nach Hause. Nelly gestattete es ihm.»

Am nächsten Morgen, um 9:20, kann Inge nicht mehr zurück. Sie holt einen Stuhl aus dem Esszimmer und trägt ihn in den langen Korridor, wo neben der Garderobe das Wandtelefon hängt. Sie wählt die Nummer, lässt lange klingeln, niemand geht ran. Hat die Frau nicht gesagt, sie solle zwischen 9 und 10 anrufen?

«*Hello?*» Wieder die gleiche Frauenstimme, endlich. «*I am sorry, he has just left*», aber Siegfried habe sie gebeten zu fragen, ob Inge um 15 Uhr in die Lobby des Hotel Commodore kommen könne, 42nd Street Ecke Lexington Avenue. Ob das passe? Einen Augenblick lang ist Inge wie gelähmt:

Der Vater will sie nicht in seiner Wohnung empfangen, das ist offensichtlich. Vielleicht hat er wirklich weitere Kinder bekommen, und jetzt schämt er sich. Aber sie hat keine Wahl.
 «Thank you, yes, I will be there at 3 pm!»
 Seltsam. Ihr Vater scheint schwerer erreichbar zu sein als ein Mode-Superstar.

Um Punkt 15 Uhr steigt Inge aus dem Autobus M2 auf der 42nd Street. Dieses eine Mal hat sie ihre Fotoausrüstung nicht dabei, sie trägt ihren Lieblingsrock und darüber einen dicken hellen Dufflecoat. Weihnachten steht vor der Tür. In der monumentalen Lobby des Hotels im Art-déco-Stil ist keine Menschenseele; in Hintergrund laufen Weihnachtslieder. Inge setzt sich auf einen braunen Ledersessel, von dem aus sie den Eingang im Blick behalten kann und gut zu sehen ist. Es kommt ein Mann um die Sechzig herein, der jedoch eilig den Saal durchquert und direkt auf die Toilette zusteuert. Es ist nicht Väti. Kurz darauf taucht derselbe Herr wieder in der Lobby auf, diesmal gemessenen Schrittes. Nein, das kann nicht der Vater sein, er kann nicht so grau geworden sein in den letzten fünfzehn Jahren. Und wenn sie sich gar nicht erkennen?

«Inge?», hört sie jemanden in ihrem Rücken fragen. Da ist er. Sie steht auf und fällt ihm in die Arme. «Papa, wie schön!» Diese Umarmung kommt ihr vor wie ein Sekundenbruchteil, oder vielleicht auch eine Ewigkeit. Es ist, als erlebe sie einen Augenblick bewussten Rausches. Inge löst sich aus der Umarmung, schaut ihm in die dunklen Augen, dann nimmt sie seine Hand. Sie ist immer noch genauso fein und weich wie in den Tagen ihrer Spaziergänge durch Essen. Dann setzen sie sich, aber warum gegenüber und nicht nebeneinander auf das große Sofa? Sie bestellen Tee. Sie unterhalten sich und lachen mehr als eine Stunde lang. Doch dieser kurze Anfangsmoment, dieses Gefühl tiefer Verbundenheit, ist fort. Es ist, als säßen sich zwei zutiefst verletzte Menschen gegenüber. Inge erzählt von den vergangenen Jahren in der Kaserne in Göttingen, vom Stiefvater und den Geschwistern, von ihrer Angst, sie würden sie aus der Schule jagen, weil sie Tochter eines Juden war. Der Vater erzählt ihr von seiner Zeit im Kriegsgefangenenlager in den Niederlanden. Sie hatten ihn drei Wochen lang eingesperrt, bevor sie ihm erlaubten, sich in die Vereinigten Staaten einzuschiffen. Während dieser Überfahrt hatte er seine jetzige Frau kennengelernt, auch sie Jüdin. Er ist sehr glücklich mit ihr. Auch wenn ihr Vater es nicht ausdrücklich sagt, versteht Inge, dass in diesem neuen Leben ihres Vaters kein Platz für sie ist. Das Treffen ist freundlich, doch gleichzeitig wirkt es wie ein gegenseitiges Verhör, als stünden einander beide in einer ungeklärten

Schuld und gar nicht recht wissen, warum. Inge hat das Gefühl, in diesem Augenblick zum zweiten Mal ihren Vater zu verlieren. Und diesmal für immer. Viel später einmal wird sie dazu sagen: «Das Blut hat nicht gerauscht. Aber irgendwie tat mir mein Vater auch leid.»

Es ist dunkel, als Inge benommen aus dem Hotel tritt. Väti hat sie noch einmal umarmt, aber diesmal unbeholfen. «Grüß mir Trudel», hat er gesagt. Dann ist jeder seines Weges gegangen. Das war`s. Inge würde gerne weinen, doch sie kann nicht. Das Mitleid von kurz zuvor weicht zunächst Enttäuschung, dann Wut und Trauer. Er wird noch von mir hören, denkt sie.

Es ist Hauptverkehrszeit, die Bürgersteige sind voller Menschen, die gerade von der Arbeit kommen und nach Hause eilen. Hie und da sind die Fassaden schon weihnachtlich geschmückt. Plötzlich spürt Inge, dass New York zu groß ist, zu laut, dass es ihr fremd ist. Sie betritt einen irischen Pub. Abgesehen von zwei Männern an der Bar ist das Lokal leer. Inge bestellt einen Whiskey und setzt sich an den abgelegensten und dunkelsten Tisch der Bar. Und da beginnt sie zu weinen. Vielleicht wäre es besser gewesen, gar nicht zu versuchen, den Vater zu treffen. Dieses Treffen war kein Neuanfang, sondern eher das Ende eines langen, schmerzlichen Abschieds.

Inge braucht ein paar Tage, bis sie wieder genug Kraft hat, die Kamera in die Hand zu nehmen und sich auf die Jagd nach neuen Geschichten zu begeben. In den Tagen zwischen Weihnachten und Neujahr organisiert die High Society New Yorks eine Menge Bälle, Wohltätigkeitsveranstaltungen und Benefizgalas. Durch die Freunde ihrer Gastgeber bekommt Inge

Zutritt zu einigen von ihnen. Als Erstes geht sie in die großen Ohrbach's-Kaufhäuser und kauft sich für wenige Dollar ein weißes Ballkleid aus Tüll, sehr bequem, weit genug, um die Fotokamera und den Blitz darunter zu verstecken. So ausgestattet gelingt es ihr, ein paar ansehnliche Schnappschüsse zu schießen. Bei einem Ball zu Ehren des Herzogs von Windsor verewigt sie einen jungen Mann, der mit Elizabeth Arden am Tisch sitzt, der berühmten Besitzerin der Kosmetikfirma: Die beiden unterhalten sich angeregt, Inge glaubt, es handle sich um einen berühmten Hollywood-Schauspieler. Stattdessen ist dieser Mann Senator von Massachusetts, John Fitzgerald Kennedy, der acht Jahre später der fünfunddreißigste Präsident der Vereinigten Staaten von Amerika werden wird.

Auf einer Benefizgala gelingt es ihr, Elsa Maxwell zu fotografieren, die korpulente und unangefochtene Königin der Klatschgeschichten der High Society von New York. Die Maxwell ist vor allem in Hollywood gefürchtet, ihre Schmähartikel haben mehr als einen Star zum Fall vom Olymp gebracht, doch ihre spitze Feder hat auch den Aufstieg wiederum anderer befördert. Mit anderen Worten, Elsa Maxwell fehlt auf keiner Party, und wo sie ist, sind die Berühmtheiten.

Inge hat die Idee noch nicht aufgegeben, den ungreifbaren Irving Penn zu treffen, doch sie weiß, dass dies kaum noch während der Weihnachtsfeiertage gelingen kann. Und dasselbe gilt für den berühmtesten Kriegsfotografen, Robert Capa. Sie erfährt, dass Capa in Europa ist und man nicht weiß, wann er zurückkehren wird. Über die Redaktion der *Life* versucht Inge, auch an Informationen über Werner Bischof zu kommen, einen weiteren berühmten Fotografen der Magnum, einen Schweizer. In der *Life* hat sie eine Reportage von Bischof über Indien gelesen, die sie sehr beeindruckt hat. Sie weiß, dass Bischof zu Beginn des neuen Jahres in New York sein wird, um dann nach Peru aufzubrechen. Auch dieses Treffen kommt nicht zustande. Zwei Jahre später verliert der aufsteigende Stern der Magnum sein Leben bei einem Autounfall in den Anden, kurz darauf gefolgt von Capa, der in Indochina an einer Mine stirbt. Kein gescheitertes Vorhaben kann Inge jedoch die Freude an dem ewigen Fest nehmen, das New York für sie bedeutet. Die Morgans legen sich weiterhin für sie ins Zeug. Sie laden sie zu Abendessen und zu Kulturveranstaltungen ein. In den Jazzclubs Village Vanguard und Birdland hört sie die besten Musiker und ihre Combos, darunter Charlie Parker und Miles Davis. Und doch fühlt sich Inge einsam, obwohl sie alles tut, um es zu verbergen, trotz der vielen Gesellschaft. Sie vermisst ihre Familie, ihre Mama, Maren und Olaf, und auch Günther. Sie denkt häufig an Rosmarie und die Kollegen von den Hamburger Zeitungen, an ihre Mittagessen oder auch einfach nur das Kaffeetrinken in der Mensa der Dpa. Aus Deutschland sind mehrere Glückwünsche zum neuen Jahr eingetroffen. Günther hat sie gefragt: «Wie geht es mit dem Geld, hast du noch genug?» Und dann ist er dazu übergegangen, ihr zu erzählen, dass in Göttingen bereits Vorbereitungen für den Karneval getroffen werden und dass es dieses Jahr in seinem Institut eine Kostümparty geben wird. «Hier sind alle aufgekratzt, wie im Rausch.» Auch der Verleger Heinrich Maria Ledig-Rowohlt hat ihr geschrieben. Er schickt seine besten Wünsche für ein glückliches 1953 und bittet sie, ihn so bald wie möglich anzurufen. Er braucht ihre Hilfe, und wer weiß, vielleicht könnte eine gute Geschichte für Inge dabei herauskommen. Mehr sagt er nicht, aber diese wenigen Worte genügen, um ihre Neugier zu wecken. Die Neugier war immer ihr Motor. Hans Huffzky hat ihr einen dicken Ordner geschickt mit den drei Ausgaben der *Constanze*, in denen ihre ersten Porträts der Modefotografen veröffentlicht worden sind. ‹Von unserer Fotoreporterin in New York›, steht darunter. Huffzky schreibt auch, er sei sehr stolz auf sie. Sie ist zufrieden, und auf gewisse Weise fühlt sie sich auch getröstet. Ihre Freundin Gassy dagegen wirkt ein wenig besorgt:

«Laß hören, um Himmelswillen, ich werde plötzlich von einer panischen Angst befallen, alles löst sich auf, gerät ins Schwimmen, es gibt so verdammt wenig feste Punkte, an denen man sich orientieren kann. Und sie sind doch so notwendig. Was machst Du drüben? Berichte ein bißchen, falls Du etwas Zeit erübrigen kannst, ich bin sehr gespannt zu hören, vor allem wünsche ich Dir wahnsinnig viel Erfolg, Gutes, Glück – es wird sicher alles Mögliche mit Dir passieren jetzt. Viele Grüße! Gassy»

Inge braucht eine ganze Woche, um den Verleger Ledig-Rowohlt ans Telefon zu bekommen.

«Wie schön, Sie zu hören. Wissen Sie, dass Sie inzwischen eine echte Berühmtheit sind? Die Portraits der Fotografen sind phantastisch. Vor allem das von Richard Avedon und dem Modell, hervorragend. Und wie geht es Ihnen? Gut?»

«Ja, hier läuft alles gut. Es ist natürlich sehr kalt, und die Stadt ist ein echter Melting Pot, wie man hier sagt.» Dann fragt sie ihn wegen des Briefes, er habe etwas Dringliches angedeutet.

«Ich brauche ein bisschen Zeit, um Ihnen die Angelegenheit zu erklären. Ich rufe Sie gleich zurück.» Doch bevor er auflegt, fragt er sie, ob sie sich erinnern könne, dass er ihr vor ihrer Abreise aus Hamburg von Ernest Hemingway erzählt hat, einem der Autoren seines Verlags. Es vergeht eine Weile, dann klingelt erneut das Telefon.

«Hier bin ich. Also, bezüglich Hemingway. Hatten Sie inzwischen Gelegenheit, eines seiner Bücher zu lesen? *Fiesta*, *Wem die Stunde schlägt* oder das neu erschienene *Der alte Mann und das Meer*?» Ledig-Rowohlt erzählt ihr, dass die deutschen Übersetzungen der Bücher von Hemingway ihn nicht mehr überzeugen. Die Sprache der Übersetzerin, die seit den Dreißigerjahren für Rowohlt arbeitet, ist zu antiquiert, zu geziert. Ihr fehle vollkommen der *sound* und der *groove* dieses Schriftstellers, der als der modernste unter den lebenden amerikanischen Schriftstellern gilt. Seit Monaten versuche der Verlag, schriftlich mit Alfred Rice, dem New Yorker Agenten Hemingways, in Kontakt zu treten. Aber vergeblich. Ledig-Rowohlt glaubt, dass der Agent, ein Jude, die Deutschen hasst und ihm darum die Übersetzungen ins Deutsche egal seien. «Meiner Meinung nach gibt es nur eine Möglichkeit, diese Angelegenheit zu lösen. Und zwar persönlich zu Hemingway nach Cuba zu fahren», sagt Ledig-Rowohlt. «Aber von Deutschland aus ist das zu weit. Darum haben wir uns gefragt, ob Sie nicht hinfahren könnten.» Von Florida aus wäre das ein Katzensprung. So ist Ledig-Rowohlt, denkt Inge, hat keine Ahnung von der Welt. Für ihn ist der ganze Kontinent in Reichweite, wenn man sich schon einmal in den USA befindet.

Hemingway lebt in der Finca Vigía, in San Francisco de Paula, einem kleinen Ort vor Havanna. «Wenn Sie uns dann noch ein paar Fotos von Hemingway und dem Ort mitbringen, an dem er lebt, wäre das phantastisch. Was sagen Sie? Übrigens ist seine vierte Ehefrau - Mary Welsh - eine ehemalige Fotoreporterin, etwas, das auch für Sie interessant sein könnte.» Inge sagt, dass sie gerne zu Hemingway fahren würde, was sie in New York vorhatte, habe sie ohnehin mehr oder weniger erledigt. Zuerst müsse sie sich jedoch informieren, wie sie am besten nach Kuba käme. Wahrscheinlich brauche sie ein Visum. «Sobald ich mehr weiß, rufe ich Sie an. Einverstanden?»

«Ja, natürlich», antwortet Ledig-Rowohlt, «ein bisschen Zeit haben wir, obwohl Hemingway bereits mehrfach als möglicher Kandidat für den Literatur-Nobelpreis gehandelt wurde. Das letzte Buch, *Der alte Mann und das Meer*, wurde auch für den Pulitzer-Preis nominiert. Darum brauchen wir dringend bessere Übersetzungen.»

Wegen des Visums gibt es keine Probleme, Inge denkt, sie könnte Mitte Februar in Havanna sein.

Ihr Geld ist zwar knapp geworden, rund 140 Dollar hat sie noch. Freunde haben ihr geraten, in den Zeitungen mit Lokalteil nach einer Mitfahrgelegenheit Richtung Miami zu suchen. Das sei hier gang und gäbe. Von Miami aus sollte sie die billigsten Flüge auf die Karibikinsel bekommen. Tatsächlich findet Inge in der *New York Times* eine Anzeige: *Kostenlose Fahrt nach Miami, wenn man sich als Fahrer abwechslungsweise ans Steuer setzt.* Inge meldet sich auf die Annonce.

Wieder einmal steht Inge Schönthal, Fotoreporterin, an einem kühlen Morgen mit Sack und Pack und all ihren sieben Sachen an einem Straßenrand und wartet. Es ist Mitte Februar 1953, 10 am. Die Sonne scheint. Das neueste Modell einer türkisblauen Chevrolet Limousine sollte hier an der Ecke Grand Street/Bowery vorfahren, um sie abzuholen. Steht sie wohl richtig? Chevrolets in dieser Farbe scheinen gerade in Mode zu sein. Aber es hält keiner. Um 10 Uhr hatten sie vereinbart. Jetzt tuckert gemütlich ein dicker Straßenkreuzer der besagten Marke und Farbe an. Trotz Halteverbot fährt der Lenker ziemlich schroff auf den Gehsteig. «Zwei eher unsympathische Männer mittleren Alters steigen aus, Typus weiße Südstaatler, der eine mit einem gigantischen beigen Stetson auf dem Kopf, als wäre er gerade vom Pferd gestiegen, der andere mit einer zerknautschten Baseballmütze, beide gut genährt.» Sie stellen sich gar nicht erst vor, geben Inge flüchtig die Hand. «Nice to meet you!» Es käme keinem der beiden in den Sinn, Inge das Gepäck abzunehmen und im Kofferraum zu verstauen. Sie steigen wieder ein, natürlich beide vorne. Inge verzieht sich hinten rein, schiebt ihren Koffer und die Reisetasche auf dem langen Hintersitz auf die andere Seite. Kaum hat sie es sich etwas bequem gemacht, durchfahren sie schon einen langen dunklen Tunnel. Aus dem Autoradio ertönt gerade flotter Bluegrass mit rasendem Banjo.

Gesprochen wird vorerst kaum. Und auch später nur spärlich. Inge erfährt im Verlauf der 1300 Meilen langen Fahrt, dass die beiden im Staat Virginia leben und bei Farmern arbeiten. Mit dem Überführen von Autos, meist aus dem Norden der USA in den Süden, verdienten sie sich alle paar Monate noch etwas dazu, sagt der eine. Das Fahren auf den breiten Highways genießen sie sichtlich und paffen dabei fast ununterbrochen ihre filterlosen Chesterfield. Inge dreht regelmäßig das Fenster auf, um im Fond den Qualm etwas abzulassen. Die Straße ist nur schwach befahren, ab und zu ein Greyhound und deutlich mehr Trucks als Limousinen. Es beruhigt sie, dass die zwei Kerle die Strecke offensichtlich sehr gut kennen, jede Tankstelle intus zu haben scheinen und auch die billigsten Motels und Diners anpeilen, als wären sie Stammgäste. Ganz wohl ist Inge aber nicht in Gesellschaft der zwei Typen. Bedrängt wird sie nicht, jedoch der eine, der sich ein wenig wie der Chef aufspielt, raunzt ab und zu irgendetwas vor sich her, während der andere immer genau gleich mit einem befremdlichen Geräusch reagiert, das verklemmt zwischen einem Grunzen und Gackern oszilliert. Jedenfalls ist Inge abends heilfroh, wenn sie im Motel die Tür hinter sich verriegelt hat und nach gut 12 Stunden Fahrt etwas Ruhe findet. Sie schläft allerdings nur oberflächlich, nachdem sie im Chevrolet meist während der Fahrt - in voller Länge auf der breiten Hinterbank ausgestreckt - schon ein paar Stunden vor sich hin dämmern konnte. Ans Steuer wird sie nur wenig gebeten. Und es ist ihr ganz recht so. Zwar hatte sie in Hamburg schon vor drei Jahren den Führerschein erworben, ist aber nur in Ulrich Mohrs VW Käfer bei Gelegenheit am Steuer gesessen. Huffzky hatte Inge einmal angeboten, seinen Borgward zu fahren, damit sie vor ihrer Reise in die USA auch das «Fahrgefühl mit einem Automaten» kennenlernen könne. Das sanfte Hingleiten auf dem breiten Highway hat Inge durchaus Spaß gemacht. Aber die zwei Mitfahrer haben dem smarten *german girl* als Lenkerin nur bedingt getraut.

Schade nur, dass Inge die vorbeiflitzende spätwinterliche Landschaft, die endlosen grau-gelben Weiten nur sporadisch genießen kann, weil sie sich meist ins Dunkel des Fonds verkriecht und denkt, da wolle sie jetzt einfach schnellstmöglich hindurch. Und die beiden Typen scheinen auch immer grantiger zu werden.

Es ist bereits dunkel, als die drei in Miami einfahren. Inge wird am nördlichen Stadtrand bei einem Busbahnhof recht eigentlich abgestellt. «Thanks.» Da steht sie. Aus einem Bus steigt gerade schnatternd und lachend eine Handvoll Stewardessen einer lokalen Fluggesellschaft. «Sorry», wendet sich Inge an eine von ihnen, «do you know a cheep possibility to sleep here around - may be a youth hostel or a welfare hotel?» Die jungen Flugbegleiterinnen schleppen Inge gleich mit. «Komm, Du kannst bei uns übernachten. Wo willst Du überhaupt hin?» «Nach Havanna. Ihr wisst bestimmt, wo ich die billigsten Flüge dorthin kriege.» «Klar doch», sagt eine Stewardess, «von Miami aus musst Du für den Flug mit 28 Dollar rechnen. Billigere Flüge kannst Du von Key West aus bekommen - wohl für keine 10 Dollar.»

Andrentags stellt sich Inge wieder an den Straßenrand, um per Anhalter nach Key West zu kommen. Ein Taxi mit zwei offenkundig angetrunkenen Fahrern nimmt sie nach wenigen Minuten mit. Die Luft im Auto ist stickig. Die zwei Typen reichen sich während der Fahrt eine Whiskey-Flasche hin und her. Dieser Trip wird infernalisch. Der Fahrer dreht das Tempo hoch. Dazu hat Inge in ihren Notizen festgehalten:

‹Hier kommst Du nie wieder raus, dachte ich. Die Männer vor mir sahen sehr finster aus. Sie hatten die Mütze hinter das Ohr geschoben und beobachteten mit durch den Rückspiegel. ‹Bist Du verheiratet?›, wollte der eine wissen. ‹Nein›, sagte ich, und gleich dachte ich mir, dass das jetzt grundverkehrt war. Der andere wischte sich mit dem Handrücken über den Bart. ‹Eigentlich ein nettes Mädchen›, raunte er seinem Kollegen zu. (...) Was tust Du, wenn sie anhalten, ging es mir durch den Kopf. Es war eine einsame Kante: die Straße geht mitten durch das Wasser, sie verbindet unzählige winzige Inseln, die eigentlich die Südspitze der USA bilden. Steiniges Gelände und nur selten ein paar Büsche. Mir war alles verdächtig. Welcher Taxifahrer nimmt einen umsonst schon so weit mit? Ich kauerte mich immer mehr zusammen und beobachtete jede Bewegung. Nur, um etwas zu sagen, piepste ich nach einiger Zeit mit zitteriger Stimme: ‹Ich fahre nämlich zu Ernest Hemigway nach Kuba.› Da dreht sich der eine um: ‹Was?›, schrie er, ‹zu meinem alten Kumpel? Mit dem habe ich oft gefischt. Kennen Sie ihn?›

Und plötzlich scheint alles wie verwandelt. Es bahnt sich ein Gespräch an, der Ton wird immer freundlicher. Die Fahrer stellen sich mir vor und erzählten, dass sie schottisch-irischer Abstammung seien und alles daransetzen wollten, mich rechtzeitig zum Flugplatz zu bringen. Mir fällt ein Stein vom Herzen. Dieses Mal war die Phantasie mit mir durchgegangen. Die beiden sahen nur so wild aus, weil sie übernächtigt waren.»

Inge ist dem Erbrechen nahe, als sie in Key West ankommen. Die beiden Fahrer tun ganz erstaunt und entschuldigen sich: «Sie wollten doch so schnell wie möglich nach Key West?» Tatsächlich erwischt Inge am winzigen Flughafen von Key West, wo fast nur Maschinen der US-Army herumstehen, für 7 Dollar noch am gleichen Tag einen Flug in einem kleinen einmotorigen Propellerflugzeug. Der Moment der Ankunft in Havanna ist Inge unvergesslich. Es ist der 19. Februar

1953, 20:15 Uhr, 98 Prozent Luftfeuchtigkeit, 33 Grad Celsius. Sie geht von Bord, noch ohne konkretes Wissen, aber voll von malerischen Bildern einer geahnten karibischen Wirklichkeit, tut den ersten Schritt aus der kühlen Frische im Bauch der Propellermaschine hinaus in den Dampf und Geruch der tropischen Hitze. Wie die Umkehr der Geburt durchflutet sie dieser flimmernde Augenblick, schlürft sie in einem heftigen Sog aus ihrem satten Wohlgefühl hinaus, um sie in der nächsten Sekunde bereits in triefendem Schweiß wieder stehen zu lassen. Schwer atmet Inge den Geruch von Kerosin, Petroleum und faulenden Früchten ein. Ein paar barackenartige Gebäude stehen da, Flughafen kann man das schwerlich nennen. Spärlich wirft ein Scheinwerfer sein Licht über den holprigen Platz. Inge fehlt noch jeder Ortssinn. Sie tapst irgendwie mit allen anderen Angereisten einer Leuchtschrift HABANA IMIGRACION entgegen. Sie stellt sich brav in eine wartende Menschenschlange. Nach einer knappen Stunde kann sie den Einreisebeamten in seinem tristen, mit grellem Neonlicht beleuchteten Kabäuschen aus Holz und Glas passieren und bekommt ihren Stempel in den Pass gedrückt. Vor dem Flughafen sind nichts als laute, stark riechende Dunkelheit und das rhythmische Zirpen der Grillen. Kein Bus weit und breit.

Dann durchschneiden plötzlich zwei helle Scheinwerfer die Dunkelheit, und ein Taxi nähert sich schaukelnd. Inges erster Impuls wäre wegzulaufen, doch der Taxifahrer hat ein freundliches Gesicht und verlangt nur einen Dollar, um sie in die Innenstadt zu bringen. «Bueno, vamos!»

«Hotel?», fragt der Taxifahrer. Inge antwortet, dass sie noch nicht weiß, wo sie wohnen wird, und bittet ihn, sie in der Innenstadt abzusetzen, falls er nicht ein günstiges Hotel empfehlen könne.

«Claro, Señorita! El hotel Washington es bueno y barato!»
Das Hotel liegt in einer engen, schlecht beleuchteten Gasse der historischen Innenstadt. Es wirkt auf Inge bescheiden, aber alles in allem anständig. Der Fußboden ist mit wunderschönen Fliesen gepflastert, die Wände in einem hellen Smaragdgrün gestrichen.

Hinter dem Eingangsbogen liegt direkt die Rezeption, hinter der ein Holzbrett zu sehen ist, an dem eine Handvoll sehr schwer aussehende Schlüssel hängen. Da sind auch fünf korpulente Männer, die im kubanischen Stil gekleidet sind: enge Leinenhosen und weite *guajabere*. Inge stellt ihre Tasche ab und bedeutet, dass sie ein Zimmer brauche. Die Männer schauen einander an und danach sie. «Gut», antwortet einer von ihnen, während ein anderer einen Stuhl herbeizieht. Dann beginnen sie, vom bevorstehenden wunderbaren Karneval zu sprechen. Inge hat davon gehört, dass man, wenn man ein Zimmer für wenigstens acht Tage bucht, Anrecht auf Rabatt habe. Und so beginnt sie zu handeln. Zuerst werden zwei Dollar pro Nacht von ihr verlangt, am Ende einigen sie sich auf 1,75 Dollar. Inges Zimmer liegt im vierten Stock. Zwei der Männer tragen ihr Gepäck hinauf. Das Zimmer ist verdunkelt, durch die mattgrünen Vorhänge scheint spärlich das Licht. Dann ist sie endlich allein.

Das Zimmer hat alles Nötige. Toilette und Badezimmer befinden sich auf dem Gang. Inge kann es kaum erwarten zu duschen. Es kommt nur wenig Wasser. Sie setzt sich auf den Rand des Eisenbettes, vollkommen erschöpft. Was mache ich hier?

Um bei ihrer Ankunft nicht völlig unvorbereitet zu sein, hat sich Inge vom Archiv der *Time* einen ausführlichen Artikel über Kuba geben lassen. Ein knappes Jahr zuvor ist Fulgencio

Batista mit einem Staatsstreich erneut an die Macht gekommen und hat sich unverzüglich darangemacht, sämtliche Verfassungsgarantien über den Haufen zu werfen. In der Reportage der amerikanischen Zeitschrift wird auch Ernest Hemingway erwähnt. Angeblich ist er besonders häufig in einem Lokal namens *El Floridita* anzutreffen. Inge überlegt, es noch am selben Abend zu besuchen. Wer weiß, vielleicht wartet dort ein weiterer *moment décisif* auf sie. Es klopft an der Tür. Zögerlich geht Inge öffnen und steht einem riesigen, schnurrbärtigen schwarzen Kerl gegenüber, der fast den ganzen Türrahmen ausfüllt. Eingeschüchtert fragt Inge, was er wolle.

«Das Übliche», antwortet er.

«Nicht mit mir, tut mir leid», erwidert sie und schlägt ihm die Tür vor der Nase zu.

> «Es ist ein Stundenhotel. Ich muß unbedingt von dort verschwinden, und das so schnell wie möglich. Doch der Mann denkt gar nicht daran, von seiner Beute abzulassen. Also sage ich zu ihm: «Ich muß runter, wenn Sie wollen, können Sie mit mir mitkommen.»
>
> Er knurrt ein «gut» und trottet neben mir die Treppe hinunter. Ohne den Schlüssel abzugeben, bin ich schon auf der Straße und lege einen Schritt zu. Doch er läßt sich nicht abschütteln. Ich halte an, um Briefmarken zu kaufen. Er wartet auf mich. Dann, als ich um die nächste Ecke biege, sehe ich das Schild: «Familienhotel St. Carlos». Mit einem Sprung bin ich drin und sehe, daß dort nur friedliche, alte Leute wohnen. Es ist erheblich teurer als das Washington, aber inzwischen bin ich bereit, jeden Preis zu zahlen.
>
> Dem Mann und den fünf finsteren Gesellen des Washington erkläre ich, daß ich sofort wieder aufbrechen muß. Sie lassen

> mich mein Zeug holen und gehen, aber erst muß ich ihnen noch zwei Dollar auf den Tresen legen. Kaum bin ich zurück im Carlos, breche ich vor dem Portier in Tränen aus. Es ist zu viel auf einmal passiert. Als ich mich beruhigt habe, sage ich zu ihm, daß ich in Kuba bin, um Hemingway zu treffen. Als er das hört, sagt der Portier: «Ah, Papa!». Diesen Namen höre ich zum ersten Mal. Doch schon bald ist mir klar, daß ein Kubaner nur zwei Menschen meinen kann, wenn er «Papa» sagt: Papst Pius XII. oder Hemingway.

Die ersten Tage in Havanna fühlt sich Inge wie gelähmt. Sie weiß, dass sie sich auf ihre Arbeit, auf ihre Mission konzentrieren muss, aber die Versuchung, alles sausenzulassen und auf schnellstem Wege nach Deutschland und Göttingen zurückzukehren, ist groß.

Der Verleger Rowohlt hat ihr Hemingways Telefonnummer gegeben, und so zwingt sie sich jeden Morgen, als Erstes diese Nummer zu wählen. Das uralte Wandtelefon der Pension hängt in einem kleinen Nebenraum. Im Lauf der Tage versucht Inge es immer häufiger. Zu dem üblichen Anruf am Morgen gesellt sich ein weiterer am Mittag und manchmal noch einer am Abend hinzu.

Vergeblich.

Die seltenen Male, die jemand abhebt, offenbar ein Hausangestellter, den Inge mit ihren wenigen Worten Spanisch kaum versteht, bekommt sie die gleiche Antwort zu hören: «No, no, Papa no està, not here, perdón.» Sie hinterlässt die Telefonnummer der Pension mit der Bitte um Rückruf.

Vergeblich.

Die Pension verwandelt sich in ein gitterloses Gefängnis. Was tue ich eigentlich hier?, fragt sie sich immer wieder. Sie bittet das Personal, ihr sofort Bescheid zu geben, sollte

«Papa» sich melden. Doch «Papa» meldet sich nicht. Stattdessen bekommt sie Post aus den Vereinigten Staaten.

> Weitere Tage des Wartens vergehen, ehe ich die heiß ersehnten Empfehlungsschreiben aus New York erhalte. Dank ihnen lerne ich den Direktor der größten kubanischen Presseagentur, den Fernsehdirektor und weitere bedeutende Persönlichkeiten kennen. Endlich kann ich anfangen zu arbeiten, Fotos zu machen, sie zu verkaufen und ein bisschen Geld zu verdienen, das ich so dringend brauche.

Genau das hat Inge gefehlt, um wieder auf die Spur zu kommen. Sie spielt mit dem Gedanken, es so zu machen wie immer und direkt bei der Finca *Vigía* anzuklopfen. Sie sucht den Club der amerikanischen Journalisten auf: Vielleicht kann sie wenigstens dort ein paar angenehme Stunden verbringen und trifft jemanden mit einem direkten Draht zu Hemingway.

Eines Abends wird sie in einen hochexklusiven Nachtclub zwanzig Kilometer außerhalb der Stadt eingeladen. Dort, so verspricht man ihr, wird sie das wohlhabende Havanna kennenlernen, das feine Havanna, das sich niemals vor Mitternacht verabredet. Es gibt Tanzorchester, die Männer tragen Frack oder Smoking, die Damen sind ausnahmslos im Abendkleid. Inge wechselt von einem Tisch zum nächsten. Es gibt Hände zu schütteln, wichtige Leute kennenzulernen, sich ihre Namen und Funktionen zu merken. Der amerikanische Konsul ist da, der venezolanische sitzt mit seinem brasilianischen Kollegen Tisch an Tisch. Die älteren Herrschaften nippen Whiskey und knabbern Nüsschen, die jüngeren toben sich in schillernder Garderobe auf der Tanzfläche aus.

Der Gegensatz zu dem, was Inge in diesen Tagen auf den Straßen von *Habana Vieja* gesehen hat, könnte kaum größer sein. Nun hat sie das Havanna der oberen Zehntausend kennengelernt, und diese Stadt mächtiger, reicher Weißer gleicht einer mondänen Hölle aus Zerstreuung und Spaß, die nichts mit den bettelnden Frauen und Kindern zu tun hat, denen Inge bei ihren Erkundungen auf der Suche nach dem amerikanischen Schriftsteller begegnet. In Batistas Kuba sind die gesellschaftlichen Gegensätze gewaltig. Bis zum Sturm Fidel Castros und seiner *barbudos* auf die Moncada-Kaserne sind es nur noch wenige Monate, und sechs weitere Jahre müssen vergehen, bis Batista nach einem langen Guerillakrieg stürzt, doch allen ist klar, dass die Insel kurz vor dem großen Knall steht. Um es mit den Worten aus Michail Kalatozovs Film *Ich bin Kuba* von 1964 zu sagen: Kuba wurde der Zucker genommen, zurück blieben nur die Tränen.

Das zügellose Nachtleben übt auf Inge eine unwiderstehliche Faszination aus, doch schnell wird die junge Reporterin dessen überdrüssig.

Wo ist Hemingway? Was, wenn er sich nicht meldet? Was, wenn seine Gegenwart auf Kuba nur ein geschickt inszenierter Mythos ist? Den amerikanischen Journalisten, die sie trifft und um Informationen bittet, verschweigt sie, dass sie aus lauter Verzweiflung schon in einen Bus gestiegen und zu Hemingways Finca gefahren ist. Das Haus wirkte verwaist, mit verwitterten Mauern und verwildertem Garten. Vielleicht hat Hemingway die Insel tatsächlich schon vor Monaten verlassen, und die ganze Sache ist nur ein Scherz.

Die Journalisten warnen sie. Unangemeldet vor der Tür des Schriftstellers auftauchen? Gute Güte! Der Kerl ist unberechenbar, und es ist ein verdammtes Kunststück, ihn im richtigen Moment zu erwischen, also nach den üblichen zwei Drinks, die er häufig schon vormittags runterkippt, und bevor er mit irgendeinem illustren Gast auf unbestimmte Zeit verschwindet.

«Schlagen Sie sich den Irrsinn aus dem Kopf, Miss Schönthal», sagt ein Journalist unverblümt. Inge hört sich sämtliche gut gemeinten Worte an, doch ist nichts dabei, das sie nicht schon aus den Klatschblättern kennt. Angefangen bei Hemingways chinesischem Koch, der stets für zehn bis dreißig Gäste gewappnet sein muss, immerhin könnten alte Freunde aufkreuzen wie der Herzog von Windsor, Marlene Dietrich, Gary Cooper, Ingrid Bergman oder der Dirigent Leopold Stokowski, flüchtige Bekannte oder völlig Unbekannte. Glaubt man der Presse, muss eine Person für Hemingway lediglich interessant sein. Ein apartes Gesicht, vielleicht gezeichnet von einem Kampf oder einem Jagdunfall, ein Faible fürs Fischen oder fürs Boxen. Jockeys, Boxer, Stierkämpfer, Filmkomparsen, Generäle, Journalisten, spanische Loyalisten - Hauptsache, sie glänzen in dem, was sie tun, sind unerschrocken und im Zweifelsfall bereit, für ihre Berufung zu sterben. Und dann die Frauen ... große, kleine, blonde, rothaarige, mehr oder weniger kluge, aber allesamt faszinierend und einzigartig.

Ob an alldem etwas dran ist?

Und überhaupt, kann eine junge, deutsche Fotoreporterin interessant genug für Ernest Hemingway sein?

Inge ist zurück im Hotel und steht gerade unter der Dusche, als einer der Hotelbediensteten hereinplatzt. Er ist ganz außer Atem und verschluckt sich fast an seinen Worten, doch dann versteht Inge ihn.

«Señorita Inga, señorita Inga, Papa ist am Telefon!»

Inge springt in das erstbeste Kleidungsstück und stürzt hinunter. «Hello, I am Inge Schönthal», sagt sie.

«Are you from Rowohlt?»

«Yes», antwortet Inge, ohne zu zögern, als knipste sie einen Schnappschuss. Würde sie ehrlich sein und sagen, dass sie keine Angestellte des deutschen Verlegers ist, sondern lediglich seine Abgesandte, die den scheuen Schriftsteller unbedingt fotografieren möchte, folgte womöglich nur das Klicken des aufgelegten Telefonhörers. Bekanntermaßen hasst Ernest Hemingway Journalisten, doch vor seinem deutschen Verleger, der seit dreißig Jahren seine Bücher veröffentlicht, kann er sich nicht ewig verleugnen lassen. Heinrich Maria Ledig-Rowohlt habe sie gebeten, ihm einen Brief zu geben, haspelt Inge aufgeregt hervor, deshalb sei sie vor gut zwei Wochen aus New York nach Havanna gekommen. Seit Monaten würde der Verleger versuchen, Hemingway über seinen New Yorker Agenten Alfred Rice zu erreichen.

«May I come and visit you in San Francisco de Paula?»

Morgen Mittag würde passen, antwortet Hemingway. «Mein Fahrer holt Sie ab.» Nicht nötig, entgegnet Inge, sie nehme gern den Bus. «Wenn Ihnen das lieber ist. Dann also bis morgen zum Lunch.» Inge will sich gerade verabschieden, als der Schriftsteller hinterherschiebt: «Ah, vergessen Sie Ihren Badeanzug nicht.»

Hemingway hat offenbar blitzschnell eins und eins zusammengezählt. Wenn es dieser Frau nichts ausmacht, den Bus zu nehmen, ist sie wohl noch recht jung und wird im Badeanzug sicher eine gute Figur machen.

Angeblich ist Hemingway mit seiner jetzigen, vierten Frau, Mary Welsh, einer ehemaligen Kriegsreporterin der *Times*, sehr glücklich, doch Inge schwirren die Seiten der Klatschblätter durch den Kopf, in denen regelmäßig von all den zahllosen Liebschaften Hemingways berichtet wird. Alter Schürzenjäger.

«Hemingways Anwesen in San Francisco de Paula liegt rund zwanzig Kilometer außerhalb von Havanna. Die Busfahrt ist recht anstrengend, die Straßen sind voller Schlaglöcher. Irgendwann werde ich auf den Schoß eines Zimmermanns geschleudert, der sogleich die Gelegenheit ergreift und anfängt, auf mich einzureden. Weil ich nichts von dem verstehe, was er sagt, beschränke ich mich schließlich auf das magische Wort «Hemingway», und die Antwort läßt nicht auf sich warten: «Ah, Papa!». Der Mann bietet sich an, mir den Weg zum Haus des Schriftstellers zu zeigen. Die Ortschaft San Francisco de Paula ist von Schwarzen bewohnt. Die einstöckigen Holzhäuser sind alle rosa und gelb gestrichen, haben eine kleine Veranda und sehen alle gleich aus. Der Zimmermann, der meine Tasche trägt, biegt in eine Seitenstraße ein, und gleich darauf stehen wir vor einer Holzschranke mit einem verblichenen Schild, auf dem steht: «Zutritt des Grundstücks verboten! Besuch nur nach telefonischer Vereinbarung!». Vom Haus ist nichts zu sehen. Wir gehen einen schmalen, hohlen, von Kakteen gesäumten Pfad entlang, der ziemlich steil aufwärtsführt. Über uns bilden die Zweige voller großer, tropischer Blüten eine Art Kuppel, dann öffnet sich der Pfad plötzlich, und ich stehe vor einem zweistöckigen, von Kubanischen Königspalmen umstandenen Haus. Ein Altbau in typischem Kolonialstil mit einer turmartigen Aufstockung. Später finde ich heraus, daß der Turm das Refugium des Schriftstellers ist, wenn Gäste da sind und er in Ruhe arbeiten will. Das Arbeitszimmer besteht aus einem einzigen, großen Raum, möbliert nur mit einem riesigen Tisch und einem schweren Sessel aus rohem, schwarzem Holz. Von dort ist der Blick aufs Meer herrlich, in der Ferne sieht man sogar das rund zwanzig Kilometer entfernte Havanna. Hemingways Anwesen erstreckt sich über sieben Hektar und heißt Finca Vigía.

In der von einem Fliegengitter geschützten Haustür erscheint eine Frau. Sie trägt gelbe, kurze Hosen, ein Hemd der gleichen Farbe und Bastschuhe. Sie ist schlank, blond und ausgesprochen schön. Schätzungsweise kurz vor vierzig. Es ist Mary Hemingway, die vierte Frau des Schriftstellers. Er hat sie während des Zweiten Weltkriegs in London kennengelernt, als sie als Reporterin für das *Time Magazine* arbeitete.

Sie sieht zuerst mich und dann den bärtigen Zimmermann an, der noch immer meine Tasche trägt. Der Anblick des Mannes scheint sie stutzig zu machen.

«Ist der Herr Ihr Begleiter?», fragt sie.

«Nicht doch», sage ich und nehme dem alten Herrn mein Gepäck ab. Er lächelt und geht winkend davon.

Mrs. Hemingway und ich betreten das Haus. Plötzlich bemerkt sie meine Fotoausrüstung und sagt: «Um Gottes Willen, Sie werden doch keine Fotos machen wollen? Er darf den Fotoapparat auf keinen Fall sehen.» Und ohne noch etwas hinzuzufügen, greift sie sich die Ausrüstung und versteckt sie hinter einem Zeitschriftenständer, der so vollgestopft ist mit den neuesten Veröffentlichungen, daß er wie ein Kiosk aussieht.

Hemingway ist auf Jagd. Wir setzen uns an den Tisch und ich hole ein paar Zeitschriften hervor, die meine Fotos veröffentlicht haben. Darunter sind auch die meiner letzten Spanienreise, auf der ich unter anderem die Schauspielerin Joan Fontaine fotografiert und interviewt habe. Mary Hemingway kennt Spanien gut, was unsere Unterhaltung leichter macht, und von Minute zu Minute werden wir einander sympathischer.

Nach rund einer halben Stunde sagt sie: «Warum gehen wir nicht eine Runde schwimmen?»

Neben dem Haus gibt es ein hellblaues, rund zehn Meter langes und fünf Meter breites Schwimmbecken, eine Umkleidekabine und eine Dusche. Wir springen ins Wasser, und während wir dort herumplanschen, bringt uns ein schwarzer Diener mit nußbraunen Augen und belustigter Miene etwas Eisgekühltes zu Trinken.

Nach dem Bad werde ich zum Mittagessen eingeladen, an dem auch Hemingways Sekretär Roberto teilnimmt.

Es gibt fantastische Salate, ein pfeffrig scharfes Gericht und köstliche Erdbeertörtchen. Mrs. Hemingway hat das Essen selbst gekocht. Sie ist eine erstklassige Gastgeberin und hervorragende Köchin.

Sie bewirtet mich reichlich und weiß meinen Appetit offenbar zu schätzen. «Endlich ein Gast, der ißt. Die anderen haben immer Figurprobleme, vor allem, wenn sie – wie Marlene Dietrich – aus Hollywood kommen.»

Aber besonders zufrieden ist Roberto, weil er immer gehänselt wird, er würde zu viel essen. Endlich jemand, der mit ihm mithalten kann. Ich habe meinen Teller noch nicht leergegessen, als in der Tür ein bärtiger Hüne auftaucht, ein Schrank von einem Mann: Ernest Hemingway.

«Ich bin zu spät», entschuldigt er sich, und nachdem er mir einen raschen Blick zugeworfen hat, fügt er hinzu: «Übrigens, ich dachte, Sie wären neunzig!» Ich muß lachen, wir geben einander die Hand, und ehe ich verlegen werden kann, fängt Hemingway schon eine Unterhaltung mit mir an. Er fragt mich eine Menge Dinge; vor allem will er wissen, wie es seinem alten Freund Ernst Rowohlt geht. Ich fange an zu erzählen. Plötzlich schaltet sich Mrs. Hemingway ein: «Schau mal, was Inge gemacht hat. Sind die nicht großartig?» Sie holt die mitgebrachten Zeitschriften hervor. Ich bin völlig überrumpelt und werde rot. Jetzt weiß er, daß ich Reporterin bin, und ich fürchte, er könnte zugeknöpft reagieren und mich vor die Tür setzen. Doch weit gefehlt. Aufmerksam und sichtlich angetan betrachtet er meine Aufnahmen, streift sogar seine Hausschuhe unter dem

Tisch ab und macht es sich bequem. Ein Boy bringt eine Flasche Chianti, und die Unterhaltung setzt sich angeregt fort.

Hin und wieder spähe ich verstohlen zu meinem Fotoapparat hinüber. Was würde ich dafür geben, ein Foto zu machen! Aber ich sage kein Wort und denke bei mir, daß ich mit dem bisher Erreichten schon zufrieden sein kann. Wie ich im Laufe unserer Begegnungen jedoch immer wieder feststellen werde, ist Hemingway ein hochsensibler Mensch, der genau weiß, was den anderen durch den Kopf geht. Offenbar besitzt er einen sechsten Sinn, denn irgendwann sagt er zu mir: «Keine Sorge, Sie kriegen ihr Foto noch!» Ich überlege, daß es Zeit ist, zu gehen, doch Mrs. Hemingway nimmt meine Tasche und sagt: «Bleiben Sie doch zum Abendessen!» In heißen Ländern ist die Siesta überlebenswichtig, und auch im Hause Hemingway ist sie Pflicht. Meine überaus liebenswerten Gastgeber führen mich in die Bibliothek, ein geräumiges, ganz in weiß gehaltenes Zimmer. In den ebenfalls weißen Regalen drängt sich eine unglaubliche Anzahl Bücher, auf dem weißen Tisch liegen Stapel von Zeitungen, Zeitschriften und kleine, farbige Bände. Hemingway schüttelt mir die Kissen auf dem Sofa zurecht, und erst, als ich mich hingelegt habe, schleichen die beiden leise aus dem Zimmer. Ich schlafe sofort ein.

Als ich aufwache, ist Musik zu hören. Sie kommt aus einem schwarzen Kasten, Hemingways primitivem Radio. Es gibt nicht einmal einen Fernseher. Als die Sonne rasch sinkt, schlägt Hemingway vor, eine kleine Spritztour mit dem Auto nach Havanna zu machen, wo er Zeitungen kaufen will. Am Steuer sitzt sein Schwarzer Fahrer René Villarreal, der seit vierzehn Jahren bei ihnen lebt. Während René die Zeitungen holen geht, bringt Hemingway mich ins Floridita. Es ist voller Touristen. Kaum treten wir ein, erhebt sich ein Raunen, Murmeln und Tuscheln. Die meisten Touristen sind nur gekommen, um Hemingway zu sehen.

Wer Hemingway sehen will, weiß, daß er hierherkommen muß. Wir nehmen am Tresen Platz. Ich bin unglaublich stolz.

«Den gleichen Drink wie Papa?», fragt der Barmann.

«Sì, sì, señor!», antworte ich, und er schenkt mir einen doppelten Daiquiri ein. Ein höllischer Drink aus vier Teilen Rum, einem Spritzer Lime (eine Art sehr bittere Zitrone), zerstoßenem Eis und Rohrzuckersirup.

Die Touristen stürzen sich auf Hemingway. Manche wollen ein Autogramm, andere bestürmen ihn mit Fragen: Was schreiben Sie gerade? Was halten Sie von den Frauen? Wie stehen Sie zu den Atomtests? Er antwortet geduldig, freundlich und schlagfertig. Ein Lederhändler aus Chicago empfiehlt ihm einen bestimmten Reisekoffer. Ein recht korpulenter Texaner bezeichnet *Jenseits von Eden* als Hemingways schönstes Buch. Er bedankt sich höflich und sagt: «Sie haben recht, ein wirklich schönes Buch. Ich werde es meinem Freund Steinbeck sagen, wenn ich ihn sehe» (*Jenseits von Eden* ist nun einmal ein Buch von Steinbeck). Schließlich erkundigt sich eine Dame nach mir. «Eine Diplomatin aus Abessinien», raunt Hemingway.

Mehrere Stammgäste geben ihm einen Drink aus. Er nimmt die Einladung an, ohne zu trinken, und zahlt dafür die Rechnung von allen, die ihn eingeladen haben. Auf meine Frage, wie er diese Zudringlichkeit erträgt, antwortet er: «Nun ja, schließlich kaufen und lesen sie meine Bücher, und genau genommen, lohnt es sich, ihnen zuzuhören.»

Während des Abendessens sagt Hemingway zu seiner Frau: «Inge ist mächtig trinkfest.»

Als ich schließlich mit dem Bus ins Hotel zurückkehre, habe ich noch immer kein Foto, aber eine Einladung zum Mittagessen in einem chinesischen Restaurant am nächsten Tag.

Das Lokal befindet sich im fünften Stock eines Gebäudes im chinesischen Viertel und ist für seine Küche berühmt. Mit den Stäbchen ist Hemingway sehr geschickt. Als der Kellner abgeräumt hat, sagt Hemingway: «Schön, jetzt können wir unser Familienfoto machen.» Er, seine Frau, der Sekretär Roberto setzen sich in Pose, ich stelle den chinesischen Kellner hinter sie, um meinem Foto Exotik zu verleihen, dann schiebe ich die Hand in die Tasche und ... erstarre. Der Blitz ist da, aber der Fotoapparat nicht. Ich habe ihn im Hotel liegenlassen. Ich könnte heulen. Aber Hemingway und Roberto brechen in schallendes Gelächter aus. Für sie ist das ein fabelhafter Witz.»

Was ein Kurzbesuch sein sollte, wird zu einem fast dreiwöchigen Aufenthalt. Die Eheleute Hemingway bestehen darauf. Inge kann nicht in diesem Rattenloch von Pension bleiben, und sie haben reichlich Platz. Ein phantastischer Start, dem sogleich ein Fehltritt folgt. Ernest Hemingway denkt gar nicht daran, die Übersetzerin zu wechseln. Hat er sprachliche Gründe? Literarische? Nein. Die Sache ist viel prosaischer.

Der Nachname seiner altbewährten deutschen Übersetzerin, Annemarie Horschitz-Horst, ist zwar sehr aristokratisch, kann aber auch sehr vulgär klingen. Horschitz-Horseshit=-Pferdescheiße. Und das gefällt Hemingway sehr.

Inges Reportage für die Zeitschrift *Constanze*, die in der Juli-Ausgabe 1953 erscheint, ist eine regelrechte Hommage an den Schriftsteller. Zwischen den Zeilen klingt Inge fast wie gelähmt vor Bewunderung; so überwältigt ist sie nicht oft.

«Hemingway legt Platten auf, wie es gerade kommt, Jazz, uralten Blues, Armstrong und Klassik. Er liebt jede Musik, auch Oper.
Am Abend reden wir wieder lange über Spanien. Natürlich weiß ich, daß Hemingway eine große Leidenschaft für dieses

Land hegt. Doch ich war erstaunt, wie gut er sich auskannte. In jenen drei Wochen sollte ich noch so manches Mal ins Staunen geraten. Hemingway kannte sich mit so gut wie allem gut aus. Offenbar hatte er sich mit allem eingehend beschäftigt. Und sein Wissen war alles andere als theoretisch: Er kannte sich mit Boxen aus, als wäre er selbst sein Leben lang Boxer gewesen. Er kannte sich mit Tieren aus, daß selbst ein Fachmann blaß werden würde. Ich habe selbst miterlebt, wie die kubanischen Fischer ihn um Erklärungen zu einem bestimmten Fisch baten, zu welcher Art er gehört. Und auch die heerführenden Generäle eines beliebigen Landes würden grün werden vor Neid, wenn sie wüßten, wie unglaublich beschlagen er in Militärgeschichte ist. Seeleute würden ihm und seinen Navigationskünsten blind vertrauen. […] er ist der großzügigste Mensch, dem ich je begegnet bin. Doch ist es keine eitle oder wahllose Großzügigkeit, er sieht genau, wer bedürftig ist, wo Bedarf besteht. Er liebt es, sich mit Menschen zu unterhalten, und es ist ihm egal, ob mit einem Barmann, einer Lottoscheinverkäuferin, einem Journalisten oder dem Zuckerkönig, der bei ihm zu Gast ist.»

Schon bald stellt Inge fest, dass die amerikanischen Journalisten nicht gelogen haben. Dringende Angelegenheiten müssen beim Frühstück besprochen werden, denn ab Mittag ist Hemingway fast immer alkoholvernebelt; von Rum natürlich, aber auch von Martini. Manchmal hat er um 12:30 Uhr schon fünf Martini Drys intus. Wenn es dann Zeit für den Besuch im Floridita ist, kommen noch drei oder vier Gins und Daiquiris dazu.

Ab und zu fährt der Schriftsteller mit Inge zum Fischen hinaus. Auf der *Pilar* ist auch der befreundete Fischer Gregorio Fuentes, der für *Der alte Mann und das Meer* als Inspiration

diente. Inge hat den Fotoapparat immer bei sich, doch in den ersten Tagen verweigert sich Hemingway kategorisch, und es ist Fuentes zu verdanken, dass er sich schließlich erweichen lässt, denn der Fischer besteht auf einem Foto von ihnen dreien. Hemingway ziert sich noch ein Weilchen, dann gibt er nach. Doch vor dem richtigen Foto müssen Probeaufnahmen gemacht werden. Inge und der Fischer scheinen Spaß zu haben, Hemingway sieht eher aus wie ein alter Bär auf glühenden Kohlen. Sein Lachen wirkt gezwungen. Immer wieder springt Inge zwischen der Kamera und den beiden Männern hin und her, um den Selbstauslöser zu bedienen. Dann beschließen sie, auch einen Marlin mit aufs Bild zu nehmen. Der aus der Eiskiste gezogene Fisch ist steif wie ein Brett. Inge und Hemingway halten das mindestens dreißig Kilo schwere Tier am Schwert, Fuentes versucht, von hinten mit anzupacken. Eigentlich bräuchte es bei der bleiernen Wolke, die am tropischen Himmel hängt, ein Blitzlicht, doch es gibt keines, und so verleiht sie dem Bild ein kontrastvolles Weiß und Schwarz.

Da ist sie, die Aufnahme. Allerdings wird der Fischer, der wahre Schöpfer der Inszenierung, von den meisten Zeitungen herausgeschnitten.

Erst Wochen später wird Inge bewusst, dass sie einen einzigartigen Moment gebannt hat. Ein prophetisches Foto, das um die Welt gehen wird und ein Vorher und ein Nachher markiert.

Inges Lieblingsfoto ihrer in der Finca Vigía verbrachten Tage ist allerdings ein anderes. Es zeigt Hemingway schlummernd auf dem Wohnzimmerboden. Als der Schriftsteller Inge und ihren Fotoapparat im Halbschlaf bemerkt, wird er fuchsteufelswild. Es ist eines der seltenen Male in den drei Wochen, dass es dicke Luft gibt. Hemingway verbietet ihr kategorisch, das Foto zu seinen Lebzeiten zu veröffentlichen, und Inge verspricht es ihm.

Außer dem bereits erwähnten Rum hat Hemingway die Angewohnheit, zum Mittagessen eine oder zwei Flaschen

Rotwein zu trinken, am liebsten Valpolicella oder Chianti. Nach dem Mittagessen folgt eine Art Ritual, bei dem sich der Autor ein paar Kissen greift, sie auf den Boden wirft, sich darauflegt und eine kurze Siesta hält. Der Steinfußboden ist die einzige Oberfläche, die ein wenig Kühle verspricht. Inges Schnappschuss zeigt Hemingway in einem selten friedlichen Moment. Der massige Kerl, der gern den furchtlosen Abenteurer gibt, erscheint auf Inges Aufnahme fast verletzlich.

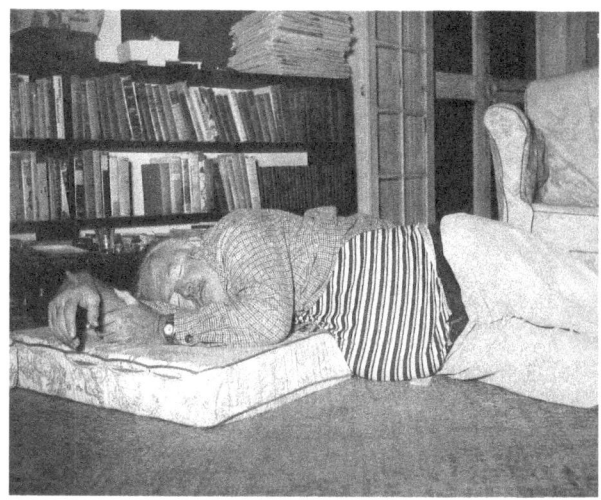

Nur selten sieht Inge ihn schreiben. Hemingway steht um sechs Uhr morgens auf und arbeitet drei bis vier Stunden.

> «Er schreibt eigentlich nur in seinem Schlafzimmer, trotzdem er einen Spezialarbeitsraum besitzt, einen viereckigen Turm, der ganz oben einen spartanisch eingerichteten Raum hat. Man hat von dort einen herrlichen Blick über die Palmen und weit in das grüne kubanische Land (grün sind dort Ananas und Zuckerrohr).

H. verzieht sich nur nach dort, wenn er Gäste hat und plötzlich allein sein will. Sonst arbeitet er in seinem Schlafzimmer.

Vor dem niedrigen, breiten Bett stehen einige Paar alte, ausgelatschte und zu große Sandalen-Schuhe, die 2 Nachttische links und rechts fließen über vor Büchern und Memos. Alle Wände des großen, rechteckigen Raums sind mit Bücherborten bedeckt, die überquellen von Büchern und alten Zeitungen, Zeitschriften. Beim Arbeiten steht H. an einem Architektenbrett, hat meistens einen oder beide Schuhe dabei vor sich stehen, und er schreibt mit der Hand und mit einem Bleistift, (auf dem Reißbrett liegen meistens 5-6). Er schreibt nur mit der Maschine, wenn es ihm leicht von der Hand geht (was ihm leicht fällt: z.Bsp. Dialoge). Er schreibt 500-1000 Worte am Tag, je mehr er schreibt, je weniger drückt ihn sein schlechtes Gewissen, wenn er dann mal wieder 1-2 Tage fischen geht.

Trotzdem man auf den ersten Blick glaubt, der Raum sei in fürchterlicher Unordnung, sieht man auf den zweiten, daß alle die scheinbar unnützen kleinen u. großen Dinge (Büffelhörner, eine Spielzeuglokomotive, alte Fotos etc., Bündel von Briefen mit alten Gummibändern verschnürt etc.) eine Ordnung haben und zu H. passen, sie haben ihren bestimmten sentimentalen Wert.

H., der ein wundervoller Erzähler ist, (wenn er dazu aufgekratzt ist, genauso gut schweigt er auch für Stunden, aber es ist kein arrogantes Schweigen) und ein erstklassiger Fachmann auf all den Gebieten, die ihn interessieren, spricht sehr ungern über seine Arbeit. Er ist abergläubisch darüber, trotzdem er so viele «facts» dazu sagen könnte, findet er, bei aller Solidität seiner «Schreibe», so viel Fragiles, Imponderables, das er nicht erklären kann. Er findet, daß Schreiben eine durch und durch private Angelegenheit ist, eine einsame. Trotzdem H. doch stets ein bewegtes, vergnügtes, amüsantes Leben geführt hat

und noch führt, tut er doch alles mit der gleichen tiefen Ernsthaftigkeit – er haßt alles Halbe, Inakkurate, alle Schwindelei, alle Vortäuschung.»

Kurioserweise schreibt er gern im Stehen. Die dunkelgraue Royal-Schreibmaschine thront auf dem in einem oberen Fach des Bücherregals platzierten *Who's Who in America*. Daneben liegt ein ungeöffneter Umschlag des Mailänder Verlegers Mondadori, flankiert von Louis Armstrongs Schallplatte *Satchmo at Symphony Hall*. Auch im Schlafzimmer häufen sich zahllose ungeöffnete Umschläge. Auf dem Schreibtisch herrscht ein einziges Chaos aus Briefen, Notizblöcken, Gewehrpatronen, Zigarettenschachteln und Stempeln. Von Anfang an gehört Inge zum Haushalt dazu. Alle geben sich die größte Mühe, es ihr so angenehm wie möglich zu machen: Der *Butler* René und der Fischer Gregorio stehen ihr rundum zu

Diensten und chauffieren sie auf Wunsch mit dem Chevrolet Kabrio Deluxe nach Havanna. Mary Welsh ist eine «vorzügliche Hausherrin». Nach dem Foto auf dem Boot hat Inge die Erlaubnis, nach Herzenslust zu fotografieren. Es wird eine regelrechte *Homestory* daraus, und eines Abends stellt sich Hemingway sogar zusammen mit dem Anthropologen und Autor Oliver La Farge, dem Verleger Lippincott Williams und dessen Frau hinter dem Tresen des Floridita für sie in Pose.

Nur einmal geraten «Papa» und Inge heftig aneinander. Hemingway kehrt schlecht gelaunt von einer mehrtägigen Bootsfahrt mit New Yorker Milliardären zurück. In einer Kneipe in Havanna kippt er ein Glas Rum nach dem anderen und fängt schließlich an, wie ein sadistischer, arroganter Kolonialist mit Kleingeld um sich zu werfen. Schubsend und zankend stürzen sich die Kinder darauf. Der völlig betrunkene Hemingway scheint sich köstlich zu amüsieren. Verstört sieht Inge dem Treiben zu und versucht, ihn davon abzubringen. «Hören Sie auf, was Sie da tun, ist furchtbar!» Da brennt Hemingway die Sicherung durch. Ausgerechnet eine Deutsche will ihm Benimm beibringen? Früh am nächsten Morgen packt Inge ihre Sachen, sie hat beschlossen zu gehen, doch den Schriftsteller scheint das nicht zu kümmern. Es ist der 5. März 1953. Offenbar ist Hemingway die ganze Nacht lang auf gewesen und hat Radio Moskau gehört. «Stalin ist tot!», hört sie ihn rufen. Inge reagiert nicht, sie will gerade gehen, als er sie zu sich ruft, um ihr eine Lektion zu erteilen. Weiß dieses kleine, dumme, deutsche Ding eigentlich, dass Stalin «ihr» Berlin befreit hat? Sein Gebrüll ruft Mary Welsh herbei, die Inge zum Bleiben überredet. Also bleibt Inge, und als der Moment der Abreise aus Kuba gekommen ist, schlägt

Hemingway ihr vor, ihn als Fotoreporterin auf eine Großwildjagd nach Afrika zu begleiten. «Das wäre mir dann aber doch zu abenteuerlich gewesen», schreibt Inge.

Die Begegnung mit Ernest Hemingway erweist sich für die Fotoreporterin Inge Schönthal als Knüller, der sie für einen flüchtigen Moment berühmt macht. Ehe sie Ende Mai 1953 wieder nach Hamburg aufbricht, verlebt sie noch ein paar Tage in New York. *Constanze* bringt das Foto mit Hemingway und dem Marlin auf dem Titel der Juli-Ausgabe. Danach erscheint es in *Picture Post* und in *Paris Match*. Alle wollen vor allem eines wissen. «Wie hat sich der berühmte Schriftsteller gegenüber dieser reizenden, jungen Reporterin benommen? Hat ihr der berüchtigte Frauenheld Avancen gemacht?» Ja, er hat versucht, «ein bisschen» zu flirten, doch mit seinen vierundfünfzig Jahren kam er Inge bereits uralt vor. «Auf mich wirkte er wie ein Achtzigjähriger. Außerdem war er mittags schon heillos betrunken.»

Vor allem ist Hemingway ein äußerst schwieriger Charakter. Aufgedreht, euphorisch, leidenschaftlich, manisch und ein großartiger Geschichtenerzähler. Doch er neigt auch zu Depressionen und zu langen Momenten der Einsamkeit, in denen er alles und jeden ausschließt. Doch die Kubaner, allen voran seine Angestellten, beten ihn an.

Am 23. Januar 1954, einige Monate nach Inge Schönthals Rückkehr nach Deutschland, verbreiten die Medien eine schockierende Nachricht. Es heißt, die Cessna mit Ernest Hemingway und seiner Frau Mary an Bord sei über dem Kilimandscharo abgestürzt. Die Wochenzeitung *Die Zeit* berichtet: «Zwölf Stunden lang waren «ganz New York» und wohl auch große Teile der übrigen USA in fieberhafter Aufregung. Das Radio hatte mitgeteilt, dass Ernest Hemingway mit seiner Frau im Flugzeug in Afrika, nahe dem Viktoriasee, abgestürzt sei. Sein Tod galt für sehr wahrscheinlich, wenn auch noch nicht für völlig sicher. Immerhin hielt eine besonders eifrige Sendestation am Sonntag, dem 24. Januar, abends bereits eine Totenfeier für Amerikas hervorragendsten Erzähler ab. Das Allererregendste an dieser Meldung aber war, dass sich das Unglück angesichts des höchsten afrikanischen Berges, des Kilimandscharo zugetragen hatte. Und Hemingways großartige Novelle heißt *Schnee auf dem Kilimandscharo* - und schildert, wie ein Schriftsteller angesichts dieses riesigen Schneeberges stirbt [...] Aber als man am nächsten Morgen aufwachte, geschah ein heftiges Telefonieren in Ganz New York, und einer teilte es dem andern mit: Hemingway lebt!»

Der *Spiegel* scheint nähere Einzelheiten zu kennen und berichtet seinen Lesern, es habe sich um eine Notlandung gehandelt: «Roy Marsh, der Pilot, kreiste noch ein paarmal über den Murchison-Fällen, dann drückte er die leichte «Cessna»-Mietmaschine hinunter in den Busch. Er machte eine ausgezeichnete Notlandung. Nur das rechte Rad des Fahrgestells ging bei Aufsetzen zu Bruch. Wohlbehalten marschierten Ernest Hemingway, Frau Mary und ihre Begleitung zu einer höher gelegenen Stelle nahe am Fluss und bereiteten sich auf die Dschungelnacht vor.»

Eine Geschichte wie für Hemingway gemacht. Inge ist jedenfalls heilfroh, seine Einladung zur Jagd nach Afrika nicht angenommen zu haben.

In den Jahren 1953 und 1954 ist Hemingway der unangefochtene Star der amerikanischen Literatur. Der Produzent Mark Hellinger, ein ehemaliger New Yorker Journalist, beginnt an der filmischen Umsetzung seiner Bücher zu arbeiten. Um sich die Rechte zu sichern, ist Hollywood zu schwindelerregenden Summen bereit. Im Literaturbetrieb ist Hemingway eine Art Popstar; sogar die Klatschblätter schreiben über ihn. Nach Inges Kuba-Aufenthalt macht sich Heinz Helfgen, Weltenbummler und Skandalreporter für die Frankfurter Boulevardzeitung *Abendpost*, ebenfalls auf den Weg dorthin. Das Blatt bewirbt seine Reportage mit marktschreierischen Tönen: «Helfgen traf den Meister der Kurzgeschichte, des Telegrammstil-Dialogs und der Boxer-, Jäger- und Weltenbummler-Erzählungen, den großen, trinkfesten Erzähler der ‹verlorenen Generation› in Havanna auf der Insel Kuba, dem Hemingway-Stammtisch.» In seiner Reportage prahlt der Journalist, er «habe Hemingway aufgespürt und den ganzen Vormittag mit ihm gesoffen. Ein vernünftiges Wort war nicht zu reden.» Eine regelrechte Hemingway-Jagd ist im Gang. Allein die *Constanze* steht mit drei weiteren Artikeln über ihn in den Startlöchern. Es wäre wohl übertrieben zu behaupten, Inges Reportage habe diesen Rummel ausgelöst; vielmehr war sich Inge womöglich gar nicht im Klaren, wie sehr ihre Reportagen Teil einer von Rowohlt verfolgten Verlagsstrategie waren. Mit dem Ziel, einen weiteren Beleg für den großartigen Riecher des Verlegers Heinrich Maria Ledig-Rowohlt zu liefern. Weil er bereits ahnte, dass Hemingway bald größte Ehren zuteilwerden würden, sollten die deutschen Ausgaben seiner Bücher davon profitieren können. Und Rowohlt lag richtig: Wenige Monate nach Inges Aufenthalt in Kuba erhält Hemingway für *Der alte Mann und das Meer* den Pulitzer-Preis und im Jahr darauf, 1954, den Literaturnobelpreis.

Durch ihre Fotos ist Inge plötzlich mitten im internationalen Verlagsgeschehen. Hätte ihr damals jemand gesagt, dass sie einige Jahre später selbst die Zügel eines Verlages in die Hand nehmen sollte, wäre sie vermutlich in schal-

lendes Gelächter ausgebrochen. Doch blickt man heute darauf zurück, zeugt das Foto-Orakel von einem bereits vorbestimmten Schicksal.

Inge spürt, dass sie eine bedeutende Bühne erklommen hat, auf der sie endlich selbst entscheiden kann, welche Aufträge sie annimmt und welche nicht. Sie weiß, dass man sie in der Verlagswelt schätzt, wenngleich das die Honorare nicht üppiger macht. Nur selten erhält sie einen Vorschuss und trägt das gesamte Risiko. Aber sie macht trotzdem weiter. Das ist jetzt ihr Leben. Seit Kurzem hat sie sich eine kleine Wohnung in der Hamburger Brahmsallee 15 gemietet, und die Ersparnisse reichen für einen VW-Käfer Kabrio. Dazu kann sie ihrer Mutter regelmäßig ein bisschen Geld nach Göttingen schicken. Alles läuft wie geschmiert. Inge lässt sich ihre erste Visitenkarte drucken. Ihr Kollege Ulrich Mohr ist hochzufrieden. Inges Fotos verkaufen sich bestens; schade nur, dass die Kunden nicht verlässlich zahlen. Aber Mohr weiß, was zu tun ist, damit Inge am Ende bekommt, was ihr zusteht.

Göttingen. Hamburg. New York. Havanna.

Es kann nur weiter nach oben gehen.

5
Bewährung an der Front

Neuntausend Kilometer und zehn Zentimeter.
Das ist die Entfernung, die Inge Anfang 1954 von Brasilien trennt. Die neuntausend Kilometer wären aber gar nicht das Problem. Das zunächst unüberwindliche Hindernis sind die verdammten zehn Zentimeter des Dickdarmfortsatzes. Ausgerechnet zwei Wochen, bevor die *Babitonga* von Hamburg in See stechen soll, meldet sich Inges Blinddarm.
Constanze hat sie mit einer neuen, großen Fotoreportage in Brasilien beauftragt, aber dieser nutzlose Darmzipfel will ihr einen Strich durch die Rechnung machen.

> «Beinahe hätte ich die Bucht von Copacabana, die Weekendhäuser des Ausflugsortes Petropolis und die schönen Mädchen von Rio de Janeiro verpaßt. Vierzehn Tage, bevor die ‹Babitonga› von Hamburg aus nach Brasilien in See stechen sollte, hatte ich's nämlich mit dem Blinddarm. Und schon lag ich unterm Messer. Mit unsicheren Knien und um meinen Blinddarm ärmer ging ich in Antwerpen doch noch an Bord.»

Diesmal findet die Reise nicht auf einem Luxusdampfer statt. Die *Babitonga* ist ein Handelsschiff mit siebenunddreißig Mann Besatzung und einem überschaubaren Grüppchen Passagieren, bestehend aus einer alten Dame, die es kaum abwarten kann, ihre Kinder in Brasilien wieder in die Arme zu schließen, einer deutsch-brasilianischen Lehrerin, einem Kühlschrankhändler und Inge.

«Einen Monat lang tummelten wir uns auf den Wellen, die Quecksilbergrau bis Salontintenlila fast stündlich ihre Farbe wechselten. Ich sonnenbadete, sternhimmelte und las mich vier Wochen lang durch die Riesenbücherkiste, die ich als ‹geistige Wegzehrung› mit an Bord genommen hatte.»

Wieder hat der Unternehmer Rudolf-August Oetker ihr die Überfahrt ermöglicht.

«Wenn ich an Rio denke, werde ich wohl immer nur dieses eine, unwahrscheinliche Bild vor Augen haben: die riesige Bucht des teuersten Wohnviertels der Stadt, Copacabana, mit ihren zwanzig Stock hohen Wolkenkratzern, vor denen sich weiß und wogenumspült der Strand ausdehnt, bunt betupft von Tausenden leuchtend farbiger Sonnenschirmchen.»

Mit gerade einmal dreiundzwanzig Jahren hat sich Inge das technisch-fotografische Rüstzeug angeeignet, mit dem sie nun um die Welt reisen kann. Sie besitzt einen eigenen Stil, eigene Ideen und obendrein eine ganz wesenseigene Leichtigkeit: Sie hat sich den *moment décisif* zu eigen gemacht. Zwar mag sie noch lange kein routinierter Profi sein, aber die eingeschlagene Richtung ist bereits klar erkennbar. Das beweist auch der immer geübtere Umgang mit einem weiteren kreativen Ausdrucksmittel: dem Schreiben.

> «In winzigen Bikinis mit saloppen Frotéejacken, Sonnenschirmchen unterm Arm, Slippern mit honen Keilabsätzen an den Füßchen und abenteuerlichen Clips an den Ohren, so trippeln die Damen ihrer Arbeit – oder besser, ihrem Vergnügen nach. Fast alle sind haselnußbraun, schwarzlockig und -äugig, manche von fast indianischer Schönheit, andere mit apart n*idem Einschlag – und alle peinlich sauber, obwohl die Wasserversorgung von Rio in der großen Hitze häufig versagt. Trugen die Schönen von Rio Kleider, so bevorzugten sie schwingend weite Röcke mit atemberaubenden 55-cm-Taillen. Wie und wo immer ich sie ansprach, auf der Straße oder am Strand sie waren von bezaubernder Liebenswürdigkeit.»

Nur am Ende des Artikels nimmt man eine leise Gesellschaftskritik wahr. Arbeit sei für viele Frauen bloß eine Art «Zeitvertreib».

Inges erste Brasilien-Reportage, *Die Schönen von Rio*, wird in der zweiten Mai-Ausgabe der *Constanze* veröffentlicht und enthält ein schönes Porträt mehrerer junger Frauen: Rachel, Architektin, Marisa, Redaktionssekretärin der Illustrierten *Manchete*, Lilith, Immobilienmaklerin, und schließlich Gisela, Angestellte der deutschen Botschaft, bei der Inge wohnt. Als Aufmacher dient das angeschnittene Foto einer

Mit der CONTAFLEX nach Südamerika —
— reiste die Constanze-Reporterin Inge Schoenthal, die hier aus ihrem VW heraus ein »Photo-Duell« mit einem Kollegen aus Rio austrägt. Diese einzigartige, einäugige Spiegelreflex-Kamera hat sich durch ihre Präzision und Einfachheit in der Bedienung die Kleinbild-Freunde erobert. Die Daten: Format 24×36 mm; Tessar 2,8/45 mm; 2 Entfernungsmesser u. a. Preis: nur 398,— DM

lächelnden Achtzehnjährigen, Lucy Lucena, die Inge am Strand von Rio kennengelernt hat. Lucy hat die junge Fotoreporterin auf Anhieb erkannt, denn *Manchete* hatte das Foto von Inge mit Hemingway und dem Marlin veröffentlicht. Die *Constanze*-Reportage schließt mit einer Ankündigung. In der nächsten Ausgabe wird Inge Schönthal vom Besuch «beim Reiseschriftsteller Richard Katz in seinem romantischen Haus unweit von Rio» berichten.

Während des Krieges emigrierte der Deutschprager Jude Katz zuerst in die Schweiz und dann nach Brasilien, dem er zahlreiche Bücher widmete.

Wieder eine große Chance. Doch Inge schreibt der Redaktion, sie habe andere Projektideen, die auf dem Papier vielversprechend klingen. Die erste ist ein Rundflug über Rio, die zweite, ehrgeizigere, soll sie sogar in den Amazonas-Regenwald bringen. Brasilien ist so riesig! Vielleicht kann Richard Katz noch ein bisschen warten.

In ihrem Brief erwähnt Inge auch, sie habe gerade den Leiter der Presseabteilung der größten lateinamerikanischen Fluggesellschaft Panair do Brasil kennengelernt. An den Nachnamen erinnert sie sich nicht mehr, doch der seltsame Vorname hat sich ihr eingebrannt. Mozart. Don Mozart für Inge.

«Seine Eltern müssen musikalisch gewesen sein.»

In den folgenden Reportagen widmet sich Inge ausführlich der Begegnung mit Don Mozart. Sie verabreden sich im Hotel Excelsior von Rio. Damit er ein bisschen über sie erfährt, hat Inge ihm den von *Manchete* veröffentlichten Artikel über Hemingway zukommen lassen.

> «Ein eleganter Herr mit dem obligaten schwarzen Bärtchen und im ebenso obligaten weißen Anzug erschien in der Hotelhalle und erklärte mir sofort, daß es des Zeitungsausschnittes nicht bedurft hätte, um mich bei seiner Gesellschaft einzuführen. Mein Name sei in aller Munde, er und seine Firma stünden mir zu Diensten. So höflich ist man in Rio.»

Ein solches Angebot lässt sich Inge natürlich nicht entgehen, und sie antwortet, sie würde Rio liebend gern von oben fotografieren und die Reportage an die führenden europäischen Zeitungen verkaufen. Das Freelancerinnen-Leben ist Inge wie auf den Leib geschneidert. Inzwischen hat sie genug Rückgrat und Verhandlungsgeschick, um sich ihre Themen auszusuchen und sie an den Meistbietenden zu verkaufen.

«Nicht nur die Bucht mit Zuckerhut und dem Strand von Copacabana. Das kennt man schon. Ich möchte gerne mit einem ihrer Piloten in die umliegenden Täler und Schluchten hineinfliegen, möglichst tief, Don Mozart, Sie verstehen?»

Ob seine Fluggesellschaft ihr wohl dabei helfen könne?

«Der Titel der Reportage könnte lauten: *So schön ist Rio von oben*. Das wäre doch eine wunderbare Werbung für Ihre Fluggesellschaft, meinen Sie nicht?»

In ihren Notizen hält Inge fest: «Das war eine, gelinde gesagt, unverschämte Anfrage, das war mir vollkommen bewusst. Doch Don Mozart zuckte nicht mit der Wimper und fragte mit typisch südamerikanischer Nonchalance: ‹Um welche Uhrzeit würden Sie gerne starten? Morgen früh könnte Ihnen einer unserer Piloten zur Verfügung stehen.› Himmel, was für eine Großzügigkeit, dachte ich bei mir.»

Doch es wird nichts daraus.

Während sich Inge und Don Mozart angeregt über Reisedetails unterhalten, sitzt ein Herr am Nachbartischchen mit spitzen Ohren daneben. Der betagte, recht beleibte Mann ist ebenfalls ganz in Weiß gekleidet und pafft eine dicke Zigarre. Schließlich steht er auf und wendet sich zum Gehen, doch dann bleibt er bei Inge stehen, murmelt etwas Unverständliches, reicht ihr mit einer diskreten Geste, die mit seiner Leibesfülle und Taktlosigkeit nicht recht zusammenpassen will, eine Visitenkarte und geht davon.

Inge hält das Kärtchen zwischen den Fingern, sie will dem Mann noch etwas sagen, doch er ist bereits fort. Sie dreht es um. Auf der Rückseite steht gekritzelt:

«Sehr geehrtes Fräulein, sollten Sie interessiert sein, würde ich mich freuen, Sie jederzeit und so lange Sie möchten im Hotel Amazonas in Manaus als mein Gast willkommen zu heißen.»

Inge hält Don Mozart die Karte hin, vielleicht möchte er mitlachen. Doch Don Mozart liest aufmerksam und nickt. Dann blickt er auf, zieht die Brauen hoch und schürzt die Lippen. Er ist beeindruckt, vielleicht sogar ein bisschen neidisch.

«Kompliment, *menina* Schönthal, Sie haben soeben eine persönliche Einladung des größten Versicherungskaufmanns von Brasilien erhalten, ein steinreicher Mann. Er stammt aus Manaus. Früher war seine Familie bettelarm, doch mit seinen Kautschukplantagen hat er ein Vermögen gemacht. Er hat sich in seiner Geburtsstadt sogar ein Denkmal errichten lassen.»

Als man mit Kautschuk noch Geld verdienen konnte, hatte Inges geheimnisvoller Verehrer in Manaus ein Luxushotel gebaut. Doch dann kam das Plastik, und von einem Tag auf den anderen brachte Kautschuk nichts mehr ein. Sämtliche daran geknüpfte Betriebe bekamen das zu spüren, darunter das bis dahin vor Unternehmern und Geschäftsleuten wimmelnde Hotel Amazonas. Inzwischen würden sich nur noch wenige Abenteurer in die Stadt verirren, aber mit ein paar abenteuerlustigen Touristen gelänge das Hotel natürlich nicht wieder zu altem Glanz, fährt Don Mozart fort. Doch vielleicht könnte eine Fotoreportage potenziellen, zahlungskräftigen Gästen in die Hände fallen und ein Wunder bewirken.

Inge ist leicht verwirrt. Der Name Manaus sagt ihr so gut wie gar nichts. Und der Mann mit der bekritzelten Visitenkarte könnte irgendein Unternehmer in Leinenhosen sein, der einen letzten, verzweifelten Versuch unternimmt, wieder auf die Beine zu kommen.

Aber spielen die Absichten des Mannes wirklich eine Rolle? Sich auf eine fotografische Erkundung in Brasiliens Norden zu begeben, könnte tatsächlich interessant sein.

«Und wenn ich Sie bäte, mir einen Flug nach Manaus zu organisieren?»

Don Mozarts eben noch verhaltenes Lächeln wird zu einem zustimmenden Lachen. Er steht auf, geht zum Telefon und wählt eine Nummer. Von ihrem Sitzplatz aus kann Inge nur ein paar Worte aufschnappen, «Señor presidente, ja, ja, señor presidente». Fast klingt es, als wollte Don Mozart den Chef der Panair do Brasil beschwichtigen. Als Don Mozart endlich auflegt – «Sicher, señor presidente, danke, bis bald, sicher, ja, señor presidente» – und zurückkommt, wird Inge klar, dass ihr neuer Freund etwas eingefädelt hat. Er zieht sie aus der Hotelhalle, sagt, der Präsident habe genau zehn Minuten, sie müssten sich beeilen, das sei eine goldene Gelegenheit, auch wenn Inge nicht sagen könnte, für wen.

Im Laufschritt erreichen sie die Büroräume der Panair, und ohne im Vorzimmer warten zu müssen, lässt die Sekretärin des Präsidenten sie sogleich in seinem Büro Platz nehmen.

«Er ist sofort da.»

Inge will gerade durch die Tür spähen, als ein tadellos gekleideter Herr energisch den Raum betritt. Sein militärischer Schritt ruft in ihr die Erinnerung an ähnliche Schritte wach, doch der Panair-Chef erweist sich als äußerst freundlich. Er ist sehr zuvorkommend und lässt dennoch keinen Zweifel daran, dass er nicht mit sich fackeln lässt und nicht lange fragen muss, um zu wissen, mit wem er es zu tun hat. Inge weiß diese Gabe zu schätzen. Offenbar vertraut er seinem Mitarbeiter, wenn er sich zu einem Treffen mit einer Unbekannten beeilt, doch vor allem will er sichergehen, dass es sich für seine Fluggesellschaft lohnt, einen Flug für umgerechnet zweitausend Mark aus dem Werbebudget für sie lockerzumachen.

Die Unterhaltung ist kurz, und der Chef gibt Inge zu verstehen, dass er sich über sie schlaugemacht hat. Wie es aussieht, hat er ihre Reportage in der *Manchete* gelesen, die wie zufällig auf der Schreibtischkante liegt.

«In Ordnung, *menina*», sagt er nach den von Don Mozart vorausgesagten zehn Minuten. «Donnerstag können Sie los. Guten Flug und guten Aufenthalt!»

Inge und Don Mozart nehmen denselben Weg zurück, doch diesmal muss Inge sich nicht wie ein verwirrtes Hündchen durch die Straßen zerren lassen. Die beiden sind bester Laune und beschließen, auf einen Cocktail in die Halle des Excelsior zurückzukehren.

Don Mozart hat die Stippvisite im Büro genutzt, um seine Post durchzuschauen und einen Umschlag voller Telegramme mitzunehmen, die er rasch überfliegen will. Eines davon lässt ihn stutzen.

«*Menina* Schönthal, wie es scheint, gibt es einen deutschen Journalisten, der die gleichen Pläne hat wie Sie. Bestimmt wieder einer von diesen pingeligen Deutschen», fügt er schmunzelnd hinzu. «Alle Deutschen sind pingelig.»

Inge geht auf seine Stichelei nicht ein.

«Wie heißt er?»

«Hier steht, Wolfgang Weber.»

Inge zuckt zusammen, und das Cocktailglas, an dem sie gerade nippen wollte, sinkt auf den Tisch zurück.

«Machen Sie Witze? Sagten Sie Wolfgang Weber?»

«Warum, kennen Sie Herrn Weber?»

«Klar kenne ich ihn. Alle kennen ihn. Unter deutschen Journalisten ist sein Ruf legendär.»

Nicht einmal Inges Scoop mit Hemingway kann sich mit Webers Karriere messen. Inge weiß, dass sie gegen ihn in jedem Fall den Kürzeren zieht.

Zwischen den beiden Weltkriegen arbeitete Wolfgang Weber für die legendäre *Berliner Illustrirte Zeitung*, eine Zeitschrift, die in Europa als Wegbereiterin des Fotojournalismus gilt. Angeblich hat er schon als Jugendlicher während des Ersten Weltkriegs Fotografien namenloser Soldaten gemacht. Dank der nur wenige Jahre zuvor in Produktion gegangenen ersten Kodak-Taschenkamera glückten ihm sehr private, geradezu intime Aufnahmen. Die kleine Kamera, die in jede Westentasche passte – oder in die Soldatenuniform, wie es auf den Werbeplakaten hieß –, erwies sich als ideales Werkzeug.

Doch inzwischen arbeitet Wolfgang Weber für die Nachfolgerin der BIZ, die *Neue Illustrierte*.

«Er ist ständig in der Welt unterwegs und landet immer einen Treffer», sagt Inge. «Er ist der Gründervater des Fotojournalismus, ein echter Star.»

Sie muss gar nicht aussprechen, was sie denkt. Dass Weber sich unter allen interessanten Orten des Planeten ausgerechnet diesen aussuchen musste, ist verflixtes Pech.

«Verstehe», sagt Don Mozart und versucht, sie zu trösten. Weber sei zwar nach Manaus unterwegs, aber offenbar habe er es auf eines der Wahrzeichen der goldenen Kautschuk-Zeit abgesehen, auf die städtische Oper. Das von Architekten und Künstlern aus ganz Europa erschaffene, prunkvolle Teatro Amazonas steht für die Glanzzeit des Kautschuks. Wie dem auch sei, die Stadt und der nahe gelegene Amazonas-Regenwald böten genug Platz für beide Fotoreporter.

Inge lässt sich nicht leicht in die Bredouille bringen. Zwar fehlt ihr der Weitblick, um die Situation zu erfassen, doch zum ersten Mal spürt sie, dass ihr der entscheidende Moment durch die Finger geglitten ist. Besser gesagt: Er wurde ihr weggeschnappt.

Für einen kurzen Augenblick verliert sich Inge in ihren Gedanken. Doch sogleich fasst sie sich wieder und lächelt Don Mozart leicht verlegen ob ihrer flüchtigen Verzagtheit an. Später wird sie in ihr Tagebuch schreiben: «Eines war mir klar: Ich musste Wolfgang Weber sprechen und ihn bitten, mir die Themen zu überlassen, die ich mir ausgedacht hatte. Aber ihn einfach im Hotel zu überfallen …… Je mehr ich darüber nachdachte, umso nervöser wurde ich.»

«Wissen Sie, wann er in Rio eintreffen wird?», fragt Inge.

«Ich glaube, er ist bereits in Brasilien. Soweit ich weiß, ist er in Curitiba, im Süden, wo viele deutsche Auswanderer leben. Morgen sollte er hier eintreffen.»

Ein Tag. Vielleicht ist es noch nicht zu spät.

«Wären Sie für einen kleinen Scherz zu haben?»

«Kommt darauf an», antwortet Don Mozart. Zum ersten Mal wirkt er leicht alarmiert und verschanzt sich hinter seiner Rolle. «Vergessen Sie nicht, ich bin der Leiter der Presseabteilung von Panair do Brasil. Ich habe einen Ruf zu verlieren.»

Inge wird ungeduldig. Sie steht auf, tigert nervös durch die Lobby, setzt sich wieder. Da macht Don Mozart ihr einen Vorschlag: «Weiß Wolfgang Weber, wie Sie aussehen? Kennt er Sie?»

«Das kann ich mir nicht vorstellen», antwortet Inge. Wer weiß, ob der große Fotoreporter sich ablichten lassen würde wie Blumenfeld, Avedon, Rawlings und Beaton. Doch so oder so ist Inge für ihn eine Unbekannte, und sie hat keine Ahnung, wie sie dieses leidige Hindernis aus dem Weg räumen soll.

«Ich hätte folgende Idee. Morgen wird Weber die Büros der Panair do Brasil aufsuchen, und dann werde ich ihn ins Hotel begleiten. Da kommen Sie ins Spiel. Sie tauchen zufällig in der Lobby auf, ich sehe Sie und werde Sie Señor Weber als die zurzeit beste brasilianische Fotoreporterin vorstellen. Beherrschen Sie ein paar Brocken Portugiesisch? Es wäre nützlich, wenn Sie eine Mischung aus Portugiesisch und Englisch sprechen könnten.»

Inge versteht zwar nicht recht, was Don Mozart vorhat, doch sie willigt ein. Inge kennt ein paar Brocken Português brasileiro, eine Handvoll Sätze aus dem Reiseführer und Wörter, die sie auf der Straße aufgeschnappt hat, doch die spricht sie fast so überzeugend, als wäre sie an der Copacabana geboren. Das sollte reichen, um Wolfgang Weber kennenzulernen. Letzten Endes ist er ein Kollege, von dem Inge etwas lernen kann.

Am nächsten Tag ruft Don Mozart sie an und bestätigt Webers Ankunft. Er wird im Excelsior absteigen. Das Treffen findet um 14 Uhr in der Hotelhalle statt. Inge hätte sich nicht gewundert, wenn Don Mozart im letzten Moment einen Rückzieher gemacht hätte. Aber nein ... Umso besser.

An diesem Dienstag herrscht eine unerträgliche Hitze, und es ist so feucht, dass die Kleidung nach zwei Schritten am Körper klebt. Die Wohnung der Botschaftsangestellten Gisela, bei der Inge wohnt, hat keine Klimaanlage. Nur im Wohnzimmer hängt ein unheilvoll scheppernder Deckenventilator, dessen alte Holzflügel sich so träge drehen, dass ihn anzuschalten reine Stromverschwendung ist.

Inge nimmt ein paar Kontaktabzüge ihrer jüngsten Arbeiten und verschiedene Zeitschriftentitel mit Hemingway und dem Marlin mit. Als sie die klimatisierte Halle des Excelsior betritt, sind Don Mozart und Wolfgang Weber bereits in eine Unterhaltung vertieft.

Weber sieht völlig zerknittert aus. Aber wie soll man auch aussehen, wenn man sich aus dem iranischen Winter geradewegs in die Tropenhitze von Rio stürzt?, überlegt Inge.

Wie am Vortag besprochen, stellt Don Mozart Inge als Ausnahmetalent des brasilianischen Journalismus vor.

Verblüfft und neugierig hört Weber zu.

«So etwas gibt es hier?», fragt er, und es ist ihm anzusehen, dass das Opernhaus von Manaus vielleicht doch nicht so aufregend ist wie das, was er gerade vor der Nase hat. Sein Vorschlag lässt denn auch nicht lang auf sich warten: «Wären

Sie einverstanden, das nächste Titelmotiv für die *Neue Illustrierte* zu sein?»

Im Gegensatz zu den lebenden Legenden der Fotografie, die sie vor die Linse bekommen hat, macht es Inge nichts aus, auf die andere Seite des Objektivs zu wechseln. Zwar ist sie nicht sonderlich erpicht darauf und taucht im Bild meist nur auf, um es zu beleben und der Szene eine Geschichte zu geben, aber sei's drum: Inge nimmt gerne an, und sie verabreden sich für den nächsten Tag zum Mittagessen, um die Einzelheiten zu besprechen. Don Mozart lächelt zufrieden.

Am kommenden Tag treffen sich die drei in der eleganten Cafeteria im obersten Stock des bedeutendsten Kaufhauses von Brasilien. Die Unterhaltung verläuft auf Englisch, hie und da durchsetzt von ein paar Brocken Portugiesisch.

Inge hat etliche Reportagen von Wolfgang Weber gesehen und gesteht ihm ihre große Bewunderung. Er ist sichtlich geschmeichelt. Beim Reden blättert sie durch die Zeitschriften, die Weber mitgebracht hat. Eine enthält eine Reportage aus Persien, wo der erneut an die Macht gekommene Schah systematisch seine Widersacher verfolgt. Auf einer Doppelseite ist ein Heckenschütze mit geschultertem Gewehr zu sehen – allerdings im Schlafanzug: eine verblüffende Aufnahme.

«Haben Sie dem jungen Perser gesagt, er soll sich einen Schlafanzug anziehen?», fragt Inge und schiebt, der Chuzpe nicht genug, hinterher, für sie sehe das Foto gestellt aus.

Weber mustert sie forschend, belustigt erwidert Inge seinen Blick. Hat sie ins Schwarze getroffen? Ihn entlarvt? Hat eine junge Reporterin den alten Haudegen erwischt und seine Tricks fürs perfekte Foto durchschaut?

Doch Weber denkt gar nicht daran, den Blick zu senken. Offenbar will er sie herausfordern. Jetzt ist Inge am Zug. In überdeutlichen Lettern zieht der soeben gesagte Satz vor ihrem inneren Auge vorbei, und unter den englischen und portugiesischen Wörtern blitzt das Quäntchen zu viel Keckheit hervor. Sie hat nicht «gestellt», sondern «getürkt» gesagt, obendrein ist ihr das Wort in ihrer Muttersprache herausgerutscht.

«Deutsche Kollegin?», fragt Weber, als er Inge blass werden sieht. «Alle Achtung, gut geschauspielert. Aber jetzt spielen wir mit offenen Karten.»

Also lässt Inge Englisch und Möchtegern-Portugiesisch sausen und erzählt Weber die erstaunliche Geschichte, wie sie über Nacht zur Fotoreporterin wurde. Sie zeigt ihm die Fotos von Ernest Hemingway und spricht über die herrlichen Tage auf Kuba.

«Tja, das macht Sie noch interessanter», bemerkt Weber beeindruckt.

Kurz nach zwei Uhr sind sie mit Don Mozart im Schlepptau am Strand von Copacabana. Mit einem Top, einem Foulard und silbernen Ohrringen setzt Inge sich in Pose, in der Hand das Cover der *Manchete* mit Hemingway und dem am Schwert gehaltenen Fisch, vor sich einen schwarzen Fischer, im Hintergrund den Zuckerhut.

Für ein paar Stunden verwandelt sich Inge in ein Model. Es ist ein schönes Spiel, das es zu genießen gilt, solange es währt, denn danach geht es zurück an die Arbeit. Apropos: Weber solle nicht vergessen zu erwähnen, dass sie für *Constanze* dort ist, bittet Inge ihn zum Abschied. «Sonst heißt es, adieu, Arbeit.» Und adieu Gehalt.

Ein paar Monate später erscheint das Foto auf dem Titel der *Neue Illustrierten*, begleitet von dem Aufmacher:

«Vor dem weltbekannten Wahrzeichen von Rio de Janeiro, dem 385 Meter hohen kegelförmigen Felsberg, traf Wolfgang

Weber dieses junge Mädchen, Deutschlands jüngste Weltreisende ...»

Weber schenkt Inge einen speziellen Sucher für ihre Leica, die sie sich vor Kurzem endlich gekauft hat. Ehe die beiden getrennt nach Manaus aufbrechen, nehmen sie sich vor, bald eine gemeinsame Reportage zu machen: er aus männlicher, sie aus weiblicher Sicht. Leider kommt es nie dazu. Hin und wieder schreiben sie sich und schicken einander Postkarten, sehen sich aber drei Jahre lang nicht wieder. Wenn einer der

beiden auf Durchreise in Hamburg ist, ist der andere in der Welt unterwegs. Die Manaus-Reportage schreibt Inge exklusiv für die Kundenzeitschrift von Oetker:

> «Nach sieben Stunden Flug setzten wir auf einem kleinen Flugplatz auf, der wie ein schmales Handtuch in den grünen Dschungel geschlagen war. In dem Augenblick, in dem die Tür geöffnet wurde, glaubte ich zu ersticken; wie der Dunst einer Waschküche legte sich die heiße und feuchte Luft auf meine Lungen. Der Ort, bei dem wir gelandet waren, hieß Manaus. Manaus war wirklich eine seltsame Stadt. Da gab es prachtvolle Straßen, ein riesiges Theater, Luxusvillen, Geschäfte – aber ohne Einwohner! Auf den Straßen wuchs Gras. Manaus war eine tote Stadt. Früher hatten die Kautschuksucher aus aller Welt hier gelebt, und alle hatten sehr viel Geld verdient. Kautschuk wurde während der großen Kriege in Europa beinahe mit Gold aufgewogen. Damals schickten die reichen Bewohner von Manaus ihre Wäsche zum Plätten nach Portugal. Dann kam Buna, der künstliche Gummi. Die Kautschukpreise fielen, und Manaus mußte sterben. Mitten in dieser Gespensterstadt steht das moderne Luxushotel ‹Amazonas›, eingerichtet mit allen Bequemlichkeiten: künstlich gekühlt, mit 120 Dienern in frisch gestärkten Jacken, eine Kapelle, einem riesigen Speisesaal, in dem die erlesenen Gerichte des französischen Kochs serviert wurden. Aber ich war der einzige Gast! Der Direktor des Hotels erzählte mir, daß sie auf reiche Amerikaner warten, die am Amazonas Alligatoren jagen und Romantik suchen wollen. Aber anscheinend hatten diese Amerikaner die Romantik schon an einem anderen Ort gefunden.
>
> Von meinem elektrisch gekühlten Zimmer aus konnte ich den Amazonas sehen, der hier ungefähr dreimal so breit ist wie der Rhein bei Düsseldorf. Am anderen Ufer war er von dichten

Urwäldern umsäumt. Nachts hörte ich die Schreie der Affen und das ‹krk – krk› der Papageien. Es war sehr aufregend, die Affen und die roten und grünen Papageien überall frei herumschwirren zu sehen.

Ein paar Tage später wurde ich eingeladen, mit dem Motorboot den Amazonas hinaufzufahren. Manchmal sah es vom Boot her aus, als ob die Wasseroberfläche anfinge zu kochen. Die Ursache waren Piranhas, die gefürchteten Raubfische des Amazonas, die eine aus dem Boot ins Wasser gehaltene Hand in weniger als einer Sekunde zerfleischen und einen ausgewachsenen Ochsen in weniger als einer Minute zum Skelett machen können. Übrigens die größte Gefahr des Amazonasgebietes sind nicht die Piranhas, sondern die ‹Tocandiri› oder Feuerameisen. Sie gehören zu den angriffslustigsten und mörderischsten Tieren; ihre Bisse sind schmerzhafter als die der Hornissen. Diese Tiere werden bei den Mannbarkeitsfesten der Indianer für Mutproben verwendet. Man setzt den Jünglingen Feuerameisen auf die Brust, läßt sie mit ihren großen Zangen anbeißen, und die Jungen müssen die grausamen Schmerzen dieser Bisse ertragen, ohne eine Miene zu verziehen.

Nach stundenlanger Fahrt kamen wir an den Zusammenfluß des Rio Negro und des Amazonas. Das Wasser des Rio Negro ist, wie schon der Name sagt, pechschwarz, das des Amazonas hellblau. Das dunkle und das helle Wasser fließen unvermischt kilometerweit nebeneinander her. Ein seltsames Bild. (...) Zurück in der glühenden Hitze von Manaus bekam ich einen starken Schnupfen. Er wurde so schlimm, daß man mir eine Injektion geben wollte. Injektionen sind in Brasilien sehr beliebt: jede Köchin, Kosmetikerin, sogar N*zauberer verstehen es, solche Spritzen zu geben. Als mein Schnupfen auskuriert war, setzte ich mich wieder ins Flugzeug. (...) Ich atmete auf, als mich dieses nach dreitausend Kilometern Urwald wieder wohlbehalten in

Rio de Janeiro absetzte. Wir kamen in der Dämmerung an. Das Lichtermeer der Stadt flammte in dem Augenblick auf, als wir über dem Zuckerhut schwebten. Perlenschnüre von Lichtern umkränzten die zehn Golfe und spiegelten sich in den stillen Wassern der Buchten.»

Nach dem kurzen Abstecher nach Manaus gelingt es Inge, einen weiteren Gratisflug zu ergattern. Am 19. Februar 1954 startet sie nach Curitiba, diesmal in einer zweimotorigen Maschine der brasilianischen Luftstreitkräfte (FAB). Der Flug dauert fünf Stunden, mit einer Zwischenlandung in São Paolo. Wolfgang Weber hat ihr begeistert von Curitiba erzählt. Die Stadt im südlichen Bundesstaat Paraná hat einen wahren Boom erlebt und feiert in diesem Jahr ihren hundertsten Gründungstag.

«Curitiba, vor hundert Jahren ein gerade mühsam dem Urwald abgerungenes kleines Bauerndorf, zählt heute 150 000 Einwohner. Es hat seine Wolkenkratzer wie Rio und Sao Paolo und breitet sich in amerikanischem Tempo und amerikanischem Stil nach allen Seiten hin aus», vermerkt Inge in ihrem Tagebuch.

Weber hat ihr von etlichen europäischen Auswanderern erzählt, hauptsächlich Deutsche, die sich in Curitiba niedergelassen haben. Und tatsächlich, unterwegs in den Straßen der Stadt, sieht Inge zahlreiche blonde Menschen. Noch ist ihr allerdings nicht klar, was das Thema der Reportage sein könnte. Sie besucht eine frisch eingeweihte staatliche Schule und ist tief beeindruckt von ihrer Größe und Fortschrittlichkeit. In einer Ausstellung zur Hundertjahrfeier findet sie zahlreiche Hinweise auf die im Land immer weiter um sich greifende Spiritismusbewegung. In Curitiba wohnt Inge bei der Familie von Roswitha, einer jungen Frau, die sie in Rio kennengelernt hat. Roswitha, ihre Mutter und ihr Bruder sind glühende Anhänger des Spiritismus.

Inge ist fasziniert von dem Thema und lässt keine Gelegenheit aus, um es bei ihren Gastgebern zur Sprache zu bringen. Sie kommt zu dem Schluss, dass der Spiritismus - wie auch andere religiöse Strömungen und Sekten - in diesen Regionen vor allem deshalb so großen Zuspruch findet, weil die katholische Kirche sich von den Gläubigen entfernt hat und ein großes Vakuum hinterlässt. Die Skepsis gegenüber dem Klerus und der Kirche wächst.

«Das einfache Volk aber, das sich meist unter härtesten Bedingungen emporarbeiten muss, braucht irgendeinen Rückhalt, einen Trost und Sinn.»

Für die Kirche sind die Anhänger spiritistischer Bewegungen «Ketzer», vermerkt Inge.

«Soweit ich bisher einen Einblick in die religiöse Situation Brasiliens bekommen habe, wage ich zu behaupten, dass gerade diese ‹Ketzer und Häretiker› die besten Christen sind, jedenfalls solche, die noch danach leben, zu was sie sich bekennen.»

Inges Aufenthalt in Brasilien geht bald zu Ende, doch ehe sie nach Deutschland zurückkehrt, will sie sich noch ein Bild davon machen, wie sehr ihr Herkunftsland in diesem Teil der Welt Wurzeln geschlagen hat.

In Rio geht sie zur deutschen Botschaft, um Informationen über die größten deutschen Gemeinden zu erhalten. Die Namen, die man ihr nennt, lauten Joinville, Blumenau, Florianópolis. Dort erwarten sie die typischen Fachwerkhäuser, fast so, als wäre sie nach Göttingen zurückgekehrt, außerdem traditionelle Feste wie das Oktoberfest und die unterschiedlichsten Dialekte ihrer Muttersprache. Allein reisende

Frauen sei man dort allerdings nicht gewohnt, bekommt Inge zu hören, als sie erklärt, dass sie die über eintausend Kilometer lange Strecke von Rio nach Blumenau mit öffentlichen Verkehrsmitteln zurücklegen will. Doch sie lässt sich nicht beirren, sie will mit dem Bus fahren, und die Botschaftsangestellten geben auf und legen ihr nur einen letzten Rat ans Herz: Sie soll nicht in irgendeinem Hotel absteigen. Das örtliche Kloster habe Fremdenzimmer, und die Botschaft könne bei Abt Ernesto anrufen und ihn über das baldige Eintreffen einer jungen, deutschen Fotoreporterin in Kenntnis setzen. Inge willigt ein; das erscheint ihr kein allzu großes Opfer.

Die Reise im Bus ist alles andere als angenehm. Zum Glück sind die Straßen breit, wenn auch unbefestigt und kurvenreich. Einige Bauern sind mit an den Krallen zusammengebundenen Hühnern eingestiegen, die sie gewaltsam unter ihre Sitze stopfen. Eine Einheimische hat sogar ein Ferkel dabei. Dazu Geschrei, Gezänk, Gelächter, Gezeter, Kinder, die ihren Darm entleeren oder wie wild herumflitzen. Hinzu kommt die stickige Luft, die sich trotz der geöffneten Fenster kaum bewegt und eine glutheiße, nach Schweiß und Fäkalien stinkende Glocke bildet.

Das Kind, das ihr eine Mitreisende in den Arm gedrückt hat, muss sich plötzlich übergeben. Alles landet auf Inge. Staubverdreckt, stinkend, müde und hungrig trifft sie am späten Nachmittag des folgenden Tages in Blumenau ein. Sie braucht keinen Spiegel, um zu wissen, dass sie entsetzlich aussieht, also sucht sie sich ein Hotel, um sich frisch zu machen, ehe sie sich zum Kloster begibt. Die folgenden Tage wird sie in Begleitung des Abtes in der vor hundert Jahren von einer Handvoll deutscher Bauern gegründeten Stadt unterwegs sein.

Doch nun ist es wirklich Zeit aufzubrechen, und dank Don Mozart ergattert Inge einen Flug mit der Panair do Brasil nach Rio. Ein Glückstreffer, denn gerade tobt der Karneval, den niemand verpassen möchte. In ihrem Tagebuch vermerkt sie:

«So fliege ich also am Freitag nach der ‹Cidade maravilhosa› zurück. Unser Flugwetter ist perfekt und für mich, da mir ein Herr seinen Fensterplatz abgetreten hat, ist der Flug ein Genuss. Um 13 Uhr - nach fünfstündigem Flug - sehe ich wieder das schöne Rio. Es ist auch hier sehr heiß, doch weht die gewohnte Meeresbrise.»

Was war die Reise nach Brasilien?

Die Bestätigung einer eben erst gestarteten und schon von illustren Begegnungen geweihten Karriere? Oder markiert sie eine Zäsur in ihrem bisherigen Berufsleben?

Als sie wieder zurück in Hamburg ist und mit Hans Huffzky, dem Chefredakteur der *Constanze*, die in Brasilien gemachte Arbeit begutachtet, tendiert Inge eher zum Wendepunkt.

Kein Zweifel, die Beiträge sind sehr gut und interessant geworden. Doch seit der Reportage über Hemingway sind die Erwartungen an Inge nun einmal riesig, und sie selbst ist die Erste, die die Latte bei jedem Auftrag immer höher legt. Alle scheinen von dieser talentierten jungen Frau einen Volltreffer nach dem anderen zu erwarten, zumal die Zeitschriften die Schubladen voll von schönen, gut gemachten Reportagen haben. Für viele Redaktionen ist ein Beitrag von Inge Schönthal eine Exklusivitätsgarantie. Besonders gefragt sind ihre Porträts berühmter Persönlichkeiten, ganz egal ob aus dem Jetset, der Kunst oder der Mode.

Doch sind es wirklich diese Themen, die Inge auch in Zukunft verfolgen will? Will sie sich wirklich auf diese Sparte festlegen?

Brasilien hat ihr neue Horizonte eröffnet, ihren Blick auf neue menschliche und politische Wirklichkeiten gelenkt. In ihrer Reportage über die Bundesstaaten von Paraná und Santa Catarina hat Inge einen neuen Stil entwickelt. Über lange Strecken klingt ihr Text sowohl inhaltlich als auch stilistisch eher wie eine sozialpolitische Reportage denn wie ein fürs breite Publikum geschriebener, klassischer Reisebericht. Das ist ihr bewusst, und deshalb hat sie diesen Text der *Constanze* gar nicht erst vorgeschlagen. In ihrem Manuskript ist der handschriftliche Vermerk zu lesen: «womöglich nicht für *Constanze* geeignet».

Dennoch gibt sie ihn Huffzky zu lesen. «Wer weiß, vielleicht interessiert er ihn privat.»

Plötzlich ist Inge verunsichert, vielleicht auch wegen der Reaktionen einiger *Constanze*-Leserinnen auf ihre Brasilien-Artikel. Ein Brief hat sie besonders getroffen. Die brasilianische Zeitschrift *Manchete* hat ihn an sie weitergeleitet. Der Verfasser ist ein gewisser Mario Dias Adorno, der sich gar nicht auf einen von Inge geschriebenen Artikel, sondern auf einen Bericht der Zeitschrift über sie bezieht. Der Leser verurteilt die Naivität der jungen Journalistin, die offenkundig nur wenig von Brasilien und seiner Kultur wisse. Allerdings sei diese Ahnungslosigkeit wohl zuallererst dem Autor des Artikels anzulasten, der die Fotoreporterin als Feigenblatt benutze, um seine eigene journalistische Unfähigkeit zu bemänteln. Doch die Welt ist voll von enttäuschten Lesern und Möchtegern-Kritikern, und so ein Brief ist schnell wieder vergessen. Der Brief, der Inge am meisten zusetzt, stammt von Don Mozart persönlich und ist an die *Constanze* adressiert.

Der Pressechef der Panair do Brasil schreibt, er habe sich beide Beine ausgerissen und der jungen Journalistin sämtliche Türen geöffnet, sie einflussreichen Persönlichkeiten vorgestellt, ihr Gratisflüge mit seiner Fluglinie verschafft, und sei nun tief enttäuscht von der Oberflächlichkeit ihrer Reportagen. Besonders verärgert hat ihn die Tatsache, dass sie sich ständig über seinen Namen lustig macht und ihn in ihren Artikeln als *running gag* verwendet. Er hat recht, Inge hatte Don Mozart als Aufhänger für ihr Stück über Manaus verwendet. Doch was wie eine «Liebeserklärung» klingen sollte, hat Don Mozart als Hänselei empfunden.

> «Also dann, auf Wiedersehen», sagte Mozart. In diesem Augenblick hätte ich mich in Mozart verlieben können! Übrigens muß ich vielleicht erklären, daß es sich nicht um den Komponisten handelte, sondern um den Pressechef der Panair do Brasil, der mir gerade eine Einladung zu einem Flug über die unerforschten Gebiete des Amazonas überreicht hatte. Als ich sein Büro im luftigen Flugplatzgebäude von Rio de Janeiro verließ, dachte ich mir, wie viel hübscher es doch eigentlich sei, sein Kind Mozart zu nennen – statt Hans, Franz oder Theodor.

Von diesem Missverständnis abgesehen, scheint Don Mozart auch aus anderen Gründen tief gekränkt zu sein.

> «Ich weiß mit Sicherheit, daß viele Brasilianer ihr Bestes getan haben, um ihr, der jungen, deutschen Journalistin, die Reise durch unser großes und noch junges Land so angenehm wie möglich zu machen. Uns ist bewußt, daß wir vom «alten» Europa noch viel zu lernen haben, und dennoch glauben wir, daß auch wir ihm einiges beibringen können ... was in Ihrem Artikel nie deutlich wird, nicht einmal zwischen den Zeilen, wenn Sie verstehen, was ich meine.»

Und ob Inge versteht. Wie auch der unbekannte Herr Adorno hat Don Mozart nicht unrecht. Das Schmerzliche an diesen Kritiken ist, dass sie ein Quäntchen Wahrheit enthalten. In fünf Jahren intensiver Arbeit hat sich Inge einen Namen, ein Image, eine Art Gütesiegel erschaffen, mit dem sie die Erfolgswelle noch eine ganze Weile reiten könnte. Das Genre, auf das sie sich – ob aus Zufall, Entschlossenheit oder Gespür für die «entscheidenden Momente» – spezialisiert hat, ist immer en vogue. Sie könnte Don Mozarts Beschwerden und die Meinungen der Leser, die von ihrer Arbeit nichts verstehen, getrost beiseiteschieben. Sie könnte mit den Fingern schnippen und ein neues Schiff besteigen, sich einen Filmstar oder einen berühmten Künstler aussuchen, mit ihm genügend Zeit für eine weitere erfolgreiche Reportage verbringen und sich dabei weiterhin ein bisschen in seinem goldenen Leben sonnen.

Doch Inge ist zu ehrgeizig, um stehen zu bleiben.

Inge ist Anfang zwanzig. Sie weiß, dass sie so manchen Gipfel erstürmt hat, aber ob man von dort oben noch andere sieht, weiß sie nicht. Das will sie unbedingt herausfinden.

Eines Abends, wenige Tage nach ihrer Rückkehr aus Brasilien, kommt Uli Mohr sie in der Brahmsallee besuchen. Er merkt sofort, dass Inge etwas umtreibt, und tatsächlich grübelt sie darüber nach, welchen Weg sie einschlagen soll. Demnächst würde sie gern nach London aufbrechen, um Cecil Beaton zu treffen und die Serie berühmter Fotografen fortzusetzen. Außerdem hat man ihr eine Fotoreportage über das Schloss der Herzöge von Anhalt angeboten. Huffzky wiederum hätte gern eine *Constanze*-Reportage über Picasso, der in Südfrankreich lebt, oder über Marc Chagall. Aber Mohr hat einen ganz anderen Vorschlag: Warum begleitet sie ihn in diesem Frühjahr nicht für einen Dokumentarfilm nach Capri? «Du könntest meine Assistentin sein: Schließlich hast du mit Rosmarie schon an ein oder zwei ähnlichen Projekten gearbeitet. Und wer weiß, vielleicht bringt es dich auf neue Ideen ...»

Das Angebot ist verlockend. Mehr noch. Mohr scheint die vermeintlichen Unvereinbarkeiten in Inges Kopf zusammengeführt zu haben. Schon seit einer Weile denkt Inge über eine Italien-Reportage nach. Vor einiger Zeit hatte sie sich an einen Kollegen der *Stampa* gewandt, um sich über aktuelle Themen aus der italienischen Politik und Kultur zu informieren, und ihn gefragt, ob er ihr einen Kontakt zu Curzio Malaparte verschaffen könne.

«Nach den Aufnahmen auf Capri könnte ich noch eine Zeitlang in Rom bleiben», überlegt Inge, als hätte sie das Angebot bereits angenommen. Zwar hat sich Deutschlands Wirtschaftslage in den Fünfzigerjahren unter Kanzler Adenauer merklich verbessert, doch gesellschaftlich und kulturell atmet man noch immer die bleierne Luft der Nachkriegszeit. Die intellektuelle und antifaschistische Renaissance in Italien, die sich im Film, in der Literatur und in der Kunst niederschlägt, strahlt jedoch bis über die Alpen, und Inge hat ihr Flimmern wahrgenommen.

Kaum will sich Inge mit einem Projekt befassen, kommt schon das nächste daher. Rund sechs Monate zuvor hat sie auf einer Stippvisite in Rom den Fotografen Federico Patellani kennengelernt, der im Jahr 1946 seine berühmteste Aufnahme machte: das strahlende junge Mädchen, das den Sieg der Republik beim Referendum des 2. Juni feiert. Der große, schlaksige, lässig elegante «Pat» war lange als Kriegsreporter unterwegs, inzwischen reichen seine Fotografien aber von sardischen Bergarbeitern bis zu Diven aus Cinecittà oder Miss Italia. Für genau die Art Lehrer hat Inge ein Faible! Tatsächlich haben sich die beiden gut verstanden, und plötzlich kommt dieser Vorschlag daher: Warum begleitet Inge ihn nicht als Fotografin bei den Aufnahmen für einen Dokumentarfilm, den er diesen Sommer in Griechenland und in der Türkei drehen will? Sie könnte die Entstehung des Films Schritt für Schritt festhalten und als ausländische Reisende zugleich das erzählerische Leitmotiv sein.

> «Die Abreise nach Griechenland-Türkei war eine einzige Hetzjagd. Ich mußte meine Reportage über Brasilien bei *Constanze* mehrmals durchlesen, um ja die Brasilianer nicht zu verärgern, außerdem hatte Federico Patellani bei seinen kostspieligen Telefonaten aus Mailand mir in seinen mir ziemlich unverständlichen, aber irrsinnig schnellen Französisch alle möglichen Dinge aufgetragen, die ich mitnehmen sollte zu dieser «expedition». Da waren Schwarz-Weiß-Filme in allen möglichen Dins, zwei Leicas, eine für schwarz-weiß, die andere für farbig, (eine Leica mußte ich mir borgen), und ein kleines, handliches Blitzgerät (was später bei der knallhellen Mittelmeersonne und den hochempfindlichen Filmen kaum oder gar nicht gebraucht wurde und völlig verbeult nach Hamburg zurückkam).
>
> Eigentlich hatte überhaupt keiner Lust zu dieser Reise, denn ich mußte Brasilien, 3 Monate Tropen, Amazonas etc. doch erst ein bißchen verdauen, ich war doch erst gerade 3 Wochen zurück. Aber Patellanis Angebot war sehr verlockend, meine 2000 DM sollten doch mindestens verdoppelt wieder rauskommen, denn wir wollten ja einen kleinen Kulturfilm drehen, *Auf den Spuren der Odyssee* …, dann mehrere Fernsehinterviews und Reportagen machen und außerdem mindestens 50 Seiten, also eine Bildreportage in Fortsetzungen für die italienische Zeitschrift *Le Ore* und für *Illustrazione Italiana* und für die Schweizer *Illustrierte Farbreportagen*. Die finanzielle Seite die-

ser Exkursion interessierte mich gar nicht sehr, ich nahm mein in Brasilien verdientes Geld und drückte die Daumen, daß es wieder rauskam, aber viel mehr reizte mich von dem vor Ideen sprudelnden, international als Fotoreporter-Star bekannten Pat etwas zu lernen. Denn daß er wirklich etwas konnte, hatte ich ein halbes Jahr vorher in Rom gesehen, als ich ihn interviewte. Mir war klar, daß Pat keine Opfer scheute, um ein richtiges Foto, im richtigen Licht, in der richtigen Konstellation zu kriegen. Ob er dafür eine Woche auf der Landstraße hing oder Bahn und Flugzeug, machte ihm gar nichts, die Hauptsache, die Fotos «lebten», waren bewegt. Ich wollte auch Pats Technik lernen, wie er virtuos auf dem Bauch liegend die Kamera hin und her jonglierte und in Sekundenschnelle die Optiken wechselte. Es waren immer Zauberkünstler-Geschwindigkeiten. Außerdem muß man als Reporter Regie führen: Die Menschen auflockern, sie natürlich lächeln lassen, ihnen die Angst vor der Kamera nehmen. Filmstars aus ihrer Filmpose reißen, berühmten Künstlern die Pressescheu zu nehmen, sie menschlich machen etc. Das alles und noch viel mehr wollte ich von Pat lernen. Außerdem war und ist Pat ein blendender Verkäufer seiner Sachen, er suggeriert den Redakteuren den roten Faden einer Reportage, er macht sie ihnen plastisch durch Anekdoten und Erlebnisse, die er wild gestikulierend und mit Vehemenz vorzutragen weiß.

Ich stieg am 25.4.1954 in den Zug nach Mailand, über und über bepackt. Hier war es Aprilkalt. In Mailand Dauerregen. Ich brauchte also Kleider und Mäntel für Kälte, Hochsommer, Bergbesteigungen, offizielle Cocktails und Empfänge (Besuch bei der griechischen Königin z. Bsp.), alte, lange Hosen und warme Pullover fürs Übernachten im Zelt, (wir informierten uns vorher und hörten, daß es nicht überall Hotels geben sollte auf unserer Route), hauchdünne Sportkleider, praktisch selbst zu waschen und bügeln, nicht zu ausgeschnitten, weil in vielen Ländern doch sehr unschicklich. Außerdem, hatte Pat am Telefon befohlen, dürfte es praktisch für jeden an Privatgepäck nur eine Zahnbürste sein, denn das Auto war krachend voll schon mit Stativen, Lampen und Kameras (+4 Menschen). Die Reise sollte mindestens 2 Monate dauern. Als ich um 6 Uhr früh in Mailand todmüde aus dem Zug stieg, hatte ich plötzlich Angst. Ich kannte doch gar keinen, Pat nur von einem Tag Zusammenarbeit, aber wir würden die anderen sein? Aber diese kleine Angst überkam mich nur eine Minute, ich hatte schon genug vage, unsichere, risikoreiche Situationen erlebt. Situationen, in denen ich mich in Sekundenschnelle zu ja oder zu nein entscheiden mußte und in denen meine Instinkte, meine Erfahrungen, zu vergleichen, was richtig ist oder interessant etc., mir geholfen hatten. Man ist in diesem Beruf dauernd vor Entscheidungen gestellt, und zwar so plötzlich, daß man keinen klügeren Menschen mehr fragen kann. Doch nun war ich da und konnte nicht mehr zurück, nur noch Kopfsprung war möglich. Da kam auch schon Pat in einem großkarierten, eleganten englischen Glencheckmantel auf mich zugerast, frisch, redend wie ein Wasserfall. Er stellte mir Hugo vor, unseren Kameramann, und Carlino, seinen Assistenten. Hugo war etwa 50 Jahre, Schweizer und ehemaliger Tennisstar und hatte 15 Jahre in Argentinien gelebt. Er war scheu, sehr höflich und schweigsam und hatte ein reizendes Kinderlächeln.

Carlino schwärmt Pat an mit großen Brombeeraugen und war winzig klein und rannte immer hinter seinem Herrn und Meister her, der für einen Italiener die stattliche Größe von 1,89 hat. Wir tranken einen Begrüßungskaffee in einer der chromblitzenden Espressobars im Bahnhof. Dann ging es sofort in die Garage, wo 5 strahlende Garagisten an Pats Auto wie besessen arbeiteten. Ein Berg Gepäck, der einen mittleren Lastwagen füllen konnte, lag davor, neben dem traurig Pats Frau und 15-jähriger Sohn und Tonci, unser Mädchen für alles, saßen. Tonci, eine Freundin des Hauses, sollte unsere Finanzverwalterin, Script-girl und Dolmetscherin sein, denn sie sprach fast alle balkanischen Sprachen neben fließendem Englisch und Französisch, aber durch ihre Heirat mit einem Jugoslawen war sie Jugoslawin geworden, und alle waren so traurig, weil sie kein griechisches Visum bekam, jedenfalls war es sehr schwierig. Pat brüllte, bekam einen Tobsuchtsanfall und war in derselben Minute schon hinter der Glaswand der Telefonzelle zu sehen, wie er mit Händen und Füßen und dem charmantesten Lächeln der Welt mit dem griechischen Konsul flötete, doch vergebens, Tonci mußte warten auf einen Bescheid aus Athen. Wir fuhren ab, aber wie! Zuerst wurde mein Gepäck zerrupft, es blieb fast nichts mehr übrig und es paßte doch kaum in Pats olivfarbenen, superschnellen Alfa Romeo (die besonders schnelle internationale Ausgabe). Ich war ziemlich schüchtern, denn erstens war ich an das italienische Französisch des Teams nicht gewöhnt, ich verstand nur die Hälfte jeweils, und dann war Pat derartig diktatorisch und befand hier eine besonders schicke Hose und dort ein Kleid für viel zu viel Gepäck, daß ich aufgab und mich völlig zerknirscht auf die Ritze zwischen Hugo und Pat setzte, der mit 140 km/h aus Mailand los gen Süden brauste. Halbtot kamen wir in Rom an, wo Pat mit mir schnell nach Cinecittà fuhr, um Silvana Mangano zu fotografieren für *Picture Post*. Silvana drehte gerade Nausikaa oder Penelope in dem Odysseus-Film mit Kirk Douglas. Pat küßte Silvana eilig die Hand und hatte sie kurzerhand gegen den Willen des Produktionsleiters und der Friseuse, die an ihr herum arbeiteten, gegen eine Säule gelehnt und wollte ein Sirenenlächeln aus ihr hervorlocken. Aber nichts. Silvana hatte Kopfweh und war einfach unzugänglich. Pat wurde böse und schimpfte über Rom und die ganze Welt, machte Witze und zweigte wie ein Tanzmeister mit spitzen Schritten Silvana eine Pose. «Sie sind nicht sexy genug, mehr Rücken gerade, mehr mysteriöses Lächeln von innen nach außen», tobte er. Ich war überrascht, wie er mit der Frau des Produzenten umging, außerdem fand ich, daß sie in Natura eine viel zu lange, scharfe Nase hatte und zu dünn war, der «Bittere-Reis-Effekt» war dahin. Pats cholerische Ausbrüchen schien Silvana gewohnt, nach einer Weile raffte sie ihr griechisches Gewand und drehte ihren ungeheuren silbernen Kopfputz genau wie Pat es wollte. (Übrigens ist Pat ein Entdecker von Elsa Martinelli, er hat stundenlang getobt und gebrüllt mit ihr, bis die ersten guten Starfotos von ihr gelangen.) Nach dem Intermezzo «Mangano» rasten wir in die Stadt zurück und kauften im italienischen Woolworth, UPIM, alle möglichen Garne, Nadeln, Bindfäden für unsere Fahrt, und undurchsichtigen dicken, schwarzen Stoff, aus dem wir einen Sack verfertigen wollten, um bei Tageslicht und hellster Sonne die Filmkameras und abgerissenen Leicafilme zu wechseln im Eiltempo. Noch war unser Teamgeist unbekümmert, wir waren ja noch in Italien, Pat war in seinem Element. Wir rasten also gen Süden in Richtung Brindisi, ca. 600 km südlich von Rom, wo unser Schiff abging. Ich hielt mich mühsam am Sitz fest, um nicht nach vorn geschleudert zu werden, denn Pat bremste wie ein Verrückter, denn er SAH dauernd etwas Interessantes, Fotografisches, Journalistisches, aber immer mindestens auf 500 Meter im Voraus und bestimmt eine Sekunde vor mir. Man muß «optisch denken lernen», war einer seiner Wahlsprüche.»

Während der Adriaüberfahrt denken Inge und Patellani gar nicht daran, die Zeit in der ihnen zugewiesenen winzigen Kabine zu verbringen. Stattdessen machen sie es sich auf einem Paar Liegestühlen an Deck bequem und besprechen

wie zwei uralte Kollegen das Programm für die Reise. Sie finden sogar Zeit, sich zu fragen, was ihren Beruf eigentlich ausmacht.

> Wir fanden: 1) Man muß immer bereit sein, Unbequemlichkeiten und Gefahren auf sich zu nehmen. 2) Man muß die Fähigkeit haben, einem festen Story-Plan zu folgen und zu impro-

visieren. 3) Man muß gefühlsmäßig (intuitiv) den Objekten einer Story mit Sympathie entgegenkommen. 4) Man muß mit Kameras umgehen können, um das Maximum des gewünschten Ausdrucks, Bewegung etc. durch die technischen Mittel zu erreichen, (das konnte ich am wenigsten und versuchte es nun von Pat mitzukriegen!) 5) Sicherheit im Auftreten, genau zu wissen, wann man überlegen-sicher und wann man zurückhaltend und ein bißchen schüchtern sein muß. 6) Man muß die Leser kennen, wissen, was sie interessiert (außerdem die Redakteure, und wissen, was SIE interessiert und der Linie der Zeitschrift entspricht). 7) Eine unstillbare Neugierde. 8) Glück, Glück, Glück!

Aus dieser Zusammenarbeit geht *Reise in die Länder des Odysseus* hervor, ein vierzigminütiger Dokumentarfilm für die RAI. Der Film schwankt ein wenig unentschlossen zwischen Doku und Spielfilm. Er enthält lange Sequenzen von ländlichen Alltagsszenen, man sieht griechische Bauern bei der Feldarbeit, Hirten mit ihren Herden und während der rituellen Viehschlachtung, Mütter, die ihre Kinder stillen, eine Sportveranstaltung auf einem Dorfplatz, Jongleure, die ihre Kunststücke vorführen, Männer, die sich im Freistilringen herausfordern, einen Trauerzug und schließlich ein Fest, bei dem Männer in traditionellen Kostümen auf ihren Pferden stehen. Vielleicht eine Reminiszenz an die Befreiung von den Türken. Federico Patellani verschränkt die Aufnahmen mit denen von Inge, die häufig fast wie versehentlich ins Bild gerät. Inge, die sich mit jemandem unterhält, Inge, die ein Kind auf den Arm nimmt, Inge, die Fotos knipst.

In einer Szene hängt Inge in einem Netz aus Seilen, das an einer Felswand bis zu einem Kloster unweit des Berges Athos hochgezogen wird. Oben auf dem Berg wird sie von einem

Mönch empfangen, der die Stehgreif-Schauspielerin mit einem Grappa begrüßt. Natürlich darf ein Besuch der Akropolis und der Athener Markthalle nicht fehlen, und ebenso wenig eine Schifffahrt über den Kanal von Korinth. Für Inge ist der Film die Gelegenheit, ihr dramaturgisches Talent zu

zeigen. In einer Szene reißt sie sich begeistert die Kleider vom Leib und stürzt sich in die Wellen. Ein Segelboot gleitet an ihr vorbei, ein stattlicher, blonder Jüngling wirft ihr ein Tau zu und will die Meerjungfrau an Bord ziehen. Doch sie entwischt ihm. Kurz darauf streift die junge Frau durch die weißen Gassen eines Dorfes, sie scheint etwas zu suchen; womöglich die große Liebe. Plötzlich taucht der Jüngling vor ihr auf, der versucht hatte, sie aus dem Meer zu fischen. Er küsst sie. Am Ende des Dokumentarfilms sieht man Inge, die einen braunhaarigen jungen Mann auf die Insel begleitet, auf der er geboren ist. Dort findet er das Elternhaus leer und völlig zerstört. Die Schlussszene zeigt den Jungen, der weinend auf dem Metallgestell eines alten Bettes sitzt. Homer lässt grüßen.

Inge begleitet die Umsetzung des Films und fotografiert sämtliche, meist männliche Charaktere: Bauern, Soldaten, Gaukler, Ringer, Halbstarke. Fröhlich strahlend stürmt sie auf sie zu, knipst ihr Foto und ist schon wieder weg, nichts kann sie aufhalten. Sie ist frenetisch, hyperaktiv, hungrig, unersättlich.
 Woher rührt diese Unrast? Ist es Neugierde, Ehrgeiz, das brennende Verlangen nach Anerkennung?
 Ist es der binnen weniger Jahre doppelt erlittene Verlust des leiblichen Vaters?
 Oder das Bedürfnis, zu lieben und geliebt zu werden, das wir alle haben?

Nach der Rückkehr aus Griechenland im Herbst 1954 wird Inge von etlichen Zeitschriften gebeten, ihre Serie von Berühmtheiten fortzusetzen. Vor allem Huffzky, der immer mehr zu einem Freund geworden ist, redet ihr zu, sich endlich an das Pablo-Picasso-Porträt zu machen. Wieder eine unmögliche Mission, genau wie Hemingway, das sagt Huffzky selbst: «Ich glaube nicht, dass du es je schaffen wirst, von Picasso ein Interview zu kriegen.» Inge nimmt trotzdem an: Vielleicht ist es genau das, was sie gerade braucht, und außerdem hat Huffzky sie in ihrem Stolz getroffen. Sie bietet an, die Reisekosten zu übernehmen, und wenn sie Erfolg hat, wird er ihr ein saftiges Honorar zahlen. Abgemacht.

«Im Laufe dieser Jahre des Herumreisens durch Europa, Anatolien, Süd- und Nordamerika habe ich eine Art Organisation aufgebaut, wie sie Rauschgifthändler und Barmixer haben. Nur daß sie weniger kriminell und alkoholisch ist. Ich habe Freunde, Bekannte und Kollegen in fast allen Hauptstädten, und diese haben wiederum Kontakte mit allen möglichen Menschen und Organisationen. Sie helfen mir und ich helfe ihnen, wenn sie einen meiner Kontakte in Deutschland oder sonstwo in der Welt brauchen. Dieses Netz aus Informanten und gegenseitiger Hilfeleistung ist ein wertvolles Gut für jeden, der viel in der Welt unterwegs ist, und besonders für einen Reporter. Es sind Kontakte, die es zu hegen und zu pflegen gilt, und sei es nur mit einer Geburtstagskarte, und die man zugleich ausweiten muß.

Auch für mein Treffen mit Picasso in Paris habe ich bei diesem Netz angefangen. In Paris hatte ich den jungen Kunsthändler Heinz Berggruen kennengelernt, dessen Visitenkarte ich aufgehoben hatte. Ich rufe ihn nicht direkt an, sondern eine Journalistin in Paris, und bitte sie, herauszufinden, ob er in der Stadt ist. Das ist alles. Ich weiß, wenn ich ihn direkt anrufen oder ihm schreiben und meine Absichten enthüllen würde, bekäme ich zu hören, was ich bereits weiß: «Ein Interview mit Picasso, *chère amie*? Unmöglich.»

Picasso ist in Paris. Also kaufe ich einen Flugschein für den nächsten Tag, und um 11 Uhr spaziere ich ohne Vorankündigung bei der Galerie Berggruen herein. Ich bitte ihn ohne großes Drumherum, mich sofort bei Picasso anzukündigen. Es fehlt nicht viel, und er fällt vom Stuhl. Dann sagt er oder versucht zu sagen: «Unmögl...», aber ich unterbreche ihn und erwidere: «Diese Antwort kenne ich bereits!»

Als er endlich begreift, daß jeder Versuch, mich abzuwimmeln, vergeblich wäre, sagt er: «Es gibt nur einen Menschen, der die

Sache lösen kann. Daniel Kahnweiler!» Dann greift er zum Telefon und wählt die Nummer.

Ich weiß, wer Daniel Kahnweiler ist: Der berühmteste Kunsthändler von Paris, ein Mann, der die größten zeitgenössischen Künstler unter Vertrag hat und von dem man sagt, er habe einen ganzen Keller voll nie gesehener, unverkaufter Picassos.

Diesen Giganten unter den Kunsthändlern ruft Berggruen also an. Und während er telefoniert, sehe ich ihn auf seinem Stuhl hin und her rutschen und ständig rot werden. Als er endlich den Hörer auflegt, sagt er: «Leider haben Sie Pech. Kahnweiler ist der einzige Mensch, mit dem er hin und wieder Kontakt

hat. Es ist hoffnungslos. Fahren Sie schön wieder nach Hause. Versuchen Sie es allenfalls im Sommer noch einmal. Dann könnten Sie ihn gelegentlich am Strand von Cannes treffen, wenn er schwimmen geht, und wenn Sie richtig Glück haben, ein paar Worte mit ihm wechseln. Das», sagt er und zuckt die Schultern, «ist alles, etwas Anderes ist einfach nicht möglich.»

«Ich lasse nicht locker: Kündigen Sie mich bitte beim großen Kahnweiler an!», antworte ich. Und er tut es, wenn auch widerwillig. Ich bedanke mich und rausche hinaus.

Angeblich ist Pablo Picasso reizbar wie ein Stier und hat bestimmt nichts für Journalisten übrig, die um ihn herumschwirren. Für ihn existieren die Medien nicht. Doch Inge hat schon das Porträt vor Augen, das sie von ihm machen möchte: Der große Künstler vor einem seiner Werke. Schlicht und ergreifend.

Inge trifft Kahnweiler in einem heiklen Moment. In der Galerie herrscht heilloses Durcheinander. Der große Sammler hat endlich beschlossen, in eine Wohnung zu ziehen. Die bedeutendsten Künstler des zwanzigsten Jahrhunderts stehen bei ihm tief in der Schuld, denn obwohl der deutsche Jude während der Nazibesatzung von Paris gezwungen war, sich zu verstecken, hat er es geschafft, ihre Werke zu bewahren. Dreißig Jahre hat er in seiner Galerie verbracht, Tag und Nacht dort gearbeitet und auch dort gewohnt, umgeben von seinen Meisterwerken. Überall stehen Kisten und Schränke. Kahnweiler kontrolliert mit wachsamem Auge, dass jeder Gegenstand ordnungsgemäß verpackt wird, und bittet seine Mitarbeiter, «dass kein Zettel verlorengeht», so nennt er die Aufkleber, auf denen der Kisteninhalt genauestens vermerkt ist.

«Kahnweiler ist ein alter, äußerst kluger Herr mit Glatze, der mich kritisch und aufmerksam mustert. Er hört mir zu und sagt dann kopfschüttelnd: «Es wäre einfach Sabotage von meiner Seite, wenn ich Sie bei Picasso anmelden würde. Ich darf es einfach nicht, er arbeitet. Gerade habe ich einen Korrespondenten von *Newsweek* abgewimmelt.» Nach einer Pause fährt er fort: «Trotzdem ich glaube, daß Sie Picasso Spaß machen würden!» Ich spüre meine Hoffnung aufkeimen, doch schon der nächste Satz macht sie zunichte: «Warten Sie doch bis Sommer, dann können Sie Picasso am Strand sehen …»

Das kannte ich bereits. Ich stehe auf und sage: «Ich werde doch nach Cannes fahren.»

Ich weiß nicht, ob meine Entschlossenheit ihn irritiert oder beeindruckt hat, jedenfalls nuschelt er irgendwann zwischen den Zähnen Picassos Telefonnummer hervor und wendet sich wieder seinen Kisten und Katalogen zu. Ich schreibe mir die Telefonnummer auf, bedanke mich, schnappe mir das nächstbeste Taxi und kehre in Berggruens Büro zurück. «Ich habe die Telefonnummer, aber jetzt müssen wir einen Trick ausknobeln, um an ihn heranzukommen.»

Er holt tief Luft, offenbar falle ich ihm auf die Nerven. Doch kaum erwähne ich den Namen von Picassos jetzigen Lebensgefährtin, Jacqueline Roque, ist er plötzlich hellwach. «Sie ist der richtige Köder, um den großen Fisch an den Haken zu kriegen», sagt er. «Gerade hat sie ein paar sehr schöne Fotos von ihm für eine Kunstzeitschrift gemacht. Versuchen Sie, ein Interview mit ihr zu kriegen. Und dann lassen Sie sich an ihn weiterempfehlen.»

Es hat ein paar Monate gebraucht, bis Inges «Organisation» von Kontakten Früchte trägt und Berggruen endlich einknickte, doch im Frühling 1955 sitzt sie endlich im Zug nach

Cannes und tippt auf der Schreibmaschine einen Brief an Madame Roque mit der Bitte, empfangen zu werden. Sie würde gern die Fotos sehen, die Madame Roque von Picasso gemacht hat, fügt sie hinzu, und dass sie sich telefonisch melden werde.

Kaum an der Côte d'Azur angekommen, stellt Inge fest, dass sie noch ein bisschen Zeit hat, ehe sie sich um Picasso kümmern muss, und nutzt die Gelegenheit, um - ebenfalls auf Empfehlung des Kunsthändlers Heinz Berggruen - einen weiteren Maler zu besuchen, der an der Côte d'Azur lebt: Marc Chagall. Der russische Künstler ist eine ihrer «leichteren» Beuten. Er ist umgänglich und reizend und lässt sich mit seinem freundlichen Lächeln vor einem Spiegel fotografieren, den er mit einem Liebespaar bemalt hat.

Doch nun ist es Zeit, zu Picasso zu fahren, am besten mit dem Bus. «Als ich in Cannes ankomme, ist mal wieder Streik, diesmal sind es die Autobusse. Also marschiere ich mit meinem Brief bewaffnet den Berg hinauf. Picasso wohnt am äußersten Rand von Cannes - genannt Kalifornien. Die Straße König Albert III. schlängelt sich in Serpentinen hoch, und nach etwa einer Stunde komme ich zur Avenue Costebelle, was alles andere als eine noble Avenue ist.» Ein holperiger, schlecht gepflasterter, aber romantischer Weg führt schließlich zu Picassos Jugendstilvilla «La Californie».

Aber es scheint niemand da zu sein. Rundherum stehen andere bombastische Villen aus der Jahrhunderwende. Kein Hund, kein Mensch, nichts. Aber es duftet herrlich nach Mandelblüten, Jasmin, Mimosen und Lavendel. Eine hohe Mauer versperrt Inge die Sicht. Stellt sie sich auf die Zehen, kann sie gerade einmal den obersten Stock der Villa sehen, rundherum viele Palmen. Etwas gespenstisch ist es hier, die Fenster allesamt dunkle Löcher ohne Gardinen, alles sehr grau. Inge zieht an einer langen Klingel, die nicht den Eindruck macht, oft gebraucht zu werden. Ob sie es überhaupt tut? Es tut sich nichts. Im eisernen Tor ist ein schmaler offener Spalt. Inge blinzelt hindurch, sie sieht an die Front des Portierhauses. Da ist eine Katze. Ein paar Hühner rennen herum. Angebaut an das Portierhaus ist eine Garage mit offenem Tor. Zwei Kinder spielen darin mit einem alten Auto, einem Hispano-Suiza, Jahrgang 1920, wie Inge später erfahren wird. Offenbar Picassos einziges Auto. Inge schafft es schließlich, eines der Kinder herbeizurufen, einen rothaarigen kleinen Jungen.

«Ist jemand hier, dem ich einen Brief für Madame Roque abgeben könnte?», fragt Inge. «Der Bub rennt wortlos weg. Nach einer Weile kommt eine ebenfalls rothaarige, ziemlich schlampige Frau aus dem Haus heraus geschlurft und öffnet eine Klappe in dem großen Tor. Ich sehe nur ihre Augen und die Nase.» Inge reicht ihr den Brief durch die Klappe und bittet die Frau, diesen Madame Roque zu geben. Sie werde sich später am Tag gerne telefonisch wieder melden.

Wieder einmal dieses zermürbende Warten. Inge geht zu Fuß zurück ins Stadtzentrum von Cannes, spaziert die elegante Strandpromenade *La Croisette* rauf und runter. Vor ihrem Hotel stehen Liegestühle herum. Sie legt sich etwas in die Sonne. Kann sie schon telefonieren, oder ist es noch zu früh – seit sie ihren Brief abgegeben hat? Ist Madame Roque überhaupt in der Villa? Und hat sie wohl den Brief schon gelesen? Von diesem Telefongespräch wird alles abhängen. Inge wird unruhig, ihr Französisch ist nicht sonderlich gut. Sie geht innerlich ihr Gespräch durch. Gegen 15 Uhr geht sie zur Rezeption, gibt dem Herrn am Empfang einen Zettel mit der Telefonnummer und bittet um eine Verbindung. «Es ist entsetzlich, als am anderen Ende das Telefon klingelt, habe ich plötzlich ein dunkles Loch im Gehirn, ich habe mein ganzes Französisch und vor allem meine feinkonstruierten Sätze vergessen.» Eine Frau nimmt ab. Inge fragt nach Madame Roque. «C'est moi.» Inge kommt ins Stottern, ob sie den Brief bekommen habe. «Oui», mehr nicht. «Darf ich Sie morgen besuchen?» «Oui.» «Passt es Ihnen so gegen Mittag?» «Oui.» Inge legt den Hörer auf die Gabel. Keine Minute hat das Gespräch gedauert. Erleichtert geht Inge vom Hotel in das erstbeste Restaurant und bestellt sich eine Fischsuppe, trinkt dazu eine halbe Flasche Wein. Leicht beschwipst stolpert sie in ein Flohkino um die Ecke und schaut sich hintereinander drei Kriminalfilme an. Am anderen Tag steht Inge früh auf. Sie will sich noch ein paar absatzlose Schuhe kaufen, die spitzen italienischen Pumps scheinen ihr zu elegant für diesen Auftritt bei Picasso. «Ich ziehe mir einen alten grünen Pullover und einen grauen Tweedrock an, sportlicher geht es gar nicht.» Schwer mit ihren Fotoapparaten bepackt – marschiert Inge an diesem strahlenden Frühlingstag wieder zur Villa «La Californie» hoch. Die Autobusse fahren auch heute nicht.

Inge schwitzt, als sie wieder vor dem hohen eisernen Tor steht. Alles spielt sich noch einmal genauso ab wie am Tag zuvor. Inge zieht an der Klingel. Wieder tut sich lange nichts. Dann endlich müht sich die rothaarige Frau des Portiers zum Tor, öffnet dieses aber nicht etwa, sondern schnauzt unfreundlich, sie wolle nachschauen, ob Madame Roque da ist. Es dauert, dann kommt die Frau wieder zum Tor, öffnet es zaghaft, aber nur um einen schmalen Spalt. Inge schlüpft durch. Voilà, hier ist sie, vor ihr die berühmte Villa La Californie – allerdings nicht sonderlich einladend. «An einer Palme ist eine Ziege festgebunden, die friedlich grast. Ich gehe auf den Hauseingang zu, aus dem plötzlich ein riesen Boxerhund herausstürzt – schnurstracks auf mich zu und mich heftig anbellt.» «Keine Angst, er beißt nicht», tönt Inge aus der Villa eine Frauenstimme entgegen, «Yan, komm her - tout de suite!» Das liebt man besonders, wenn einen eine solche Bestie bellend anfällt und die Besitzer freundlich lächelnd zu beruhigen versuchen - «er beißt nicht». Tröstlich dann allerdings, dass Inge ganz freundlich von einer schönen, dunkelhaarigen Dame empfangen wird, ohne Zweifel Madame Jacqueline Roque. «Sie trägt einen schwarzen Jupe, dazu einen schwarzen Pullover, schwarze Pumps.» Sie bittet Inge in ein kleines Nebenzimmer. «Was kann ich für Sie tun?» Wie bereits im Brief stellt sich Inge noch einmal als Redakteurin der deutschen Frauenzeitschrift *Constanze* vor. Sie habe vor einiger Zeit in einer Kunstzeitschrift ihre wunderbaren Fotografien von Pablo Picasso gesehen, flunkert Inge. Gerne würde man einige davon in ihrer Zeitschrift publizieren. Die Tür zum Flur hat Madame Roque nicht zugezogen. Inge schielt immer mal in den Hausgang hinaus, wenn sie jemanden vorbeigehen hört. Es ist hörbar Besuch im Haus, aber vom Großmeister der modernen Malerei keine Spur. Und dann sieht Inge vor allem den herrlichen Blick aus dem Fenster - von ferne das weite silberne Meer. Im Zimmer herrscht ein bemerkenswertes Chaos, zwei bis auf den Unterbezug durchgescheuerte Sessel. Ein Liegestuhl voll bepackt mit allen möglichen Paketen, Kleidern und Zeitungen. Auf einer altmodischen Nähmaschine steht ein nicht minder altes staubiges Telefon. Madame Roque dankt für das Kompliment, sagt, sie habe eigentlich gar keine Ahnung von Fotografie. Die Bilder seien ganz zufällig entstanden, und sie wolle diese auf keinen Fall verkaufen. Aber sie schenke ihr gerne zwei davon. Das ging jetzt fast so schnell wie das Telefongespräch von gestern. Madame Roque wühlt in der Schublade einer Kommode und bringt zwei Prints für Inge herbei. Das war es dann wohl. Und die Audienz bei Picasso? Zu peinlich, jetzt zu gestehen, eigentlich nur wegen Pablo Picasso hergekommen zu sein. Inge versucht sich radebrechend noch etwas in französischer *causerie* mit Jacqueline Roque, hofft, irgendwann könnte doch noch das Stichwort «Picasso» fallen. Tut es aber nicht. Dann plötzlich stehen die zwei Personen vor der Tür, die Inge gerade im Flur vorbeigehen sah. Es sind der spanische Verleger Gustavo Gili Esteve und seine Frau. Sie haben einen Termin bei Pablo Picasso, möchten ihm einen in ihrem Verlag neu erschienenen Bildband über sein Werk gerne persönlich überreichen. Madame Roque begrüßt die beiden. Sie wolle mal nachschauen, ob Monsieur Picasso schon aufgestanden und angezogen sei, er male oft bis tief in die Nacht hinein. «Sie werden sich auch nicht stören, wenn er Sie im Pyjama empfängt?»

Während Madame Roque für ein paar Minuten rausgeht, wendet sich Inge an den spanischen Verleger und bittet ihn inständig, sie zu ihrer *rencontre* mit Pablo Picasso mitzunehmen, sie sei den langen Weg aus Hamburg angereist, um ihn für eine Reportage zu porträtieren. Allenfalls würde sie gerne auch eine Fotografie zusammen mit ihnen und Picasso machen. Gustavo Gili Esteve sagt, sie könne gerne dabei sein, wenn er Picasso das neue Buch übergebe.

Wenig später ist Madame Roque zurück, weist den Gästen den Weg in einen anderen Raum. Pablo Picasso werde gleich da sein. Inge hingegen lässt sie höflich stehen - «einen Augenblick bitte». Im Flur rennen kichernd zwei junge Mädchen vorbei, scheinbar Paloma, die Tochter Picassos, und eine Tochter von Madame Roque. Als Jacqueline Roque wiederkommt, setzt Inge zu ihrer letzten *avance* an. «Ich arbeite auch als Fotografin für unsere Zeitschrift CONSTANZE. Sie würden mir eine grosse Freude machen, wenn ich Sie

zusammen mit Pablo Picasso fotografieren dürfte», sagt Inge. Madame Roque wirkt plötzlich verändert, reserviert, sagt leicht indigniert, sie wolle Monsieur Picasso fragen.

«Sie ist bald wieder da, hat sich eine hübsche hellblaue Wildlederjacke angezogen und bittet mich, mitzukommen. Wir treten in die ‹heiligen Gemächer› des Künstlers ein, drei helle, weite, durch verglaste Doppeltüren miteinander verbundene Räume, die auf den Garten hinausgehen. Ich traue meinen Augen nicht. So etwas gibt es doch gar nicht. Hier also lebt Picasso – er arbeitet hier, ißt hier, schläft auch da. Der Boden ist überstellt mit Vasen, Kacheln, Flaschen, Tierknochen, Bronzeskulpturen, Tierplastiken, Staffeleien; Gemälde noch und noch, Töpfe voller Pinsel jeder Größe, Fotolampen, da ist ein alter Thonet-Schaukelstuhl, in einer Schale Castagnetten, alte Geldscheine, Muscheln. Aber da ist auch große Kunst, hier ein Braque, dort ein Matisse. Nur durch zwei, drei freie schmale Pfade kann man sich durch diese Räume bewegen. Außer ein paar antiken

Schränken und einem großen Tisch mit alten Stühlen aus Bugholz sind hier kaum Möbel. Es ist das malerischste Chaos, das man sich überhaupt vorstellen kann.

Dann steht er auf einmal da – Pablo Picasso, der größte Maler der letzten 50 Jahre, der ‹König› der modernen Malerei. Ich hatte ihn mir von den Fotos her kräftiger, stattlicher vorgestellt.

Er wirkt in natura fast zerbrechlich, zierlich, schutzbedürftig. Er ist braun wie ein Indianer. Und seine Augen sind noch viel dunkler, funkelnder und elektrisierender, als sie auf Fotografien erscheinen. Er sieht mich freundlich an und lacht sein berühmtes clowneskes Lachen, und ich mache eine Art modernen Hofknicks, worauf er seine linke Hand an sein Herz legt und sich tief verbeugt – als wollte er zum Tanz bitten.»

Und schon ist Picasso wieder weg – so plötzlich, wie er mit überwältigender Präsenz gerade erst dagestanden hat. Er tänzelt elegant die paar Treppentritte in den Garten hinaus. Schaut sich dort – scheinbar ganz erfreut – mit Señor und Señora Esteve das neue Buch an. In weiser Voraussicht hat Inge dieses Mal nicht ihre sperrige Rolleiflex, sondern eine ihr von der Firma ZEISS IKON probehalber zur Verfügung gestellte handlichere CONTAFLEX-Kleinbildkamera mitgenommen. Darf sie, darf sie nicht? Leicht verstohlen fotografiert sie noch einige Minuten in den Innenräumen der Villa *La Californie*, geht dann auch in den Garten hinaus, hält fest, wie Picasso zusammen mit Madame Roque und den Verlegern aus Spanien die neue Publikation begutachtet; ein, zwei Bilder noch zwischen zwei im Garten stehenden mannshohen Skulpturen des Meisters. Und schließlich bietet Señor Esteve an, Inge im Gespräch mit Picasso zu fotografieren.

«Er hat noch nie fotografiert, ich stelle ihm die Kamera ein und stelle mich wieder neben Picasso, der mich über deutsche Kameras, Technik, Industrie und Kunst alles Mögliche fragt. Er scheint bestens informiert zu sein. Herr Esteve findet den Auslöser nicht. Picasso steht gutmütig wartend in der Sonne.»

Jacqueline Roque bittet die Gäste ins Haus, sie habe etwas Suppe, Wein und Kuchen aufgetischt. Inge spürt, dass es nun Zeit ist, sich zu verabschieden. «Kommen Sie wieder!», sagt der Meister. Die beiden Mädchen begleiten Inge zum Gartentor, vor dem sich ein Huhn mitten im Weg gemütlich in den Schatten gelegt hat.

«Als das Tor hinter mir zuschlägt, bin ich völlig erschöpft; dankbar und froh, Pablo Picasso nun doch noch vor die Kamera bekommen zu haben, schlendere ich stadteinwärts.»

In den folgenden Jahren verlängert Inge die Erfolgsliste ihrer Porträts und bannt weitere Persönlichkeiten aus Literatur, Kunst und Film.

Während einer Theatertournee durch Deutschland fotografiert sie den schönen, verfemten Hauptdarsteller aus *Stürmische Jugend*, Gérard Philipe, den französischen James Dean. In Paris lassen sich die Künstlerin Leonor Fini, die Direktorin des französischen *Harper's Bazaar* Marie-Louise Bousquet und die Philosophin Simone de Beauvoir von ihr fotografieren - ihr vor wenigen Jahren auf Deutsch erschienenes Buch *Das andere Geschlecht* wird für Inge zu einer Art Bibel.

Zu Hause bei Simone de Beauvoir

«Mit dem für *Die Mandarins von Paris* erhaltenen Prix Goncourt hat sich Madame de Beauvoir (die zuvor stets in Hotels wohnte) eine Einzimmerwohnung in Montparnasse gekauft und sie nach ihrem Geschmack eingerichtet. Es triumphieren leuchtend Farben, zitronengelbe und dunkellila Sessel und eine mattgrüne Wendeltreppe, die ins oben gelegene Schlafzimmer führt. Madame de Beauvoir hat von jeder ihrer Reisen etwas Besonderes mitgebracht: Ein seidener chinesischer Gobelin bedeckt eine Wand, vor einer Tür hängt ein Poncho aus Guatemala, zahlreiche kleine und bunte indische Gottheiten reihen sich auf einem Bord, und dann Bücher, Bücher und nochmals Bücher bis zur Decke, die man nur mit einer Rolleiter erreicht.

Neben dem Schreibtisch, von dem aus man auf eine hohe, efeubewachsene Friedhofsmauer blickt, hat Madame de Beauvoir eine Fotowand. Eine ganze Wand voller Fotos von Freunden: Sartre im Regen neben einer Seine-Brücke, ein Filmteam

bei der Arbeit in der Wüste, Mao Tse-tung, ein paar hübsche junge Männer und sogar Sofia Loren in klassischer Pose.

Madame de Beauvoir schreibt gerade ein Buch über ihre Jugend: Die strenge Erziehung in der Klosterschule, der intellektuelle Werdegang bis zum einundzwanzigsten Lebensjahr (das Buch wird in sechs Monaten fertig sein). Ihr letztes Buch, ein Essay über das heutige China, *La longue Marche*, wird bald in Deutschland veröffentlicht.»

Heinrich Maria Ledig-Rowohlt beauftragt Inge mit einer Reportage über den Künstler und Graphiker Raymond Peynet, der die Illustrationen für den Rowohlt Verlag zeichnet. Peynet ist für sein Liebespärchen Valentina und Valentino

berühmt, das zur Zeit der Nazi-Besatzung von Paris versuchte, das Leben mit seiner unverwüstlichen Romantik ein wenig erträglicher zu machen. Ledig-Rowohlt begleitet Inge ins bayerische Selb, wo der Zeichner gerade am Arbeiten ist. Auf Inges Aufnahmen sieht man, wie Raymond Peynet – «ein Filou in Reinkultur» – Unmengen von minderwertigem Porzellan zerschlägt und am Ende erschöpft und verwirrt vor einem Berg Scherben steht. Ein von Inge gewähltes Stilmittel? Nicht nur. Nichts könnte die völlig unvorhergesehene Wendung, die Peynets Übersiedlung nach Bayern genommen hat, besser verkörpern als diese Scherben. Der Illustrator hat sich in Jane Rosenthal verliebt, die Frau des berühmten Porzellan-Unternehmers Philip Rosenthal, in die sich Ledig-Rowohlt ebenfalls unsterblich verliebt und dessen Gefühle Jane Rosenthal erwidert. Es folgen eine Blitzscheidung und eine Hochzeit mit dem Verleger. Peynet bleiben die Scherben und Inge die wunderschönen Fotos und eine Zeichnung, die der Künstler von ihr anfertigt.

Nach der Rückkehr aus Brasilien und den Filmaufnahmen mit Federico Patellani in Griechenland hat sich Inge vorgenommen, sich in Zukunft umfassenderen Reportagen zu widmen und darin vermehrt gesellschaftliche und politische Probleme ins Licht zu rücken. Davon zeugen die lebhaften Briefwechsel mit Botschaftern und mit internationalen Organisationen, die in Regionen tätig sind, die ihr interessant erscheinen. Im Dezember 1955 begleitet sie den Verleger Ledig-Rowohlt zur Vergabe des Literaturnobelpreises an den isländischen Schriftsteller Halldór Laxness nach Stockholm. Und immer häufiger arbeitet sie für die Zeitschrift *Kristall* der Verlagsgruppe Axel Springer und schreibt hin und wieder auch kurze Artikel für die *Bild Zeitung*.

Die 1946 von zwei jungen Journalisten gegründete Monatszeitschrift *Kristall* wendet sich an den gebildeten Mittelstand und setzt ihren Schwerpunkt auf den Abdruck politischer Radiokommentare. Inge möchte sich bei der Zeitschrift mit einer Russlandreise bewerben. Afrika und Hongkong stehen ebenfalls ganz oben auf ihrer Liste. Doch ihre Porträts sind weiterhin so gefragt, dass sie ihrer Journalistinnenlaufbahn noch mehrere Jahre lang den Takt vorgeben. Im Laufe der Zeit hat Inge ihr *für damalige Verhältnisse einzigartiges Netzwerk an Kontakten* weiter ausbauen können, nicht nur zu Journalisten und Zeitungsredaktionen, sondern auch zu Herausgebern, führenden Köpfen der Verlagsbranche und bedeutenden Wirtschaftsvertretern. Dank der Bekanntschaft mit Melvin J. Lasky, Verleger und Mitherausgeber der Zeitschrift *Der Monat*, hat Inge Verbindungen zu renommierten Politik-

und Kulturzeitschriften in ganz Europa geknüpft. Zwischen 1956 und 1958 ist sie häufig in Kontakt mit der Monatszeitschrift *Preuves*, dem französischen Pendant von *Der Monat*. In Paris lernt sie den Herausgeber François Bondy sowie Herbert Lüthy kennen. Die beiden Schweizer Intellektuellen sind die idealen Impulsgeber für eine neue demokratische und europäische Kultur. Der studierte Historiker Lüthy mit seinem bebrillten Gelehrtengesicht verliebt sich rettungslos in die Fotoreporterin aus Hamburg. Am liebsten würde er Inge vom Fleck weg heiraten. Monatelang verfasst er in seiner eleganten Handschrift herzzerreißende, von wunderschönen Zeichnungen begleitete Liebesbriefe. Jedes Stück Papier, das ihm in einem Restaurant oder in einem Café in die Hände fällt, verwandelt Lüthy in ein kleines Kunstwerk für seine Angebetete. Auch der einflussreiche Literaturkritiker François Bondy, der sich laut Inge für unwiderstehlich hält, kann sich ihrer Anziehungskraft anscheinend nicht entziehen.

Inges neue Verehrer gehören allesamt einem intellektuellen Umfeld an, das sich vorgenommen hat, den Alten Kontinent zu erneuern. Nicht von ungefähr werden Zeitschriften wie *Der Monat*, *Preuves* und der englische *Encounter* mit dem Geld des Marshall-Planes finanziert, der auch die kulturelle Wiedergeburt Europas unter einem bestimmten politischen Stern zum Ziel hat. Eine zentrale Rolle dabei spielt niemand anderer als Melvin J. Lasky. Seine jugendlichen Sympathien für Trotzki haben ihn zu einem eingeschworenen Feind Stalins und des sowjetischen Regimes gemacht. In *Der Monat* erscheinen der große George Orwell, außerdem Beiträge von Ignazio Silone, Hannah Arendt, Thomas Mann, Saul Bellow, Arthur Koestler, Heinrich Böll und sogar vom zukünftigen sozialdemokratischen Bundeskanzler Willy Brandt. Also das

Beste, was die liberale, demokratische, mitunter progressiv angehauchte Kultur zu bieten hat. Ein Novum im Deutschland der Fünfzigerjahre, in dem der Kalte Krieg auch im Journalismus etlichen Personen mit Nazi-Vergangenheit den Weg ebnet, sofern ihr autoritärer «deutscher» Geist sich an das amerikanische Konzept von Law & Order hält. Ohne die Finanzierung aus den Vereinigten Staaten könnten solche elitären Zeitschriften deshalb nicht überleben. Lasky erhält die Gelder über den 1950 von der CIA gegründeten Kongress für kulturelle Freiheit, der sich den Kulturkampf gegen den sowjetischen Kommunismus auf die Fahnen geschrieben hat, doch sollte das erst sehr viele Jahre später bekannt werden. Wenn selbst der durch und durch abgeklärte und gebildete François Bondy noch zur Hochzeit der Achtundsechziger-Proteste behauptete, er habe nicht gewusst, dass ausgerechnet die CIA diese Zeitschriften maßgeblich unterstützte, lässt sich schwerlich vorstellen oder erwarten, dass Inge etwas davon ahnte. Ohnehin waren ihre neuen Verehrer fraglos anregender als die scheinheiligen, konservativen alten Knochen. Dass auch Melvin Lasky sein Herz an sie verloren hat und sie, im Wetteifer mit dem Schweizer Lüthy, mit Briefen bombardiert, könnte allerdings irgendwann lästig und unangenehm werden.

Inzwischen sind es fünf Jahre, die Inge Schönthal nach ihrer «Lehr- und Assistenzzeit» bei Rosmarie Pierer als freie Journalistin die Welt bereist. Für eine Frau im Nachkriegseuropa ist das, ebenso wie ihr Erfolg, alles andere als selbstverständlich. Die Frauen, die es geschafft haben, sich in der Branche einen Namen zu machen, lassen sich an einer Hand abzählen: die Schweizerinnen Annemarie Schwarzenbach, Ella Maillart und Sabine Weiss, die Deutsche Marianne Breslauer, die Amerikanerin Eve Arnold und die Österreicherin Inge Morath, die beide für die Agentur Magnum arbeiten.

Die Jahre von 1956 und 1958 sind für Inge von ständigen Reisen zwischen Hamburg, London und Paris geprägt. Und ausgerechnet in der französischen Hauptstadt wartet ein weiterer *moment décisif* auf sie.

«Im Sommer 1956 erfahre ich, daß Billy Wilder ein Remake der Verfilmung des Romans *Ariane* drehen will. Die deutsche Version von 1931 wurde von Elisabeth Bergner und Rudolf Foster gespielt. Jetzt sollen Audrey Hepburn, Gary Cooper und Maurice Chevalier die Rollen übernehmen, eine Starbesetzung. Zudem soll nicht in Hollywood, sondern in der Stadt gedreht werden, in der die Geschichte spielt, nämlich in Paris. Eine Nachricht, die für sämtliche Journalisten, die sich in Europa mit Kino beschäftigen, nur eines bedeutet: «Auf nach Paris!» Und ich denke auch, daß es eine Chance für mich sein könnte, also und obwohl ich keinen offiziellen Auftrag habe, begebe ich mich auf die Reise, auf eigene Kosten und praktisch ohne jemanden zu kennen, der mir den Weg zu diesem berühmten Quartett ebnen könnte: Wilder, Hepburn, Cooper, Chevalier. Das Einzige, was ich habe, ist ein Empfehlungsschreiben von Ernst von der Decken – Verantwortlich für die Kulturseiten der *Welt am Sonntag* – an Billy Wilder. Er kennt den Regisseur aus den Berliner Jahren, also vor 1933, als beide für die *Berliner Zeitung am Mittag* arbeiteten. Mit diesem einzigen Trost mache ich mich also auf den Weg.

Doch schon kurz nach meiner Ankunft in Paris mußte ich feststellen, daß meine Chancen gleich Null sind. Die Journalisten haben das Studio, in dem *Ariane* gedreht wird, buchstäblich gestürmt, und deshalb hat Wilder die Gegenwart der Presse am Set während der Dreharbeiten kategorisch verboten. Klar, daß die Produktion mir ebenfalls den Laufpaß gibt. Doch irgendjemand hat mir gesagt, daß ich vielleicht dank einer besonderen Empfehlung ins Studio gelangen könnte, und nannte den Namen eines Reporters von *Paris Match*, der größten französischen Wochenzeitschrift. Ich merke mir den Namen des Reporters und lasse mich zur Zeitung bringen. *Paris Match* ist eine wunderschöne Zeitschrift, die den qualitativen Vergleich mit der amerikanischen *Life* nicht zu scheuen braucht. Die Auflage erreicht mehrere Millionen und genießt internationales Ansehen. Der Sitz befindet sich in der Rue Pierre Charron. Es ist eines dieser altmodischen Gebäude mit einem einzigen Aufzug, in den gerade einmal zwei Personen passen. Als ich atemlos in den Eingangsflur stürze, ist der Aufzug gerade abgefahren. Ich winke dem Mann darin zu, und der hält den Fahrstuhl an und kommt wieder nach unten.

«Sie haben es aber eilig», stelle ich fest. «Vermutlich wollen Sie auch zu *Paris Match*.»

Wir steigen im selben Stockwerk aus, und kurz darauf ist er verschwunden. Ich mache mich auf die Suche nach dem Reporter, der mir empfohlen wurde, ein Ungar. Kurz darauf spüre ich ihn auf, nur daß er auf dem Weg nach Budapest ist, wo gerade der Aufstand ausgebrochen ist. Weder er noch die anderen haben einen Kopf für mich und mein Anliegen. Trotzdem ist er so nett, eine Visitenkarte hervorzuziehen und auf die Rückseite zu schreiben: «Mein lieber Cravenne, bitte helfen Sie ...» Plötzlich hält er inne und ruft: «Ah, aber das ist er ja selbst!», und deutet auf einen Herrn. Es ist der Mann aus dem Aufzug.

Georges Cravenne ist der bedeutendste französische Filmjournalist. Seine Macht in der Welt des Kinos ist enorm, und es gibt keinen Star, den er nicht persönlich begleitet. Zu meinem Glück bin ich eine aufmerksame Zeitungsleserin – eine für einen guten Reporter unerläßliche Voraussetzung – und weil ich nicht einmal die Klatschmeldungen auslassen, weiß ich, daß Cravenne mit der aufstrebenden Schauspielerin Françoise Arnoul verheiratet ist. Als sich der Reporter vorstellt, ergreife ich deshalb sofort die Gelegenheit, mit Cravenne über seine Frau zu sprechen und ihm Komplimente zu machen. Das Eis ist bald gebrochen. Cravenne ruft einen seiner Mitarbeiter im Studio Boulogne an, also dort, wo Wilder gerade dreht, und dieser confrère gibt mir eine kleine, rote Karte, auf der steht: «Der Inhaber dieser Karte ist befugt, einen Nachmittag lang bei den Dreharbeiten von *Ariane* dabei zu sein.» Es ist mir gelungen, die wichtigste Tür zu öffnen.

Wer den Film *Ariane* gesehen hat, wird sich gewiß an die Szene erinnern, deren Aufnahme ich an diesem Nachmittag miterleben durfte: Gary Cooper, der eine Suite im Ritz bewohnt, schenkt Audrey Hepburn Champagner ein. Im Nebenzimmer spielen Musiker. Gary versetzt einem Teewagen, auf dem vier Sektgläser stehen, einen Stoß und schickt ihn ins Nebenzimmer. Die Musiker leeren die Gläser und schubsen den Teewagen zurück, um sie erneut füllen zu lassen. Schade nur, daß diese lustige Szene einfach nicht gelingen will. Bei jedem Stoß fällt mindestens eines der vier Sektgläser um. Ich habe den Eindruck, daß inzwischen die gesamte Crew von *Ariane* – Scriptgirl, Lichttechniker, Arbeiter – schon ein bißchen betrunken ist. Sie amüsieren sich köstlich über Garys vergebliche Bemühungen. Audrey Hepburn, die wie ein kleines Schulmädchen auf einem Louis-XVI-Stuhl zusammengerollt ist, schüttet sich aus vor Lachen. Dann findet Gary, der alte Cowboy, endlich die – überraschend einfache – Lösung für das Problem: Die Oberfläche des Tischchens ist aus weichem Holz, also umsteckt er die Füße der Gläser mit Stecknadeln. Und nun gelingt der Gag perfekt. Billy Wilder wird sofort aktiv. Die Szene wird mindestens zwanzig Mal wiederholt. Audrey, Gary und Billy sind hochkon-

zentriert. Als die Scheinwerfer endlich ausgehen, wirkt Audrey völlig erschöpft und der Regisseur sagt: «Thank you, Audrey, nun ruh dich aus.»

Inge nutzt die Chance und wendet sich direkt an den Regisseur. Um seine Aufmerksamkeit zu erlangen, muss sie nur den Namen Ernst von der Decken fallen lassen. Der leicht beschwipste Billy Wilder hört Inges deutschen Akzent und wechselt ins Deutsche. Er erzählt ihr von seiner Jugend und wie er in ihrem Alter ebenfalls als Journalist arbeitete, allerdings war er für Verbrechensmeldungen zuständig und begleitete die Polizei durch die Berliner Nacht. Weil man wenig verdiente, ging er nachmittags in ein Hotel und ließ sich dafür bezahlen, mit reichen Damen zu tanzen und Tee zu trinken. Zum Abschied kramt der Regisseur in den Requisiten nach einer Pickelhaube, setzt sie sich auf den Kopf und posiert vor einer römischen Statue für «die deutsche Fotoreporterin». Inge lässt sich nicht zweimal bitten, und als die Aufnahme entwickelt ist, schickt sie Wilder einen Abzug nach Hollywood, den er wiederum, zur Neujahrskarte umfunktioniert, an Inge zurückschickt.

> «Mein sechster Sinn sagt mir, daß dies der richtige Moment ist, um ihm mein eigentliches Vorhaben zu eröffnen: Das Interview mit Audrey Hepburn. Ich weiß, daß das Unterfangen noch scheitern kann. Audrey ist die Nichte des holländischen Barons Aarnoud van Heemstra, weshalb die Nazis sie während der Besatzung von Arnheim in ein Konzentrationslager gesteckt hätten, wenn die Partisanen sie nicht versteckt hätten. Verständlich also, daß Audrey keine besondere Sympathie für Deutschland hegt, wie ich in einem Interview von einem amerikanischen Kollegen gelesen habe. Ich äußere meine Zweifel

gegenüber Billy Wilder, der nur antwortet: «Überlassen Sie das mir. Kommen Sie morgen wieder.»

Am nächsten Tag sitze ich auf einer Kiste zwischen Frau Wilder und Maurice Chevalier und sehe stundenlang der Szene zu, in der Audrey mit traurigen Augen Gary Cooper beim Kofferpacken zuschaut. Ich bin fasziniert von der Geduld dieser beiden großen Schauspieler, die dieselbe Szene klaglos unablässig wiederholen, aber ebenso gebannt bin ich von der fraglosen Autorität dieses großen Regisseurs, dem es schließlich gelingt, dieses Intermezzo in ein kleines Juwel psychologischer Innenschau zu machen. Trotz allem erscheint er zufrieden. Dann kommt er plötzlich auf mich zu und fragt: «Na, wie gefällt Ihnen das? Ich finde, Audrey ist die beste junge Schauspielerin, die wir im Moment haben auf der Welt.» Gleich darauf ist er wieder der despotische Herrscher des Studios. Bis dahin hat Audrey mich kaum mit dem Blick gestreift, während ich mir kein einziges ihrer Worte oder Gesten habe entgehen lassen. An dem Tag trägt sie einen champagnerfarbenen Wollmantel und Schuhe in der passenden Farbe mit ziemlich niedrigen Absätzen. In der Hand hält sie ein ebenfalls champagnerfarbenes Chiffontuch, mit dem sie nervös herumspielt. Man sieht, daß sie ihr Bestes geben will und gleichzeitig Billy Wilders Strenge fürchtet. Ich bleibe auf meinem Platz, immer überzeugter, daß ich das Interview auch an diesem Tag nicht nach Hause bringen werde. Dann sehe ich auf einmal Billy, der sie bei der Hand nimmt und direkt auf mich zukommt. Er stellt mich ihr vor: «Das ist Inge Schönthal!», sagt er lächelnd und verschwindet. Sie schaut mich an, sagt höflich, aber indifferent: «How do you do?» und kehrt zu ihrem Sessel zurück, um sich für die nächste Szene frisieren zu lassen. Ich setze mich wieder mutterseelenallein auf meine Kiste und frage mich, ob dieses «How do you do?» bereits das Interview war. Es sieht ganz so aus. Denn wieder vergeht eine ganze Stunde, ohne daß sie oder Billy mich eines einzigen Blickes würdigen. Doch als ich endlich beschließe zu gehen, kommt sie zu mir und fragt: «Wollen Sie mit mir Tee trinken?»

Während die beiden Frauen sich unterhalten, lehnt Gary Cooper an der Bar. Inzwischen bewegt sich Inge wie eine *habituée* im Kreis der großen Filmstars. Es braucht ein Weilchen, ehe die Hepburn auftaut. Sie ist höflich, distanziert, mit tadellosen Manieren und durch und durch ladyliker Zurückhaltung. Statt jungenhaft kurz wie in *Sabrina* oder *Ein Herz und eine Krone* trägt sie das kastanienbraune, leicht gewellte Haar jetzt schulterlang. Sie ist um einiges größer und noch schlanker, als Inge erwartet hatte, und der jugendlich verschmitzte Blick beginnt sich zu erhellen. Aus Mangel an Gesprächsthemen erwähnt Inge den Schauspieler Mel Ferrer, Hepburns Ehemann, und zu ihrer Überraschung öffnet sich die Schauspielerin. Sie erzählt, sie würden täglich telefonieren, noch hätten sie kein eigenes Haus und die in der ganzen Welt erstandenen Einrichtungsgegenstände seien noch in Kisten und Kästen verpackt. Sie plaudert ganz entspannt, und Inge atmet erleichtert auf: Jetzt hat sie ihr Interview.

Das Jahr 1957 beginnt für Inge mit etlichen Ideen, die sie wie immer in ihren Kalender kritzelt. Die Namen von Axel Springer, Ledig-Rowohlt und seiner Assistentin - mit «Be Be» für Anne-Lotte Becker-Berke abgekürzt -, von Gassy und Blumenfeld sind unterstrichen, ausgestrichen, durch Pfeile verbunden oder mit Strichen versehen, die auf eine andere Seite verweisen. Und wieder: Telefonnummern, Namen von Zeitschriften, *Kristall*, *Constanze*, Wörter, die immer wieder auftauchen, «ok», «team», «USA», die Visitenkarte eines Camera repairing in New York. Seit ein paar Monaten ver-

dichtet sich in Inges Kopf die Idee einer zweiten USA-Reise. Es braucht ein Weilchen, um sie auf die Beine zu stellen, doch am 4. April 1957 setzt Inge endlich wieder einen Fuß in den Big Apple. Wie schon fünf Jahre zuvor wohnt sie in Manhattan, diesmal am Riverside Drive, bei der in Ungarn geborenen Designerin Eva Zeisel, die seit frühesten Kindertagen mit Arthur Koestler befreundet ist, dem Autor des gefeierten Romans *Sonnenfinsternis* über die Moskauer Prozesse, dessen bittere Ernüchterung die beiden teilen. Zeisels Keramikarbeiten sind stark vom Bauhaus geprägt, und inzwischen feiert sie mit ihren Entwürfen für Küchenporzellan große Erfolge.

In den Dreißigerjahren, zur Blütezeit der klassischen Moderne, arbeitete Eva Zeisel als Leiterin verschiedener Porzellanfabriken in Moskau. Der Mitverschwörung bei einem Stalin-Attentat beschuldigt, wurde sie 1936 zu Unrecht verhaftet und verbrachte ein Jahr hinter Gittern. Zu den zahlreichen Intellektuellen und Gelehrten, die sich für ihre Freilassung einsetzten, zählte auch Albert Einstein. Nach ihrer Haftentlassung siedelte sie 1939 mit ihrem Mann in die Vereinigten Staaten über, um sich dort eine Karriere und ein neues Leben aufzubauen. Während des Zweiten Weltkriegs wird ihre New Yorker Wohnung für zahlreiche Intellektuelle, Wissenschaftler und berühmte Persönlichkeiten zu einem wichtigen Treffpunkt.

Und dann ist da Jeannie, Evas fünfzehnjährige Tochter, für die Inge wie eine große Schwester ist. Das Mädchen ist fasziniert von dieser kaum siebenundzwanzigjährigen Frau, die vor Ideen sprüht und innerlich zu brennen scheint.

Doch am meisten beeindruckt ist Jeannie von Inges Improvisationstalent. Mit so gut wie keinem Geld in der Tasche und einer Handvoll Wechselsachen ist sie nach New York gekommen, und doch schafft sie es, eine Einladung zu einer wichtigen Party zu ergattern und eine bedeutende Zeitschrift zu «kapern». Für einen Appel und ein Ei treibt sie Kleider und Schmuck auf und improvisiert daraus eine Abendgarderobe, bei der allen der Mund offen stehen bleibt. Schon bald gehört Inge zur Familie. Wenn sie nicht im Zentrum der Aufmerksamkeit der Besucher steht, die im Hause Zeisel ein und aus gehen – selbst nach fünf Jahren hat sich die Neugier nicht gelegt: Wie lebte es sich unter dem Nationalsozialismus? –, setzt sich Inge gern mit ihrer «kleinen Schwester» an den Tisch und genießt den von Eva Zeisel selbst gemachten Borschtsch.

Über die Designerin lernt Inge den Architekten Philip Johnson kennen, den sie besucht, um sein Haus in Connecticut zu porträtieren, das als Paradebeispiel der zeitgenössischen Architektur gilt. Das legendäre Glashaus fügt sich so vollkommen in die umgebende Natur, dass es vor dem Hintergrund der Bäume fast verschwindet.

«Das Glashaus präsentierte sich als Teil einer Gruppe von ganz verschiedenen Anlagen, die nach einem wohlüberlegten Plan in die hier geradezu ideale Landschaft hineinkomponiert waren. Es war ein lang gestreckter und winzig erscheinender Kasten mit einem flachen Dach, vollkommen durchsichtig und aus riesigen Glasscheiben zwischen geschweißten Stahlträgern bestehend, in denen sich die umgebenden Räume spiegelten. Unweit lag das genaue Gegenstück dazu, ein vollkommen fensterloser Kubus, der als Gästehaus diente, dazwischen ein rundes Schwimmbecken mit einer seltsam hineinragenden Rampe, und als Gegenpol eine fast fünf Meter hohe «Plastik» von Lipschitz, ein gespenstisches Monstrum aus gewaltigen Balken, skurrilen stählernen Armen. Dahinter senkte sich der Boden in eine Senke, einzelne Bäume waren zu Gruppen vereinigt, bis in einiger Entfernung ein dichter Wald eine Abschlußkulisse bildete, über die dennoch der Blick in weite Fernen zum Himmel schweifen konnte.

Das Innere des Glashauses bot eine neue Überraschung. Denn so klein das Haus von außen wirkte, so weitläufig schien es von innen. Die Durchsichtigkeit des Glases bewirkt diesen Trick. Da man ohne weiteres durch das ganze Haus hindurchsehen kann, wird ihm das innere Volumen genommen, von innen dagegen scheint es mit der umgebenden Natur anzuschwellen [...]

Das Glashaus ist ganz offensichtlich ungeeignet für ein normales Familienleben. Gewisse Praktiken einer Ehe fordern eine Abgrenzung von der allgemeinen Lebenssphäre. Menschen können nun einmal nicht in einer der Ledou'schen Kugeln oder in Mies van der Rohe'schen reinen Glasprismen leben. Frank Lloyd Wright scheitert bei aller Brillanz seiner Entwürfe, wenn Kinder auf den Balkons seiner Wohnzimmer spielen, genauso wie Corbusier. Aber es gibt eine Möglichkeit, die Lösung, die Johnson in seinem Haussystem in New Canaan wählte – ein Glashaus, ein geschlossenes Gehäuse für die privaten Funktionen – in einem Bauwerk zu vereinen. Ein solcher Bau ist das Wiley Haus in New Canaan, bei dem der Gemeinschaftsraum, ein stählerner Glaskäfig, auf einem geschlossenen Sockel aufgesetzt ist.»

Im Hause Zeisel begegnet Inge Evas Cousin John C. Polanyi und geht häufig mit ihm aus. Ein Flirt? Er ist Chemiker, der viele Jahre später den Nobelpreis erhalten soll. Evas Mutter Laura ist die Schwester von Michael Polanyi, der ebenfalls Chemiker ist, und von Karl Polanyi, dem großen Soziologen und Verfasser von *The Great Transformation*, in dem er gegen falsche Mythen der klassischen Wirtschaft zu Felde zieht.

Zur gleichen Zeit fotografiert Inge in einem Radiostudio in Manhattan den griechischstämmigen Film- und Theaterregisseur Elia Kazan, dem vor allem seine Filme *Endstation Sehnsucht* (1951) und *Jenseits von Eden* (1954) zu internationaler Berühmtheit verhalfen. Als Inge ihn trifft, ist Kazan arbeitslos und steht bei einigen Intellektuellen heftig in der Kritik, weil er sich bereit erklärt hat, vor der antikommunistischen McCarthy-Kommission auszusagen. Kazan, von 1934 bis 1936 selbst Mitglied der kommunistischen Partei, hat beschlossen zu kollaborieren, und er gilt als Verräter. Natürlich ist Inge ständig mit ihrer Kamera unterwegs, alle Türen scheinen ihr offenzustehen, alle scheinen bereit, sich von der angesagten Fotoreporterin ablichten zu lassen. Doch manche schlagen ihr die Tür vor der Nase zu. So auch Albert Einstein, der auf Inges Liste der Berühmtheiten fraglos ganz oben steht. Bei Eva Zeisel lernt sie auch den ungarischen Kernphysiker und Molekularbiologen Leó Szilárd kennen, der regelmäßig in der Dachwohnung wohnt, in der Inge logiert. Szilárd war einer der führenden Wissenschaftler des Manhattan-Projekts, das die erste Atombombe entwickelte. 1939 hatte der Wissenschaftler zusammen mit dem italienischen Kernphysiker Enrico Fermi Präsident Roosevelt durch seinen Freund und Kollegen Albert Einstein über die Verwendung von Uran beim Bau der verheerenden Bombe in Kenntnis setzen lassen.

Auch Szilárd verguckt sich in Inge und lädt sie häufig ins Kino und zum Abendessen in eines der vielen asiatischen Restaurants in der Nachbarschaft ein. Ihre Unterhaltungen sind immer sehr *charming*, doch vielleicht nicht ganz so, wie von ihm erhofft, was womöglich auch mit den dreißig Jahren Altersunterschied zu tun hat. Dennoch entwickelt sich eine echte Freundschaft zwischen den beiden. Auf Inges Drängen versucht Szilárd wiederholt, sie mit Einstein bekannt zu machen, doch als der hört, dass sie Fotografin ist, bemerkt er bissig: «Ein Lichtaffe, nein – danke!» Die Vorstellung, dass jemand um ihn herumhüpft, um ein paar Fotos zu schießen, ist ihm unerträglich.

Zwischen Mai und Juni kehrt Inge nach Europa zurück, und wieder gibt ihr Arbeitskalender den kurzzeitig unterbrochenen Rhythmus vor – Ledig, Springer, *Kristall*, Be Be ... Alles erscheint wie immer, doch in Wirklichkeit ist alles anders, denn inzwischen muss sie zu ihren beruflichen Terminen nicht mehr per Anhalter fahren. Jetzt verdient sie genug, um fliegen zu können. Und so steht Inge an einem grauen

Herbstmorgen des Jahres 1957 am Pariser Flughafen Le Bourget und wartet auf ihren Anschlussflug nach Hamburg. Sie hat wenig geschlafen, rutscht fast auf der Flugzeugtreppe aus, setzt sich auf ihren Platz, schnallt sich an und schläft augenblicklich ein. Geweckt wird sie vom Duft des Kaffees, den ihr eine Flugbegleiterin hinhält.

«Gut geschlafen?», fragt der Passagier zu ihrer Linken. Die Stimme kommt ihr bekannt vor, lässt sich aber keiner fernen oder jüngeren Erinnerung zuordnen. Sie betrachtet ihren Sitznachbarn genauer. Er scheint noch keine vierzig zu sein, und sein Gesicht gibt ihr das gleiche Gefühl wie schon seine Stimme. Wer ist dieser Mann?

Inge will etwas sagen, doch er kommt ihr zuvor und gesteht, dass er sehr froh sei, sie wieder getroffen zu haben. Na schön, denkt Inge, ich träume also nicht, diesem Mann bin ich tatsächlich schon einmal irgendwo begegnet. Doch dann sagt er etwas, das Inge aus dem Konzept bringt und sie doch an einen Traum glauben lässt.

«Sie sind mein Buch, richtig?»

Die verdatterte Inge sieht ihn mit wachsender Verwirrung an. Fieberhaft lässt sie sich den Satz im Kopf herumgehen, auf der Suche nach einem Hinweis, und schließlich findet sie ihn. Bei dem Wort «Buch» geht Inge endlich ein Licht auf.

Plötzlich hat sie wieder den Empfang vor sich, den ihr väterlicher Freund Ernst Ledig-Rowohlt im vergangenen Juni in Hamburg zu seinem siebzigsten Geburtstag gegeben hat. Dort hat sie ihren Sitznachbarn kennengelernt! Und jetzt erinnert sie sich auch an seinen Namen: Es ist der junge Hamburger Verleger Walter Blüchert.

Als Inge sich von ihrer Überraschung erholt hat, erkundigt sie sich, was er mit seiner Frage «Sie sind mein Buch, richtig?» gemeint hat.

«Sie haben Hemingway, Picasso und Anna Magnani interviewt. Sie waren auf Trumans Pressekonferenz. Sie kennen den Herzog von Windsor. Wie zum Teufel haben Sie das angestellt?»

«Mein lieber Herr Blüchert», sagt Inge, «das ist eine lange Geschichte, die ich Ihnen gewiss nicht in einer halben Stunde erzählen kann.»

«Da haben Sie recht», erwidert er. «Warum erzählen Sie sie nicht in einem Buch?»

Blücherts Angebot hätte zu keinem besseren Zeitpunkt kommen können. Seit Jahren ist sie wie ein Brummkreisel unterwegs, hat eine Etappe nach der anderen abgerissen, ohne sich die kleinste Pause zu gönnen.

Doch in letzter Zeit geht ihr ein Gedanke durch den Kopf. Wie fühlt es sich an, wenn man vom Wunderkind zum alten Hasen wird? Spürt man eine Art Riss, oder merkt man es erst, wenn einem alles allzu leichtfällt? Vielleicht weder noch. Vielleicht hat dieses Gefühl noch keinen Namen, sondern ist eher ein Zustand, der zwischen Angst und Sucht schwankt, in einem Zwischenreich, in dem die alle Türen öffnende Arglosigkeit allmählich verpufft.

Meist ist Inge auf eigenes Risiko gereist. Dies könnte nun die Gelegenheit sein, um einen Moment lang innezuhalten und aus dem bisher Erreichten Bilanz zu ziehen. Nach der Landung in Hamburg verspricht Inge dem Verleger Blüchert, sich bald mit einer Projektskizze bei ihm zu melden.

«Wunderbar», antwortet er, «ich rechne damit. Und wir machen einen Vorvertrag. Wenn Sie wollen, lasse ich Ihnen einen Entwurf zukommen.»

Von einer beruflichen Reise für *Constanze* nach Ghana abgesehen, hat Inge für die kommenden Jahre noch keine

Projekte. Die Ghana-Reise ist ihr sehr wichtig, endlich geht es nach Afrika. Doch hat sie alle Zeit, die ersten Seiten des Buches mit dem vorläufigen Arbeitstitel *Wie ich Reporterin werde?* zu schreiben.

> «Ich habe vor acht Jahren mit nichts angefangen, meine ersten Aufnahmen machte ich mit einer geliehenen Kamera, vom Zeitungswesen hatte ich keine Ahnung. Jetzt besitze ich eine komplette Fotoausrüstung, eine Schreibmaschine, und vom Zeitungswesen verstehe ich so viel, daß mir die Redaktionen meine Fotos und meine Textinformationen abnehmen. Manchmal finanzieren sie meine Reisen. Aber nicht immer. Mit einigen Reportagen z. B. über Ernest Hemingway und Pablo Picasso hatte ich internationale Erfolge. Ich bilde mir nicht ein, eine große Starreporterin zu sein. Aber ein kleines ‹Häschen› bin ich auch nicht mehr. Manche Leute behaupten, ich hätte meinen Weg vor allem mit Charme und Frechheit gemacht. Ich kenne Kolleginnen, die weit charmanter und viel dreister sind als ich und dennoch weniger Erfolg haben. Nein, so einfach ist das nicht! Aber ich gebe zu, daß Talent und Fleiß allein nicht ausreichen, um in meinem Beruf nach vorne zu kommen. Ich bin einer ganzen Reihe von Reporterinnen begegnet, die ebenso gut oder besser als ich fotografieren und eine elegante Feder führen, was ich von mir nicht sagen möchte. Trotz dieser Vorzüge sind sie weniger bekannt und schlechter bezahlt als ich.

Inge glaubt, diese kleine Präsentation reicht aus, um den Charakter ihres Buches zu umreißen. Sie will kein Handbuch schreiben. Zwar hat sie in diesen Jahren kein eigenes System entwickelt, aber immerhin ein paar Faustregeln, «die vielleicht auch anderen Menschen nützlich sein könnten -

nicht nur Reporterinnen, sondern vielen jungen Leuten, die sich ihre Welt erobern wollen, so wie ich mir die meinige erobert habe». Im Entwurf für ein Vorwort wird sie später hinzufügen:

> «Ich habe selbst weder im Leben noch in meinem Beruf ausgelernt. Vielleicht ist es überhaupt das Rätsel meines Erfolgs, daß ich mir vor jedem neuen Auftrag immer wieder wie eine Elementarschülerin vorkomme. Ich habe das Staunen nicht verlernt. Daran wird's liegen.»

Das Buch könnte elf Kapitel umfassen. Inge braucht nicht lang, um sich eine Gliederung zu überlegen. Jedes Kapitel ist unmittelbar an ihre Erfahrungen geknüpft. Die erste Frage, auf die sie antworten möchte, lautet: *Kann man Reporter lernen?* Als sie anfing, gab es noch keine Journalistenschulen, Fächer wie Publizistik und Medienwissenschaften wurden an den Universitäten nicht gelehrt. Im zweiten Kapitel kommt Inge gleich zur Sache und erzählt von der Begegnung, die ihrer Laufbahn die entscheidende Wende gab. Ausgehend von Hemingway und Kuba, stellt sie die Frage: *Wie interviewt man einen großen Autor?*, gefolgt von der allgemeineren Frage: *Wie nähert man sich den Unnahbaren?* Als Antwort darauf wird sie von den Begegnungen mit Greta Garbo, Audrey Hepburn und Pablo Picasso erzählen. Ein weiteres Kapitel wird sich der Frage *Wie bewege ich mich in der großen Gesellschaft?* widmen. Ob ein Ball bei den Windsors in New York oder ein Galaabend in Stockholm anlässlich der Verleihung des Literaturnobelpreises an Halldór Laxness, Inge ist es stets gelungen, in kürzester Zeit die richtige Begleitung und die passende Garderobe aufzutreiben. Um auf die Frage *Was ist ein Scoop?* zu antworten, will sie auf ihr Repertoire von

Begegnungen mit berühmten Persönlichkeiten zurückgreifen und erklären, was Zeitungen und Zeitschriften am meisten interessiert. Wichtiger Hinweis: Veröffentlichen ist kein Synonym für Erfolg; man sollte wissen, wo die Geschichte gedruckt wird, denn selbst die schönste Reportage kann vollkommen an Wert verlieren, wenn sie in der falschen Zeitung erscheint. Das weiß sie aus eigener Erfahrung. Deshalb will sie ein ganzes Kapitel dem Thema *Umgang mit Redakteuren* widmen. Und weil es alles andere als unwahrscheinlich ist, während einer Reportage einem Kollegen zu begegnen, ist es nützlich und mitunter sogar entscheidend, einen guten Draht zueinander zu haben und, sollte sich die Gelegenheit ergeben, auch *Mit Kollegen zusammenzuarbeiten*. Mitunter münden diese Begegnungen in echte, dauerhafte Freundschaften und können helfen, eine Geschichte unterzubringen. Auch dem *Modejournalismus - eine ganz spezielle Welt* will Inge ein ganzes Kapitel widmen. Die Überschrift für das folgende Kapitel - *Knipse jeden Bahnhof!* - bringt ihre beiden charakteristischsten Eigenschaften auf den Punkt: Neugier und Empfänglichkeit für alles. Selbst das kleinste und unbedeutendste Ereignis kann zu einer sensationellen Story werden, wenn man es einzufangen weiß. Und da es zu der Zeit alles andere als selbstverständlich ist, eine weibliche Reporterin zu sehen, hat Inge beschlossen, diesem Thema das Kapitel *Ich als Frau* zu widmen. Die dazu von ihr notierten Schlüsselbegriffe lauten: *Einsatz persönlicher Mittel, authentisches Verhalten, nicht bedingungslos verfügbar. Die richtige Kleidung kann sehr viel mehr bewirken, als man ahnt. Schließlich, und das ist entscheidend, muss man das Vertrauen der Ehefrauen gewinnen.* Die zupackende, aufrichtige und nicht zuletzt umwerfend realistische Inge: Sie muss ihre Ratschläge den Gepflogenheiten ihrer Zeit anpassen, um den jungen, aufstrebenden Journalistinnen eine echte Hilfe zu sein. Im letzten Kapitel wird sie von Zwischenfällen, Missgeschicken und Reisegefahren erzählen.

Für dieses zwölfte Kapitel hat sie die Überschrift *Knochenbruch und Sonnenstich* vorgesehen.

Der Verleger Walter Blüchert hat keine leeren Versprechungen gemacht und antwortet postwendend, kaum hat er die Buchskizze erhalten. Getreu ihrer Art, hat Inge dem «Leitfaden für Journalisten» auch einen von ihrem Freund Ledig-Rowohlt verfassten und bis ins kleinste Detail überprüften Vertragsentwurf beigefügt. Noch eine kleine Lektion in Sachen Professionalität. So muss man es machen. Nach einem kurzen schriftlichen Austausch verspricht Blüchert, ihr schon bald einen Vorvertrag zukommen zu lassen. Das bedeutet, dass sich Inge in Kürze ans Buch setzen muss. Doch zuerst wartet Anfang 1958 die Reise nach Ghana auf sie. Wie schon mit Patellani in Griechenland recherchiert Inge während dieser Reportage ihre eigenen Themen und ist zugleich begleitende Fotografin eines Dokumentarfilmer-Teams, das einen Film über die neugeborene unabhängige Republik Ghana drehen will. Hinter diesem Film steht einmal mehr Ulrich Mohr. Er ist nicht nur Produzent, sondern verfasst auch einen ausführlichen Artikel für die Firmenzeitschrift von Dr. Oetker über die Dreharbeiten in Ghana. Der Titel des Films steht bereits fest - *Wir filmen für Oetker in Afrika. Abenteuer zwischen dem Urwald Ghanas und seinen Kakaoplantagen* -, und so lautet die Beschreibung:

«Die Werbeabteilung hatte die Idee, einmal einen Film zu drehen, der zeigt, woher eigentlich der Kakao kommt, wie er geerntet und bearbeitet wird, bis er bei uns eintrifft. Wir wissen zwar,

daß etwa zwei Drittel des gesamten Kakaos, der in der Welt verbraucht wird, aus Afrika stammen und davon wieder der weitaus größte Teil aus Ghana, das früher, bevor es am 6. März 1957 unabhängig wurde, unter dem Namen Goldküste eine britische Kolonie war. Aber wer weiß schon wie es in Ghana aussieht, wer weiß, daß die Kakaofrüchte an den Stämmen von Bäumen wachsen, daß die Kakaobohnen eigentlich weiß sind und erst durch einen Gärungsprozeß sich bräunen? Wer weiß etwas vom Leben der Pflanzer, die dieses wichtige Produkt erzeugen?»

Inge begleitet das Team und sucht für *Constanze* nach Geschichten außergewöhnlicher Frauen. Das war schon immer ihre Art zu arbeiten. Doch der doppelseitige Aufmacher ihres ersten Beitrags über Ghana klingt ein wenig verschraubt. Unter der Überschrift *Inge war in Afrika* ist zu lesen:

«Dort, wo auf der Landkarte Westafrika einen außerordentlichen Knick nach Westen macht, liegt Ghana mit seinen 4,5 Millionen Einwohnern. Falls Sie es auf Ihrem Atlas nicht finden, so wundern Sie sich nicht: Denn Ghana, die unabhängige afrikanische Republik, existiert erst ein Jahr. Vorher hieß es Goldküste

und war englische Kolonie. Dahin schickte CONSTANZE ihre Reporterin, um sie einmal nach Land und Leuten, vor allem natürlich nach Frauen, schauen zu lassen. Inge flog zunächst nach Accra, Ghanas 130 000 Einwohner zählende Hauptstadt und reiste von da aus kreuz und quer durchs Land.»

Dann, Anfang Februar, verschwindet Inge für einige Wochen vom Radar. Keiner weiß, wo sie steckt, sie schickt keine Telegramme, schreibt keine Briefe, ruft nicht an, nichts. Allmählich macht sich die Redaktion in Hamburg Sorgen. Irgendwann gibt es über zwei Deutsche, die in der Stadt Kade arbeiten, Nachricht von ihr. Sie schreiben, in der Lokalzeitung *Daily Graphic* von einer jungen, deutschen Fotoreporterin gelesen zu haben, der unweit des Ortes Nkawkaw sämtliche bereits verknipste Filme und der wertvolle Fotoapparat gestohlen worden seien. Es tue ihnen sehr leid, dass sie der Reporterin Inge Schönthal nicht helfen konnten, beteuern die beiden. «Wir hätten sie gern bei uns aufgenommen, ihr ein paar Ratschläge gegeben und viele interessante Dinge über das Leben dieses Volkes erzählt, immerhin leben wir seit fast drei Jahren hier.»

Zum Glück war Inge weitsichtig genug, eine zweite Kamera einzupacken. Wie schon in der Vergangenheit veröffentlicht *Constanze* auch diesmal ein farbiges Selbstporträt von ihr. Das Foto zeigt sie mit sieben strahlenden Kindern, die im Meer spielen. Die Bildunterschrift ist einigermaßen bizarr und kolonialistisch-rassistisch formuliert: «Sieben kleine N*lein tummeln sich mit Inge im lauwarmen Wasser. Meist waren viele Hunderte um sie herum. Denn von morgens sechs Uhr bis Sonnenuntergang planschten sie so im Meer.»
   Die Seite daneben zeigt eine kleine Schwarz-Weiß-Aufnahme, auf der Inge in einem Kreis von sechs jungen weißen Männern in kurzen Hosen und weißem Hemd und einem schwarzen Diener sitzt, der ihnen Getränke serviert. Laut der Bildunterschrift handelt es sich um Schweizer Ingenieure im heiratsfähigen Alter, die sich aus beruflichen Gründen dort aufhalten und «inmitten des Urwalds von Kumasi» mit Inge

Schönthal unterhalten. Sie hatten sie telegraphisch kontaktiert, um ihr zu erzählen, dass jeder von ihnen in Kürze eine junge Deutsche heiraten würde. Der Grund ist schnell erklärt. Einer der jungen Burschen auf Frauensuche hatte sich deshalb an die *Constanze* gewandt. Dort waren so viele Briefe junger, attraktiver deutscher Frauen eingegangen, dass seine Freunde beschlossen, auch zuzugreifen.» Nun sind diese jungen Männer damit beschäftigt, ihren Ehefrauen in spe zu antworten. Ebenfalls auf der ersten Doppelseite oben links hat der Graphiker das Foto einer gewissen Evelyn Theus eingefügt, einer Dolmetscherin aus Berlin, die kürzlich einen Schweizer Ingenieur geheiratet hat. In der linken Hand hält sie offenbar völlig angstfrei eine fette Python. Die Bildunterschrift verrät, dass der frischgebackene Bräutigam weitere fünfundachtzig Schlangen als Heiratsgut mitgebracht hat. Die Porträts setzen sich im Innenteil fort.

Frau Innenminister
Mary Krobo-Edusei war bis vor kurzem als Frau Innenminister die erste Dame des Landes. Bis der Premierminister heiratete und seine Frau «Erste» wurde. Mary trägt es mit Fassung, wie es sich für eine wohlerzogene Ghanesin gehört. Sie ist stets nach der letzten Pariser Mode gekleidet und gilt als eine der geschäftstüchtigsten Frauen des Landes. Schon als Siebzehnjährige begann sie, mit Salz, Kleidern, Geschirr, Zucker und Baumwollstoffen zu handeln und hatte bald 40 000 Mark verdient. Sie bewirtete unsere Reporterin mit Sekt und schwärmte von Stuttgart. Es sei die schönste deutsche Stadt.

Die Frauen von Ghana
Tausende von Ghanesinnen sind sehr tüchtige Geschäftsfrauen. Denn Ghanas Frauen sind maßgeblich am Handel

beteiligt. Hauptsächlich bei Stoffen, Lebensmitteln und Haushaltungsgegenständen. Viele von ihnen können weder schreiben noch lesen, aber in ihren großzügigen Dekolletés stecken bis zu 80 000 Mark. Und wehe dem, der versucht, sie übers Ohr zu hauen! Dieses Privileg der Mammies, Handel zu treiben, stammt noch aus der Zeit, als es für die Männer lebensgefährlich war, das Gebiet eines anderen Stammes zu betreten. Damals wurden die Frauen zum Einkaufen geschickt. Und noch heute fahren die geschäftstüchtigen Ghanesinnen einmal im Jahr nach England oder Europa, um dort en gros einzukaufen. In Manchester, Englands Baumwollstadt, werden sie von den Fabrikanten wie Königinnen empfangen, und ihnen zu Ehren gibt es Empfänge und Diners. Eine richtige Mammy steckt das selbstverdiente Geld nicht etwa in den Haushalt, sondern legt ihr Kapital an. Meist in Häusern oder Lastwagen, die allgemein «Mammy-lorries», Mammy-Laster, heißen. Eben, weil sie den Frauen zum größten Teil gehören. Sie bringen die Mammies auch von nah und fern in die große Stadt. Mit Hühnern und anderem Getier, mit Obst, Gemüse, Fischen Stoffballen, Nähnadeln, Töpfen, Tassen und Perlenschnüren erscheinen die Frauen so auf dem Markt. Perlenschnüre sind das einzige Kleidungsstück der kleinen Mädchen, sie werden um den Unterleib gewickelt. Dazu passend trägt man Perlen-Armbänder. Das Hauptvergnügen auf dem Markt ist für die Mammies dann das «palaver», das Geschrei, mit dem man sich beschimpft, ehe man kauft. So macht das Geschäft Spaß!»

Das kommende Jahr 1958 soll für Inge Schönthal ein ganz besonderes werden. Schon im laufenden Jahr lassen manche Ereignisse und Begegnungen eine tiefgreifende Veränderung erahnen. Auch die Arbeit in Ghana erscheint wie ein Hinweis. Inge fehlt es irgendwie an Biss, die Reportage lässt

keinen echten roten Faden erkennen. Auf manchen Aufnahmen wirkt Inge steif und uninspiriert. Auf einem Foto von sich selbst mit einem Stammeshäuptling ist das einstige Funkeln aus ihren Augen verschwunden, sie wirkt befangen. Das Gleiche gilt für die Selbstaufnahme mit den «Diamantenköniginnen». Es sind perfekte und dennoch sehr didaktische Porträts, als wären sie für ein Schulbuch und nicht für eine Zeitschrift gemacht, die Emotionen vermitteln will. Inge ist nun einmal nicht mehr das arglose Mädchen aus der Provinz, das mit staunenden Augen in die Welt blickt. Sie ist siebenundzwanzig Jahre alt und bereits seit sieben Jahren als Fotoreporterin unterwegs. Gassy, ihre beste Freundin aus

Göttinger Schulzeiten, ist seit drei Jahren mit dem Physiker Johannes Geiss verheiratet, der gerade einen Lehrstuhl an der Universität Bern erhalten hat. Andere Freundinnen haben bereits Kinder.

Natürlich hat sie Beziehungen gehabt, doch der Mann ihres Lebens ist ihr noch nicht über den Weg gelaufen.

Einem guten Freund, der gerade in Hongkong lebt, schreibt Inge, sie spiele mit dem Gedanken, eine kleine Agentur für Texte, Fotos und Werbeberatung zu gründen. Der Freund (Journalist Wolfgang Menge, der in jenen Jahren als Asienkorrespondent für das *Hamburger Abendblatt* arbeitet) ermutigt sie, fragt aber dennoch, ob sie glaubt, in der Welt der *public relations* wirklich glücklich zu werden. Bei ihrem Unternehmungsgeist ist ihr der Beruf der freien Fotoreporterin wie auf den Leib geschneidert; zumindest war es bis jetzt so. Eine andere Möglichkeit könnte eine Zusammenarbeit mit Ulrich Mohr sein, der sie gern viel öfter als Assistentin für seine Filmprojekte an seiner Seite hätte. Und was wäre mit einer Festanstellung in einer Redaktion? Das Einzige, was sie nach ihrer Rückkehr aus Afrika mit Sicherheit weiß, ist, dass sie sich mit Leib und Seele dem Buch *Wie ich Reporterin werde?* widmen will. Der Verleger Walter Blüchert verspricht sich einiges davon, vor allem, nachdem er ein Probekapitel bekommen hat. Sollte das Buch ein Erfolg werden, hätte sie vielleicht auch als Schriftstellerin eine Chance. An Beziehungen mangelt es ihr nicht. Inzwischen pendelt sie zwischen Hamburg, Berlin, Paris und London und kennt einen Großteil der Intellektuellen, die um die Zeitschriften *Der Monat*, *Preuves* und *Encounter* kreisen. Zum ersten Mal stellt sich Inge die Frage, ob es eine gute Entscheidung war, das Gymnasium in Göttingen nicht zu beenden. Ohne Abitur wird sie niemals zur Uni gehen können. Inge beginnt, die Welt mit anderen Augen zu sehen, die nicht mehr voller Staunen sind. Sie ist nicht mehr das anständige Mädchen aus Göttingen.

An ihren über die Jahre gesammelten Unterlagen lässt sich deutlich ein wachsendes politisches Interesse ablesen, dem sie mit gezielter Lektüre Tiefe zu geben versucht. Vor allem der Herausgeber von *Der Monat*, Melvin J. Lasky, scheint ihr gezielt Artikel über Nachkriegsdeutschland zu empfehlen. Meist hat er sie selbst für *The New York Times*, *Times Magazine*, *The Reporter*, *The Encounter* und *The New Leader* verfasst. Melvin J. Laskys Beiträge reichen von Reportagen über das nun sowjetische Ostdeutschland bis zu Analysen der deutschen Jugend, die «noch nicht weiß, welche Richtung sie einschlagen soll, außer dass sie immer individualistischer sein und dem, was die Massen bewegt, den Rücken kehren will». Lasky bewegt die Frage, ob Deutschland in absehbarer Zeit wirklich bereit für ein neues Heer ist. Er scheint daran zu zweifeln. Er hat auch eine Reportage über Göttingen geschrieben, um zu verstehen und darzulegen, wie diese kleine Universitätsstadt von den Bomben der Alliierten verschont bleiben konnte. Zu Inges gesammelten Unterlagen gehören auch der Brief *Dialoge vom anderen Ufer*, die der Schweizer Schriftsteller Fritz R. Allemann ihr aus Leipzig zum Verhältnis zwischen der DDR und der BRD geschickt hat, sowie ein Bericht von Alberto Moravia über seine im Jahr 1956 unternommene Reise durch Russland, der in *Der Monat* veröffentlicht wurde.

Mit nicht einmal dreißig Jahren steht Inge am zigsten Kreuzweg ihres Lebens. Doch inzwischen ist sie für Entscheidungen sehr viel besser gerüstet. Und vielleicht erweist sich eine Gabe, auf die sie bis dahin keine großen Stücke hielt, als ihre

schärfste Waffe. Die Erkenntnis, wie sie 1957 in einer Einleitung zu ihrem Buchprojekt schreibt, dass ihren Weg als Fotoreporterin meist großes Glück begleitet hat.

> «Ich bin eine Reporterin. Mein Beruf ist von Romantik umwittert. Ich liebe ihn. Er hat mich, bis jetzt, in vier Erdteile geführt. Ich habe viele Menschen kennengelernt, prominente und anonyme. Mit der Mehrzahl stehe ich in einer persönlichen Verbindung, die es mir erlaubt, sie immer wieder aufzusuchen. Ich bin jetzt so weit, daß ich mich von Freund zu Freund rund um den Erdball herumempfehlen lassen kann. In gewisser Weise bin ich zu beneiden.»

6
Der moderne Mensch

Endlich zu Hause.

Es ist der 14. Juli 1958, und Inge ist nach einer zweiten Ghana-Reise gerade in Hamburg gelandet (sie hat sich ein paar Wochen Pause gegönnt und unter anderem den wenige Monate zuvor kennengelernten deutschstämmigen Filmemacher Sean Graham besucht). In Deutschland wird sie von herrlichstem Postkartenwetter empfangen: zwanzig Grad, warm, aber nicht drückend, das milde Klima einer von der Atlantikströmung verwöhnten Stadt. Ein Tag, um im Freien zu sein, spazieren zu gehen, die frische Luft zu genießen, die eindeutig erfrischender ist als die afrikanische, die Inge gerade hinter sich gelassen hat. Doch sie hat etwas anderes im Sinn und freut sich auf die Stille ihrer kleinen Wohnung in der Brahmsallee. Dort kann sie ihre Gedanken ordnen, ein bisschen innehalten und sich wieder an das Buch setzen.

Doch kaum setzt sie einen Fuß in die Wohnung, klingelt das Telefon, als hätte es nur auf sie gewartet.

«Hallo, Inge, dann bist du also tatsächlich aus Afrika zurück. Das freut mich. Hast du meine Einladung bekommen? Heute Abend gebe ich eine kleine Party für einen jungen Mailänder Verleger. Wir erwarten dich.»

Am anderen Ende der Leitung ist Heinrich Maria Ledig-Rowohlt.

Inge antwortet, sie sei gerade erst ins Haus gekommen, habe die Koffer voller Schmutzwäsche für die Wäscherei und buchstäblich nichts Vorzeigbares mehr anzuziehen. Aber natürlich würde sie liebend gern dabei sein.

«Ich komme vielleicht ein bisschen später. Das macht doch nichts, oder?»

«Überhaupt nicht, Ingelein, wir können es kaum erwarten, dich bei uns zu haben. In der *Constanze* haben wir die Geschichte über die *Diamond Queens* gelesen. Da hast du dich mal wieder mächtig ins Zeug gelegt. Also, bis heute Abend!»

Die stille Wohnung muss warten, denkt Inge und zerbricht sich den Kopf, um sich an den Namen des Mailänder Verlegers zu erinnern. Wie heißt noch mal dieser italienische Verleger, der im Vorjahr als Erster weltweit den Roman *Doktor Schiwago* des Russen Boris Pasternak veröffentlicht hat? Es war das Literaturereignis des Herbstes 1957, alle haben darüber geredet, so einen Treffer landet man nur einmal im Leben, und obendrein existiert der Verlag erst seit ganz kurzer Zeit. Rowohlt hatte ihr davon erzählt, weil ihm die Rechte für Deutschland um Haaresbreite durch die Lappen gegangen waren.

Nichts zu machen, der Name fällt ihr nicht ein. Also schnappt sie sich das gelbe Fahrrad, bringt die Kleider in die Wäscherei an der Ecke und hofft, dass rechtzeitig zum Abend etwas fertig wird. Das gelbe Fahrrad ist eine Art Glücksbringer, vielleicht kommt ihr dieser verflixte Name beim Radeln in den Sinn.

Wieder nichts. Hilft nur der Gang zur Quelle, und so macht Inge auf dem Rückweg bei einer Buchhandlung halt und bestürmt den Buchhändler, den sie kennt und der alles weiß. Na bitte, endlich! Giangiacomo Feltrinelli Editore!

Jetzt kommen die Erinnerungen zurück. Jahre zuvor muss sie während ihres ersten New-York-Aufenthaltes auf einem Ball zu Ehren der Herzöge von Windsor der Mutter des Verlegers begegnet sein. Hat sie sie nicht sogar fotografiert? Eine hochelegante, distinguierte Frau, deren Anziehungskraft

das bei einem Jagdunfall verlorene Auge keinen Abbruch tun konnte. Sie war mit einem Visconti in den Vereinigten Staaten und trug wunderschönen Schmuck: Daran erinnert sich Inge gut. Die im Holzhandel tätige Familie ist steinreich und besitzt mehrere Unternehmen, doch viel mehr weiß Inge nicht. Von Giangiacomo heißt es, zum größten Kummer seiner Mutter sei er glühender Kommunist.

Erbe einer der reichsten Familien Italiens, überzeugter Kommunist und der erste Verleger des wohl weltweit bekanntesten Romans, der vom Grauen und Terror während der Revolutionszeit in Russland erzählt. Wie ist so eine Biographie möglich?

Kurz vor Schließung der Wäscherei kann Inge noch ein paar Kleider abholen. Für den Abend bei Ledig-Rowohlt hat sie sich für einen der luftigen, bunten Röcke entschieden, die sie sich in Accra hat schneidern lassen, aber mit ihrem sonnengebräunten Teint sähe sie in jedem Fetzen gut aus. Eigentlich müsste sie auch beim Friseur vorbei, das Haar ist lang und strohig und könnte einen Schnitt gebrauchen, aber dazu ist keine Zeit mehr.

Gegen 21 Uhr steigt sie endlich in ihren schwarzen Käfer und macht sich auf den Weg in das Wohnstädtchen Reinbek östlich von Hamburg, wo Ledig-Rowohlt lebt. Als Inge hereinkommt, ist die Party bereits in vollem Gange. Es sind furchtbar viele Leute dort, der Lärm ist ohrenbetäubend. Manche diskutieren miteinander, andere essen und trinken, wieder andere stehen beisammen und rauchen. Die Luft ist verbraucht und zum Schneiden dick, im Hintergrund sind die Klänge eins Harry-Belafonte-Songs zu hören.

Zwischen den dicht gedrängten, in Rauchschwaden gehüllten Menschen taucht plötzlich mit einem strahlenden Lächeln Ledig-Rowohlts Frau Jane auf und kommt Inge trotz der schwindelerregend hohen Pfennigabsätze entspannten Schritts entgegen. Jane ist immer wunderschön. Mit ihren tiefen Augen und dem entschlossenen Gang sieht sie aus wie eine Diva, wie ihre Schwester, die Schauspielerin Yvonne Furneaux.

«Hello, my dear, wie schön, dich wieder bei uns zu haben», sagt Jane. «Hübsch siehst du aus. Nimm dir einen Drink und etwas vom Buffet. Die meisten Gäste kennst du bestimmt. Und den Verleger Giangiacomo Feltrinelli will Heinrich dir persönlich vorstellen.»

Inge hat es nicht eilig. Diese Welt hat ihr eindeutig gefehlt, und um das Schauspiel zu genießen, gibt es keinen besseren Platz als einen Sessel in der Ecke des geräumigen Wohnzimmers. Mit schwingendem Rock und einem Glas Champagner macht Inge es sich bequem und beobachtet.

Dort hinten ist Hans Huffzky. Ja, er ist es, offenbar diskutiert er lebhaft mit einer älteren Dame. Streiten sie? Sie will es gar nicht wissen. Es sind Journalisten, Kritiker, Intellektuelle, Verlagsmitarbeiter und viele Großkopferte da.

Wo ist Feltrinelli? Sie weiß nicht einmal, wie er aussieht. Aber wenn sie wirklich so gut wie alle kennt, wie Jane behauptet, hilft es vielleicht, sich auf die neuen Gesichter zu konzentrieren. Vielleicht erkennt sie ihn, ehe man sie miteinander bekannt macht.

Der Typ, der auf der anderen Seite des Wohnzimmers in der Ecke steht, zum Beispiel. Er ist allein und scheint nicht die geringste Lust zu verspüren, sich unter die Grüppchen zu mischen, die sich mit jedem neuen Gesprächsthema bilden und wieder auflösen. Er hat eine Zigarette im Mund, trägt einen dunklen, dichten Schnurrbart und eine Hornbrille. Ein gut aussehender Mann, der aus den anderen heraussticht, doch offenbar ist er sich dessen gar nicht bewusst. Trotz der verlangten Abendgarderobe wirkt er, während er in tiefen Zügen seine Zigarette raucht, als käme er gerade von einer Reise. Oder besser, als wäre er pausenlos auf Reisen. Er trägt weite Leinenhosen, ein bis obenhin zugeknöpftes dunkles Hemd, ein leichtes Jackett und Slipper. Nicht unelegant, wenn auch von einer leicht zerzausten, nachlässigen, eben unbewussten Eleganz.

Vielleicht ist das Giangiacomo Feltrinelli. Ja, er ist es, Inge ist sich sicher. Ein wenig zögerlich steht sie auf und geht zu ihm.

«Hallo, sprechen Sie Deutsch?», fragt sie. «Darf ich mich vorstellen? Inge Schönthal. Sind Sie nicht der Verleger Giangiacomo Feltrinelli?»

Er lächelt herzlich und nickt.

«Ich glaube, ich bin Ihrer Mutter in New York begegnet. Kann das sein?»

Feltrinellis Miene verdüstert sich. Inge glaubt, schon in das erste Fettnäpfchen getreten zu sein. Doch zum Glück antwortet der Mailänder Verleger.

«Um ehrlich zu sein», sagt er, «bin ich über das, was meine Mutter tut, nicht immer im Bilde, aber ja, sie hält sich häufig in den Vereinigten Staaten auf.» Feltrinelli nimmt die filterlose Zigarette aus dem Mundwinkel. Seine Fingernägel sind abgekaut und gelb vom Tabak, die rasche Geste genügt, um es zu bemerken. «Und warum waren Sie in New York?», fragt er.

«Ich bin Journalistin und war wegen einer Reportage dort.»

«Ah, verstehe.»

Feltrinelli spricht makelloses Deutsch, und Inge fragt ihn nach dem Grund. Er erzählt ihr vom Südtiroler Zweig seiner Familie und von seinen deutschen Hauslehrern. «In unserem Haus wurde immer Deutsch gesprochen.»

Dieser Mann hat eine seltsame Ausstrahlung. Einerseits wirkt er gelassen, andererseits nimmt man eine leise Unruhe an ihm wahr. Er ist sehr charmant und zugleich fast schüchtern. Vielleicht ist er nur zurückhaltend oder ein kleines bisschen misstrauisch, doch es ist unmöglich, sich seiner vigilanten Ausstrahlung zu entziehen. Von Weitem und wegen der dicken Brille hat Inge seine lebhaften Augen nicht bemerkt. Doch jetzt, da sie direkt vor ihm steht, sieht sie, wie durchdringend und klar sie sind, jedoch ohne einen Funken Härte. Im Gegenteil, sie wirken freundlich und lassen seine Züge weich erscheinen. Seine Stimme ist sanft, und hin und wieder schwingt in seinem fließenden Deutsch ein leichter italienischer Einschlag mit, der es jedoch nicht beeinträchtigt, sondern ihm eine ganz besondere Note verleiht.

Er wirkt wie ein Mensch, in dem etliche weitere stecken, die Bruchstücke seiner Biographie, von denen Inge weiß. Sie scheinen beim besten Willen nicht zusammenzupassen, und doch sind sie da.

«Da bist du ja endlich! Wie es aussieht, muss ich dich unserem Gast gar nicht mehr vorstellen.»

Die Stimme hinter ihr gehört Ledig-Rowohlt. Inge dreht sich zu dem alten Freund um, und die beiden umarmen sich herzlich.

«Wie du siehst, lieber Ledig, haben wir einander auch ohne dich gefunden», sagt Inge lächelnd.

«Das freut mich», antwortet der Gastgeber, «und ich will euch gewiss nicht stören. Du siehst großartig aus, Ingelein. Ganz zu schweigen von deinem farbenfrohen Rock. Wie immer bist du die Schönste - abgesehen von meiner Jane natürlich. Bist du ihr schon begegnet?» Und dann ist er schon wieder woanders, um neu eingetroffene Gäste zu begrüßen, Handküsse zu verteilen und Hände zu drücken.

Der Abend vergeht in einem Wimpernschlag. Inge und Giangiacomo Feltrinelli haben es sich auf einem Ledersofa im Wohnzimmer bequem gemacht, und schon bald plaudern sie wie alte Bekannte. Wie dumm, den Fotoapparat nicht mitgebracht zu haben, geht es Inge irgendwann durch den Kopf. Das wäre ein großartiges Porträt geworden! Vor allem redet Inge. Sie erzählt von ihren phantastischen Begegnungen, und Hemingway zieht sowieso immer, erst recht bei einem jungen Verleger, der ganz versessen auf Details über den amerikanischen Nobelpreisträger ist.

Je länger Inge und Giangiacomo miteinander reden, desto mehr scheinen die Gäste im Hause Rowohlt zu verschwinden. Auch der Lärm und die stickige Luft sind verschwunden.

Irgendwann hält der Hausherr eine kurze Rede zum überwältigenden Erfolg von *Doktor Schiwago* in Italien. Auch die französische und die von Gottfried Bermann Fischer herausgegebene deutsche Übersetzung des Romans werden bald in den Buchhandlungen liegen. Fast ein wenig verlegen dankt Giangiacomo Ledig-Rowohlt für den schönen Abend und erzählt, dass sich *Doktor Schiwago* in Italien im vergangenen Herbst binnen weniger Wochen gut dreißigtausend Mal verkauft habe und dass er auf dem Weg nach Skandinavien sei, weil er die dortigen Verleger, die die Rechte erworben haben, gern persönlich kennenlernen möchte.

Inge entfernt sich kurz, um ein paar Gäste zu begrüßen, doch dann ist sie wieder bei ihm. Während es auf Mitternacht zugeht, setzen sie ihre angeregte Unterhaltung fort.

«Ich werde nicht mehr lange bleiben. Morgen früh will ich meine Reise nach Norden fortsetzen», sagt Feltrinelli.

«Übernachten Sie hier?», fragt Inge.

«Nein, in der Stadt, im Vier Jahreszeiten. Ich rufe mir gleich ein Taxi.» Sie müsse auch zurück in die Stadt, sagt Inge, wenn er wolle, könne sie ihn mitnehmen.

«Wenn Sie mit meinem VW-Käfer vorliebnehmen.»

«Sehr gern, danke!», antwortet Feltrinelli und steht auf, um sich von den Gastgebern zu verabschieden.

Inge nutzt die Gelegenheit und lässt einen letzten Blick durch das Wohnzimmer und über die Gäste wandern. Im Laufe des Abends hat sie sich über die Abwesenheit des polnisch-amerikanischen Journalisten Melvin J. Lasky gewundert. Wer weiß, vielleicht war der Mailänder Ehrengast, ein Freigeist und obendrein überzeugter Kommunist, zu viel für ihn. Ledig-Rowohlt jedenfalls hatte ihr gesagt, er sei auch unter den Geladenen.

Es ist fast zwei Uhr morgens, als Inge und Giangiacomo im Käfer Cabrio in Hamburg ankommen. Die Nacht ist warm und sternenklar. Inge parkt vor dem Vier Jahreszeiten am Neuen Jungfernstieg. Er bucht ein Luxushotel und kreuzt dann in diesem Aufzug bei Rowohlts Party auf? Dieser Adelige ist wirklich drollig, sagt sich Inge. Doch statt sich zu verabschieden, beschließen sie, sich auf eine der Bänke an der Binnenalster zu setzen. Nur ganz kurz.

Mit den Stunden ist Feltrinelli gesprächiger geworden. Offenbar hat er seine argwöhnische, leicht schwermütige Schüchternheit abgelegt. Noch ein Widerspruch. Mal ist er schweigsam, mal gewährt er Einblicke in sein Leben und erzählt von sich.

Sicher, für einen blutjungen Verlag wie seinen war es ein riesiges Glück, einen so großen Erfolg an Land gezogen zu haben, sagt Feltrinelli irgendwann. Aber dieser Erfolg ist nicht vom Himmel gefallen, auch wenn manche Zeitungsartikel es glauben machen wollen. Hinter der Veröffentlichung von *Doktor Schiwago* steckt eine Menge riskanter Arbeit. Feltrinelli erzählt, wie es ihm gelang, mit Pasternak Kontakt aufzunehmen und das Manuskript heimlich außer Landes schaffen zu lassen. Sein Verlag war nicht der Einzige, der sich für den Roman interessierte, auch ein französischer Verlag war hinter ihm her. Ein Wermutstropfen ist nur, dass Feltrinelli Pasternak noch nicht persönlich kennenlernen konnte. Sie standen immer nur in Briefkontakt. Für jemanden aus dem Westen ist es nicht leicht, mit sowjetischen Autoren in Verbindung zu treten. Vor allem ist es gefährlich für die Autoren, Kontakte mit ausländischen Verlagen zu knüpfen. Pasternak musste die übelsten Schikanen über sich ergehen lassen, und nach der Veröffentlichung von *Doktor Schiwago* im Westen wurde er aus der Schriftstellervereinigung ausgeschlossen.

«Aber wie konnten Sie in Mailand wissen, dass irgendwo in einer russischen Datsche ein Schriftsteller namens Boris Pasternak saß und den Roman des Jahrhunderts schrieb? Der Name Pasternak war im Westen nicht gerade bekannt», fragt Inge.

«Gute Frage», antwortet Feltrinelli. «Alles begann damit, dass ich einen jungen Buchhändler, der 1956 in die Sowjetunion gegangen war, um mit Radio Moskau zusammenzuarbeiten, beauftragte, für mich zu scouten.»

Feltrinelli hatte besagten Sergio D'Angelo gebeten, sich in der zeitgenössischen Literatur umzutun und die Augen offen zu halten, ob etwas eine Übersetzung lohnte. Da die Sowjetunion die Berner Übereinkunft über die Urheberrechte nicht unterschrieben hatte, konnte jeder Verlag außerhalb der Sowjetunion die Rechte an einem Buch für sich beanspruchen, sofern es innerhalb von dreißig Tagen nach der Erstveröffentlichung in der Sowjetunion erschien. Deshalb hatte Feltrinelli wie auch andere Verlage einen Experten für russische Literatur angeheuert.

Dann, Ende April 1956, hatte D'Angelo erfahren, dass Pasternak, der im Westen bis dahin vor allem für seine Gedichte bekannt war, kurz vor der Fertigstellung eines umfangreichen Romans über die Zeit der Russischen Revolution stand. Soweit ihm zu Ohren gekommen war, hatte Pasternak das Manuskript bereits mehreren sowjetischen Verlagen und Zeitungen angeboten, und der Roman sollte beim Verlag Goslitizdat erscheinen.

«Also habe ich meinen Moskau-Kontakt umgehend damit beauftragt, den Schriftsteller in seiner Datsche in der Künstlerkolonie Peredelkino aufzusuchen. Er sollte ihn überreden, ihm eine Kopie des Manuskriptes zu geben, und ihm einen Verlagsvertrag für die Veröffentlichung in Italien unterbreiten», fährt Feltrinelli fort. Nach einigem Hin und Her stimmte der Schriftsteller zu, bemerkte jedoch beim Abschied: «Ich lade Sie schon jetzt zu meiner Erschießung ein.»

Doktor Schiwago ist das Fanal einer Haltung, die mit den ideologischen Überzeugungen einer Epoche bricht. Für Giangiacomo Feltrinelli ist es der richtige Schritt, selbst wenn er von der eigenen Partei dafür abgestraft wird. Obendrein bekommt er Rückendeckung von seinem Fachmann für russische Literatur, Pietro Zveteremich, der in seinem Gutachten schreibt: «Es wäre ein kulturelles Verbrechen, diesen Roman nicht zu veröffentlichen.» Das hat Feltrinelli überzeugt und jeden Zweifel zerstreut.

Auf Befehl von Nikita Chruschtschow versuchten die Sowjets, die Veröffentlichung zu stoppen und auf die PCI, deren Mitglied Feltrinelli zu jener Zeit ist, Druck auszuüben. Man drohte ihm mit Rausschmiss und erinnerte ihn an «seine Pflichten als militanter Kommunist». Die Parteilinie sei «im eigenen Tätigkeitsfeld umzusetzen», und es gelte, die PCI «vor jedem Angriff» zu schützen.

Am Schluss seiner Schilderungen sagt Feltrinelli, seine Militanz sei zu einer schmerzhaften Angelegenheit geworden. Damit versiegt sein Redestrom. Nervös nestelt er das Päckchen Senior Service hervor und zündet sich eine filterlose Zigarette an. Da ist er wieder, dieser Blick – als wäre er ganz woanders –, den Inge bereits auf der Party wahrgenommen hat.

«Entschuldigen Sie, ich habe Sie mit meinen Geschichten überrannt.»

«Ganz und gar nicht, ich habe Ihnen gern zugehört, und außerdem habe ich ja gefragt, wie Sie an Pasternak geraten sind.»

«Ja, aber jetzt müssen Sie mir ein bisschen mehr über Ihren Beruf erzählen», bittet Feltrinelli.

Inge beginnt am Schluss, bei dem Buch, das sie im Kopf hat. Ihr Ziel, erzählt sie, sei es, vor allem jungen Frauen Lust zu machen, für Zeitungen und Zeitschriften zu arbeiten. In Deutschland sei diese Branche noch immer eine Männerdomäne. Doch was die Reportagen betreffe, habe sie noch nichts Konkretes geplant; das Buch habe Priorität. Zurzeit komme sie dank einer Kolumne in der *Constanze* über die Runden, die sich mit Mode und Gesellschaft beschäftige, genauer gesagt, mit der High Society, also mit Klatsch. Die Kolumne heiße *Goldstaub*, und sie schreibe unter einem Pseudonym. Normalerweise ergänze sie die Texte mit einigen ihrer Fotos.

«Doch wenn ich ehrlich sein soll, bin ich nach acht Jahren nicht mehr sonderlich erpicht darauf, berühmten Menschen aus Film, Literatur, Kunst oder Mode hinterherzujagen.»

«Und was für einen Eindruck hatten Sie von Kuba?», fragt Feltrinelli rundheraus. «Da will ich schon lange hin.»

Während ihrer Spaziergänge durch die Straßen Havannas hat Inge einen lebhaften Eindruck gewonnen: Sie hat die Armut eines unruhigen Landes gesehen. Doch mit diesem Mann, der neben ihr sitzt, will sie ganz ehrlich sein und sagt, dass sie die meiste Zeit als Gast im Haus der Hemingways verbracht hat.

Übers Plaudern ist es fast sechs Uhr morgens geworden. Aus der kurzen Rast auf der Bank wurde ein vierstündiger reger Austausch.

Inge sagt, wenn sie könnte, würde sie Feltrinelli gern auf seiner Reise durch Skandinavien begleiten. Und da sie schon recht vertraut miteinander sind, rät sie ihm, sich mit dem Senior Service zu beschränken und besser auf seine Fingernägel zu achten.

Feltrinelli prustet los: «Na schön, Ihnen zuliebe verspreche ich, mir Fingernägel wie Struwwelpeter wachsen zu lassen!»

«Natürlich wäre es großartig, wenn Sie mich begleiten könnten», fährt er fort, «doch bis ich die Verleger gesehen habe, werde ich keine freie Minute haben. Ich schicke Ihnen ein Telegramm, sobald das Berufliche erledigt ist, und wer weiß, vielleicht bleibt noch ein bisschen Zeit für uns zwei. Ich hatte schon einen Stopp in Nordskandinavien eingeplant und habe sogar ein Zelt und einen Rucksack dabei, man weiß ja nie.»

«Dann lassen Sie von sich hören.»

Sie umarmen einander, und er verschwindet. Was für ein Typ, denkt Inge, während sie an der Alster entlang nach Hause fährt. Feltrinelli ist ein Mensch, der in materieller Hinsicht alles haben könnte, doch scheint ihm das völlig egal zu sein. Dieser Mann hat eine Mission. Menschen ganz gleich welcher sozialen Schicht an eine neue Kultur heranzuführen, die sie selbstbewusster macht und sie befähigt, ihre Zukunft in die Hand zu nehmen, scheint ihm ein Herzensanliegen zu sein. In diesen Stunden hat er ihr den Kopf mit Ideen für neue Sachbücher gefüllt, für dringende, aktuelle, «notwendige» Bücher.

Als Inge in ihre Wohnung kommt, ist sie todmüde und zugleich buchstäblich überwältigt von diesem außergewöhnlichen Mann.

Am Tag nach Giangiacomo Feltrinellis Besuch im Hause Ledig-Rowohlt schreibt die Tageszeitung *Hamburger Abendblatt*:

> «So eisgrau und borkig sein Starautor wirkt, so jung und alert ist der italienische Verleger, der dem russischen Dichterarzt Boris Pasternak zu rivalitätsträchtigem Ruhm in der westlichen Welt

verholfen hat. Giangiacomo Feltrinelli machte auf dem Weg zu skandinavischen Verlagen und Ferien nur flüchtig in Hamburg Station, nahm sich mit südländischer Courtoisie reichlich Zeit, um Rede und Antwort zu stehen, übrigens in fließendem Deutsch. Nicht daß er der Publicity bedürfte – die hat ihm der dickleibige Roman Dr. Schiwago ohnehin in beklemmendem Masse gebracht! Überdies ist der 32jährige Sohn eines reichen Mailänder Bauunternehmers nicht auf Renditen angewiesen. Er begab sich aus purem Idealismus ins Verlagsgeschäft. Ausgangspunkt war der linkssozialistische Elan der Resistance-Jahre, dem zunächst ein Forschungsinstitut für Geschichte des Sozialismus entsprang. Daneben steht seit 1954 ein Verlagshaus, das heute 60 bis 70 Titel im Jahr herausbringt und sich neben ausländischen Autoren wie Dreiser, Stefan Zweig, Tania Blixen vor allem für Fach-, Bildungs- und Volkbildungsliteratur, neuerdings aber auch die jungen und jüngsten Autoren Italiens interessiert. ‹Und wie entdecken Sie solche Autoren, die doch landauf, landein anerkannte Mangelware sind?› Die Antwort ist schlicht: ‹Sie kommen zu mir.› Man kann es sich denken, so offen, so redlich blicken diese Augen.»

Inge hat nie an Liebe auf den ersten Blick geglaubt und ebenso wenig an die große Liebe. Für sie sind das, wie sie vor Freunden und Kollegen immer wieder gern unterstreicht, Klischees und törichte Redensarten. Begegnungen und Situationen werden dadurch entweder kleingeredet oder heillos überbewertet. Doch die Begegnung mit Giangiacomo Feltrinelli hat alles, um als Beginn einer großen Geschichte zu gelten. Aber eine echte Liebesgeschichte? Das weiß Inge noch nicht, und vielleicht fragt sie sich nicht danach. Doch etwas ist am 14. Juli 1958 geschehen, das kann Inge auch vor sich selbst nicht leugnen. Diese Begegnung hat ihr eine neue Welt, besser gesagt, neue, bis dahin unbekannte Welten, eröffnet. Sie war ein Erdbeben, ein Ruck, der sie wachgerüttelt hat, ein Schlaglicht auf einen neuen Lebensentwurf, den sie sich nie hätte ausmalen können. Es ist, als wäre der schicksalhafte Moment zum ersten Mal zu ihr gekommen, in Fleisch und Blut, ohne ihr Zeit zu geben, ihn zu erkennen. Zum ersten Mal hat sie sich nicht für eine Richtung entschieden; die Welt war schneller.

Seit dem Tag vor nunmehr zehn Jahren, als sie ihr gelbes Fahrrad auf den Lieferwagen hievte, der sie von Göttingen nach Hamburg brachte, ist sie unablässig einem Weg, einer unsichtbaren Linie gefolgt, die sie bis zu diesem Punkt gebracht hat.

Von Schicksal zu sprechen, fällt ihr ebenso schwer, wie von Liebe zu sprechen, und dennoch hat diese Begegnung etwas hinterlassen, das zu heftig ist, um zur Tagesordnung zurückzukehren.

Liegend auf dem Bett, versucht sie, ihre Gefühle im Zaum zu halten. Das, was sie in diesem Mann erahnt, ist die Möglichkeit eines neuen Lebensentwurfs. Und den will sie unbedingt ausloten. Es liegt in ihrer Natur, ihre angeborene Neugier drängt sie in diese Richtung, hin zu diesem Mann, der sie umso mehr anzieht, je rätselhafter er ihr erscheint.

Inge ist todmüde. Sie wälzt sich zwischen den Laken und starrt an die Decke, bis sie nicht mehr weiß, ob sie mit offenen oder geschlossenen Lidern daliegt. Sie sagt sich, dass nichts sie davon abhalten kann, diesen neuen Weg einzuschlagen, nicht einmal das Buch, mit dem sie eigentlich noch gar nicht angefangen hat, und vielleicht sollte sie dankbar dafür sein, denn sonst wäre sie nach der Ghana-Reise womöglich zum nächsten exotischen Ziel aufgebrochen, ohne nach Hamburg zurückzukehren ... Aber das klingt wieder zu sehr nach

«Schicksal», und dieses Wort versucht sie zu meiden. Besser, sie denkt nicht weiter drüber nach.

Und wenn alles in die Binsen geht? Wenn das, was gerade passiert ist, sich als das erweist, was für einen Außenstehenden nach einem vergnüglichen Abend aussieht? Als Wahlverwandtschaft zweier Moleküle, die nur eine Nacht währt? Zu riskant, sie sollte besser schlafen.

Und wenn ich Feltrinelli *überraschte?*, denkt Inge irgendwann. Ich könnte eine Tasche packen, im Frühstückssaal des Vier Jahreszeiten auftauchen und darauf bestehen, ihn auf seiner Skandinavienreise zu begleiten. Ihre Hartnäckigkeit hat sich bisher immer ausgezahlt, und vielleicht könnte Feltrinelli eine Fotoreporterin gebrauchen, die seine Schiwago-Tour dokumentiert.

Am Ende beschließt Inge, noch ein bisschen liegen zu bleiben. Wieder starrt sie an die Decke. Denkt an ihre Mutter. Trudel hätte die Worte Schicksal, Fügung, Vorsehung auch nie in den Mund genommen. Eher hätte sie von Zeichen gesprochen, und es braucht eine Menge Erfahrung, um sie zu erkennen und anzunehmen. Das hat sie ihr beigebracht, seit sie ganz klein war, seit sie um ihr Überleben kämpfte.

Kurz vor dem Einschlafen wird sich Inge bewusst, dass sie in diesem Moment ihres Lebens genau die richtige Frau für Giangiacomo Feltrinelli ist und er der richtige Mann für Inge Schönthal. Alles passt zusammen. Wie bei einer im perfekten Augenblick gemachten Fotografie.

Es ist nicht auszuschließen, dass auch Giangiacomo Feltrinelli eine schlaflose Nacht verbracht hat. Er hat nicht im Entferntesten damit gerechnet, auf seiner Nordeuropareise diesem Wirbelwind namens Inge Schönthal zu begegnen. Er ist mit völlig anderen Prioritäten und Problemen aufgebrochen.

Sicher, die weltweite Erstveröffentlichung des *Doktor Schiwago* hat ihm einen unverhofften Erfolg beschert, doch hat das die täglichen Sorgen nicht vertrieben. Beispielsweise das Verhältnis zu seinen Parteigenossen. Er hat die Auseinandersetzungen und Kritiken nicht nur vorausgesehen, sondern auch die Konsequenzen daraus gezogen. Um sich das Parteiausschlussverfahren zu ersparen, das ein waschechter Skandal gewesen wäre, hat er Ende 1957 beschlossen, seine Mitgliedschaft in der PCI nicht zu verlängern. Und dann sind da die privaten Schwierigkeiten. Feltrinelli hat sich gerade von seiner zweiten Frau Nanni De Stefani getrennt, einer jungen Römerin, Tochter eines bekannten Komödienschreibers. Der Bruch kommt für ihn einer persönlichen Niederlage gleich. Weil sie ihn angeblich betrog, hatte diese zweite Ehe nicht einmal ein Jahr gehalten. Jahre später sollte Nanni De Stefani in einem Interview erzählen, Giangiacomos Erwartungen an die Ehe seien recht widersprüchlich gewesen: «Einerseits wollte er von der traditionellen Frau nichts wissen. Er wollte eine Intellektuelle mit einem Beruf an seiner Seite, interessiert, modern, offen. Andererseits erwartete er, dass die Wohnung stets tadellos aufgeräumt war und alles lief wie am Schnürchen.»

Kurz vor seiner Abfahrt aus Mailand schreibt Giangiacomo Feltrinelli dem Maler Giuseppe Zigaina. Er ist ein enger Freund, lebt in Friaul und ist wiederum eng mit Pier Paolo Pasolini befreundet. Zigaina ist kurz davor, zu heiraten, und Giangiacomo schreibt ihm folgenden Brief:

«Ich beneide Dich richtig, Pino, denn ich glaube, Du wirst all das haben können, was ich mir immer gewünscht, aber nie bekommen habe. Einmal habe ich aus eigener oder unser beider Unerfahrenheit, aus bösem Willen oder Leichtsinn etwas Schönes und Gesundes mutwillig zerstört. Das zweite Mal wurde mir mit gleicher Münze heimgezahlt und das Leid angetan, das ich einer anderen zugefügt hatte. [...] Und weil wir gerade beim Thema sind, kann ich Dir nur versichern, wie traurig es ist, mit 32 Jahren den Weg in die Zukunft blockiert zu sehen und denken zu müssen, mit dem Leben und mit der aufrichtigen Liebe einer Frau, die vielleicht ihre Fehler haben mag, aber doch ein durch und durch aufrichtiges Geschöpf ist, gespielt und schließlich alles weggeworfen zu haben. Und dann, als man endlich reif genug war, um alles zu geben und zu schätzen, was man empfangen kann und darf, da gab es unter der dünnen Oberfläche nichts zu empfangen. Schluß jetzt, sonst ergehe ich mich noch in Selbstmitleid.»

Hinter dieser Mischung aus Ruhelosigkeit und Schwermut, die Inge schon am Abend ihrer ersten Begegnung in Giangiacomos Blick spürte, versteckt sich vielleicht ein «romantisches Gemüt». Inge glaubt, diesen Wesenszug vom ersten Augenblick an wahrgenommen und seine Einzigartigkeit erkannt zu haben: Diese Romantik hat nichts Kitschiges, sondern eher etwas Tragisches. Es ist eine deutsche Romantik.

Nichts könnte diese Eigenart besser belegen als Giangiacomos Dankesbrief, den er nach der Veröffentlichung von *Doktor Schiwago* an Pasternak schreibt:

«Danke für den *Doktor Schiwago*, danke für alles, was Sie für uns getan haben. In diesen Zeiten, in denen die menschlichen Werte in Vergessenheit geraten, in denen die Menschen zu Robotern degradiert sind, in denen die meisten Individuen vor sich selbst zu fliehen und die Probleme des Egos durch ein Leben in Streß und durch die Abtötung auch der letzten Reste menschlichen Fühlens zu lösen versuchen, hat uns der *Doktor Schiwago* etwas Unvergeßliches gelehrt. Und ich weiß, daß ich mich in Zukunft immer, wenn ich meinen eigenen Weg nicht erkenne, an den *Doktor Schiwago* wenden kann, um die große Schule des Lebens zu finden. *Schiwago* wird mir immer helfen, die einfachen und tiefen Werte im Leben zu finden, auch wenn sie mir für immer verloren zu sein scheinen.»

Ein neues Kapitel beginnt. Aber nicht ganz. So überwältigend die Begegnung mit Giangiacomo Feltrinelli auch gewesen sein mag, Inge hat noch immer Projekte, die sie umsetzen, Kontakte, die sie pflegen und in ein Netzwerk einflechten möchte, das man nicht einfach über den Haufen wirft, nur weil man eine Nacht lang schlaflos an die Decke gestarrt hat. Der Verleger Walter Blüchert drängt auf die Vertragsunterzeichnung für *Wie ich Reporterin werde?* und legt ein Abgabedatum fest. Für das Vorwort hat sie sich bereits mit dem Kollegen John Jahn verständigt. Inge will für sich und Jahn einen größeren Vorschuss aushandeln. Unterdessen hat die Redaktionssekretärin von *Constanze* sie mit weiteren zwei Texten für die Kolumne *Goldstaub* beauftragt und wissen lassen, die Idee, eine aus Paris und eine aus London zu schreiben, sei ganz wunderbar. Denn demnächst will Inge ein paar Tage in den beiden Hauptstädten verbringen. Das berufliche Räderwerk dreht sich reibungslos weiter.

Am 21. Juli 1958 kommt ihre beste Schulfreundin Gassy sie in Hamburg besuchen. Die beiden haben sich seit einer Ewigkeit nicht gesehen, jetzt können sie endlich plaudern und einander auf den neuesten Stand bringen. Seit ihrem letzten Treffen ist so viel passiert. Inge will von Gassy unbedingt wissen, wie ihr die neue Rolle als Ehefrau gefällt. Will Gassy jetzt auch Kinder in die Welt setzen? Wie lebt es sich in diesen Wirtschaftswunderjahren in der Schweiz, die es wie durch ein Wunder geschafft hat, sich aus dem Krieg herauszuhalten? Gassy wiederum kann es gar nicht abwarten, mehr über diesen italienischen Verleger zu erfahren, den Inge in einem Brief erwähnt hat. Doch vor allem ist Gassy neugierig, ob ihre Freundin noch ganz die alte oder womöglich wegen ihres wilden Reporterlebens nicht mehr wiederzuerkennen ist. Gassy hat eine Anstellung in einem Labor an der Physik-Fakultät gefunden, an der ihr Mann als ordentlicher Professor tätig ist. Hin und wieder hat sie mit der Idee geliebäugelt, sich als Flugbegleiterin bei der Lufthansa oder der Swissair zu bewerben. Doch weil ihr Mann das unverhoffte Angebot bekam, als *visiting professor* nach Chicago zu gehen, wurde daraus nichts. Demnächst wird das Ehepaar Geiss für einige Zeit in die Vereinigten Staaten ziehen.

Inge und Gassy verbringen unbeschwerte Tage, wie sie nur echten Freundinnen beschieden sind: Sie reden, tauschen sich aus, öffnen einander ihr Herz. Fast jeden Abend schleift Inge Gassy zu irgendwelchen Cocktails oder Partys. Inge spielt Inge. Überschwänglich, lebhaft, laut, zu allem bereit. Doch Gassy entgehen die kleinen Stimmungsschwankungen und flüchtigen Schatten nicht, die Inges Blick durchziehen und sie wieder in die Wirklichkeit holen. Dieser ganz besondere Verleger, wie Gassy ihn nach Inges Schilderungen nennt, hat sie zweifellos tief berührt. Inge kann noch so sehr die Nacht durchtanzen, Gassy weiß, was sie denkt: Wird Feltrinelli sein Versprechen halten? Wird er aus dem Norden von sich hören lassen?

Am 23. Juli um kurz nach 9 Uhr kommt eine sichtlich aufgeregte Inge mit den Einkäufen zurück. Sie hat Brötchen, Eier und Speck für ein letztes üppiges Freundinnenfrühstück gekauft. Am Abend wird Gassy mit dem Nachtzug in die Schweiz zurückfahren. Inge hat einen Umschlag mit schwedischen Briefmarken aus dem Briefkasten gefischt, auf der Rückseite die Initialen GGF. Es ist ein Brief von Giangiacomo Feltrinelli.

«Gassy, macht es dir was aus, den Speck und die Eier zu braten?», fragt sie und verzieht sich ins Schlafzimmer. Doch gleich darauf ist sie wieder da. Ihre bange Aufregung ist strahlender Erregung gewichen. Sie wirft Gassy die Arme um den Hals und sagt glücklich: «Er will mich bald sehen. Er schlägt vor, dass wir uns in einer Woche in Kopenhagen treffen und dann ein paar Tage zusammen verbringen.»

Inge ist ein reißender Fluss. Da ist sie ja, die Ingemaus, die Gassy aus der Schulzeit kennt, glücklich, energiegeladen, nicht zu bremsen, wild entschlossen, bei jeder Chance, die das Leben ihr bietet, unerschrocken zuzugreifen. Völlig anders als die Inge vom Vorabend, als die Freundinnen auf dem Heimweg von Uli Mohr bis tief in die Nacht geredet haben und sie wegen der Begegnung mit Feltrinelli seltsam unentschlossen und unsicher wirkte. Bis gestern wusste sie nicht recht, wie sie sich verhalten sollte, und war voller Zweifel. So ratlos hatte Gassy Inge noch nie erlebt.

Jetzt ist sie wieder die alte Inge. Sie wirft den Kopf zurück, schnattert, fuchtelt herum und lässt die Ohrringe klimpern. Ja, Inge ist wieder da.

Feltrinellis Nachricht ist kurz und bündig. Die Reise verläuft wie erhofft und erweist sich auch in beruflicher Hinsicht als Erfolg. Er hat bereits mehrere Verleger kontaktiert und gönnt sich hin und wieder einen Moment des Alleinseins und des Nachdenkens, während er am Steuer seines Haifischs, also seines Citroën DS, durch die riesigen Weiten der skandinavischen Landschaft fährt. Wie es aussieht, scheint alles zu klappen: *Doktor Schiwago* wird demnächst in den Niederlanden, in Schweden, Norwegen, Finnland und Dänemark erscheinen.

«Sobald ich in Kopenhagen bin, schicke ich Ihnen ein Telegramm. Ihr Struwwelpeter!»

Doch in seinem Brief, den er Ende Juli an Zigaina schrieb, um ihm von der Reise durch die skandinavischen Länder zu erzählen, verliert Giangiacomo über die Begegnung mit Inge kein Wort. Stattdessen lässt er sich zu poetischen Gedanken über die Einsamkeit hinreißen:

> «Allein zu sein, im Kontakt mit der Natur, und zu reisen hat mir Ruhe gegeben, und deshalb kann ich gelassen und bewußt über diese Dinge sprechen. Im Augenblick reise ich auf einem kleinen Motorschiff von Naurk nach Honnersgung am Nordkap. Wir fahren in die Fjorde Norwegens hinein, wo die Berge noch schneebedeckt sind und das Meer eine Färbung hat, die ich als ein dunkles Blauviolett bezeichnen würde. Die Sonne sinkt nie hinter den Horizont, ein großartiges, manchmal sogar erschrekkendes Schauspiel. Das Auto habe ich im schwedischen Kiruna gelassen, und Sonntagmorgen, wenn ich zurückkomme, will ich wieder nach Norden fahren, um dieselben Orte von der Landseite her kennenzulernen. Die Einsamkeit hier ist etwas Überwältigendes. (…) Ich glaube, dies ist die schönste Reise, die ich je unternommen habe. Einerseits bin ich traurig darüber, allein zu sein, denn vieles ist einfach zu schön, um es allein zu erleben.»

Aber er habe kein Abenteuer gesucht, auch wenn die blonden «kleinen Schwedinnen ein wunderbarer Anblick und von wirklich faszinierender Schönheit sind. Kein Abenteuer allerdings, ein bisschen, weil ich in kontemplativer Stimmung bin, ein bisschen, weil hier der Sex kein Problem ist, und deshalb ist Sex kein ausreichender Grund, dass zwei Menschen zusammenkommen.»

Bald schon soll sich für Inge und Giangiacomo alles ändern. Vielleicht spürten die beiden das an jenem Abend des 14. Juli 1958 im Haus des gemeinsamen Freundes Heinrich Maria Ledig-Rowohlt bereits. Freilich ist alles noch sehr ungewiss. Warum aber verliert Feltrinelli in seinem Brief an Zigaina kein Wort über die Begegnung mit der Fotoreporterin Inge Schönthal? Vielleicht, um nicht eine weitere Katastrophe heraufzubeschwören, aus einer Art Aberglaube nach der unglücklichen Erfahrung mit Nanni De Stefani. Doch allen Zögerlichkeiten und Befürchtungen zum Trotz wissen seit jenem Abend beide, dass etwas Unumstößliches passiert ist. Und als das mit Spannung erwartete Telegramm aus Kopenhagen eintrifft, nimmt Inge die erstbeste Fähre, um ein paar Tage mit Feltrinelli zu verbringen.

Das nur wenige Kilometer von der dänischen Hauptstadt entfernte Sletten ist wie aus der Zeit gefallen. Zumindest erscheint es Inge und Giangiacomo so. Liebe, Sonne, Sand, Meer, lange Spaziergänge und Gespräche. Man könnte an eine Hochzeitsreise ohne Hochzeit denken. Giangiacomo ist immer mehr Struwwelpeter. Stolz zeigt er Inge seine gewachsenen Fingernägel und das zerzauste Haar. Sie machen da weiter, wo sie aufgehört haben, und gönnen sich an jenem magischen Ort den Luxus, sich Zeit zu nehmen, einander besser kennenzulernen, mehr über das Leben des anderen zu erfahren und sogar ein paar vage Zukunftsvisionen zu entwerfen. Feltrinelli schlägt vor, ihren gemeinsamen Plänen den Codenamen «Verschwörung» zu geben. Doch trotz der schönen Tage hat er es eilig, nach Italien zurückzukehren. Im Verlag stehen wichtige Entscheidungen an, so ist das nun einmal in einer frisch geborenen und sogleich auf die Welle des *Schiwago* katapultierten Wirklichkeit. Er hat auch das Manuskript eines Romans im Gepäck, sagt Giangiacomo.

«Wie heißt er?»

«Il Gattopardo.»

Giangiacomo erzählt, der Autor sei der im Jahr zuvor gestorbene Sizilianer Giuseppe Tomasi di Lampedusa und das Romanmanuskript habe im Haus des Schriftstellers in einer Schublade gelegen. Elena Croce, die Tochter des Philosophen Benedetto Croce, habe sich daran erinnert. Tomasi di Lampedusa war ein Freund ihrer Familie. Zu Lebzeiten hat der Autor den Roman an mehrere große Verlagshäuser geschickt, darunter auch an Mondadori und Einaudi. Doch alle hatten ihn abgelehnt. Nur Giorgio Bassani, Leiter des Feltrinelli-Ablegers in Rom, habe Giangiacomo in den Ohren gelegen, das Buch so schnell wie möglich zu veröffentlichen. Inge lässt sich alles erzählen und ist fasziniert von der Geschichte einer sizilianischen Adelsfamilie zu Zeiten Garibaldis und ihres Niedergangs vor der Kulisse des Alten Europas.

Inge hört ihm zu und denkt erneut, dass sie jemandem wie ihm noch nie begegnet ist. In gewissem Sinne ist er der neue Mensch, wie Kurt Wolff, der Verleger von Kafka und Karl Kraus, ihn einige Zeit später definieren soll, als er sagt, Giangiacomo Feltrinelli sei der einzige *homo novus* gewesen, dem er je begegnet sei.

Für Inge ist er neu, weil es ihm gelingt, die Widersprüche, mit denen er hadert, zu vereinen oder ihnen zumindest kein Gewicht zu geben. Begeistert spricht er über den *Gattopardo*, obwohl ihn die Geschichte des Niederganges einer Adelsdynastie in Wirklichkeit nur bedingt zu beeindrucken scheint.

Er, Spross einer der reichsten Unternehmerfamilien Italiens, kennt die Vermessenheit seiner gesellschaftlichen Klasse gut, die ihm nicht einmal erlaubte, eine normale Schule zu besuchen. Auch davon erzählt er Inge. Von seiner Kindheit, seiner Schwester Antonella und von ihren Privatlehrern. Er erzählt ihr, wie oft er einsam am Wohnzimmerfenster saß und voller Zorn beobachtete, was sich auf der Straße abspielte, wie hypnotisiert habe er einmal den Maurern auf dem Dach eines Hauses gegenüber zugeschaut, und als er wieder zu sich kam, gerufen: «Wenn ich groß bin, werde ich Maurer. Dann kann ich immer die Sonne sehen und frei sein!»

Es ist, als habe er ein Lebensmodell verinnerlicht und zugleich die Methode, um es außer Kraft zu setzen: zuerst mit seinem Engagement in der kommunistischen Partei und dann mit seinen Büchern. Er ist neu, weil er sich um die Konventionen nicht schert, die ihn zu vereinnahmen versuchten. Das politische Engagement war der erste Schritt, um zu seiner gesellschaftlichen Klasse endlich auf Distanz zu gehen. Eine Entscheidung, die bei der Familie natürlich nicht auf Zustimmung stieß und die Mutter Giannalisa, eine von Reichtum vernebelte, bis zur Grausamkeit strenge und der Monarchie zugetane Frau, zutiefst verärgerte. Doch trotz seiner Rebellion ist Feltrinelli nicht mit Scheuklappen unterwegs. Ihm geht es um intellektuelle Redlichkeit. In gewissem Sinne erinnert er Inge an den Krieger, den Albert Camus in einer kurz nach seiner Auszeichnung mit dem Literaturnobelpreis 1957 an der Universität von Uppsala gehaltenen Rede beschreibt.

> «Deshalb kann die Schönheit auch heute, vor allem heute, keiner Partei dienen; sie dient auf lange oder kurze Sicht nur dem Schmerz oder der Freiheit der Menschen. Der einzige enga-

gierte Künstler ist derjenige, der sich zwar nicht dem Kampf verweigert, aber zumindest nicht den regulären Armeen beitritt, d. h. der Freischärler.»

Giangiacomo Feltrinelli hat wirklich nichts Konventionelles an sich. Während die Genossen des PCI ihn vergeblich von der Veröffentlichung des Romans von Boris Pasternak abzuhalten versuchten, sind es jetzt die Linksintellektuellen, die Tomasi di Lampedusas Manuskript zu «rechts», zu «dekadent» und für einen Verlag, der sich der neuen Avantgarde verpflichtet fühlt, zu altmodisch finden.

Am Strand von Sletten geht Inge mit einem Menschen spazieren, der es darauf anlegt, mit seinen Büchern für Dissens zu sorgen. Mit dem neuen Menschen.

Inges Kalender war noch nie so vollgekritzelt. Bis in den Spätherbst 1958 füllt sie ihn mit Terminen, Nummern, Namen, als wollte sie sich mit jedem Federstrich versichern, ganz fest im Sattel der Fotoreporterin zu sitzen. Weiterhin frequentiert sie den üblichen Freundes- und Bekanntenkreis und lässt ihre Beziehungen möglichst noch enger werden. Es ist, als wollte sie all diese Menschen, die im Laufe der Jahre an ihrer Seite waren, noch näher bei sich haben, als fürchtete sie, es gäbe kein Zurück mehr, sobald sie zu neuen Ufern aufbräche.

Unter den Namen, die am häufigsten auftauchen, sind die ihrer wichtigsten Mentoren: Hans Huffzky, Uli Mohr, Heinrich Maria Ledig-Rowohlt und Axel Springer. Sie trifft sie, um über Projekte zu sprechen oder gemeinsam zu Mittag zu essen. Hin und wieder besucht sie die Kantine der Deutschen Presse-Agentur Hamburg, macht eine Segeltour mit Kollegen oder geht mit Huffzky schwimmen.

Wie gewohnt erstellt Inge einmal wöchentlich eine Liste

von Menschen, die sie anrufen oder denen sie schreiben will. Ihre Mutter oder die Halbgeschwister Maren und Olaf sind immer darunter. Hier und da taucht auch «Väti» wieder auf, doch nach der Begegnung in der Halle des Hotels Commodore in Manhattan ist es, als wollte Inge ihn für immer aus ihrem Leben löschen. Unter den häufiger auftauchenden Namen sind auch die der Journalisten Herbert Lüthy und François Bondy und seiner Frau Liliane, und immer öfter der des Fotografen Erwin Blumenfeld: Seit ihrer ersten Begegnung 1953 in New York sind sie Freunde geblieben. Inge erzählt, niemand anders schreibe ihr ironischere und scharfsinnigere Briefe. Häufig sieht sie den Unternehmer Rudolf-August Oetker, der sie regelmäßig zu seinen Geburtstags- und Silvesterfesten einlädt. Und natürlich ist ein immer wiederkehrender Name der des Hamburger Verlegers Walter Blüchert. Allmählich macht er Druck, damit Inge mit ihrem Buch vorankommt. Doch irgendetwas an dieser Arbeit funktioniert nicht. Sie ist eine ganze Weile liegen geblieben, obwohl Inge bereits ein paar Probekapitel verfasst hat, wie das über die «Cocktail-Party».

> «Früher gab man ein Bankett, heute gibt man eine Cocktail-Party. Ein Bankett dauerte etwa sechs Stunden. Die Cocktail-Party beginnt um sechs Uhr nachmittags und endet zwei Stunden später. Bei einem Bankett bekamen relativ wenig Menschen relativ viel zu essen und zu trinken. Bei einer Cocktail-Party erscheinen gewöhnlich so viel Menschen, daß die Stühle nicht ausreichen. Man bekommt einen Cocktail oder ein Glas Sekt und winzige Häppchen, die man schnell in den Mund steckt um wenigstens eine Hand frei zu haben. Die andere hält das Glas.
>
> Wenn sich alle Gäste eingefunden und die Gastgeber begrüßt haben, ist die Cocktail-Party zu Ende.

Auf einer Cocktail-Party wird viel gesprochen, aber wenig gesagt. Ein großer Wortschatz ist nicht erforderlich. Mehr als «Danke», «Bitte» und «Pardon» braucht man nicht zu bieten. Ein vernünftiges Gespräch kommt ohnehin nicht zustande. Gegenstand der Unterhaltung ist entweder die Party von gestern oder die Party von morgen.

Der Sinn einer Cocktail-Party – irgendeinen Sinn muß sie schließlich haben – ist, sich zu unterrichten, wer noch dazu gehört, wer nicht mehr dazu gehört, und wer neu hinzugekommen ist. Man sollte meinen, daß vielbeschäftigte und berühmte Männer und Frauen weder Zeit noch Interesse an solchen Cocktail-Partys haben. Weit gefehlt! Sie machen sich zwar darüber lustig und versichern: «Es war das letzte Mal! Nie wieder!», und sie unterstreichen diesen Entschluß, indem sie nach einer halben Stunde demonstrativ die Gesellschaft verlassen, jedoch nur, um noch auf eine andere Party zu gehen, wo sie dasselbe sagen. Am Ende ihrer Tage seufzen sie: «Wieviel mehr hätte ich leisten können ohne den Zwang, meine kostbare Zeit auf diese Weise zu vergeuden!» Und doch wird, kaum daß sich die Pforten des Himmels (oder der Hölle) hinter ihnen geschlossen haben, ihre erste Frage sein: «Gibt Shakespeare eine Party? Bin ich eingeladen?»

Mögen Weise über die Cocktail-Party lächeln, mögen Sozialrevolutionäre darüber fluchen oder sie für ein Krebsgeschwür am todgeweihten und todeswütigen Leib einer durch und durch versuchten Gesellschaft halten, auf der nächsten Party treffen sie sich wieder, der eine, um sein überlegenes Lächeln, der andere, um seinen Widerwillen bewundern zu lassen.»

Ein anderer Kapitelentwurf handelt von beruflichen Beziehungen und soll denen, die sich mit diesem Berufswunsch tragen, als Ansporn dienen.

«Immer wieder werde ich gefragt, auf welche Weise ich so berühmte Menschen wie Ernest Hemingway, Pablo Picasso, den Herzog von Windsor, den Fürsten und die Fürstin von Monaco, den Botschafter François-Poncet, die Schauspielerin Audrey Hepburn und noch viele andere kennengelernt habe. Manche Frager warten meine Antwort gar nicht erst ab, sondern sagen: «Ich weiß schon – mit dem Presseausweis!» Aber als mich Ernest und Mary Hemingway in Haiti zum Fischfang einluden, besaß ich noch keinen Presseausweis, und auf Pablo Picasso hätte so ein Papierchen nicht mehr Eindruck gemacht als auf Eisenhowers Vorgänger Harry Truman oder die amerikanische Botschafterin Claire Boothe Luce, deren Gatte selbst Presseausweise ausstellt. Er verlegt «LIFE», die größte Illustrierte der Welt. Sie alle haben mich nicht gefragt, ob ich Reporterin sei, und als ich es ihnen sagte, interessierte sie es nicht einmal.

Einige Leute behaupten, meine beruflichen und gesellschaftlichen Erfolge verdanke ich meinem Aussehen, meinem Charme und meiner Jugend. Da ich eine Frau bin, lasse ich mir so etwas gern sagen, auch wenn es nicht ernst gemeint ist. Aber ich glaube nicht daran. Denn ich kenne hübschere, jüngere und charmantere Frauen, die brennend gern erleben möchte, was ich erlebt habe, und die es dennoch weder geschafft haben noch – nach meiner Schätzung – jemals schaffen werden. Während andererseits eine so häßliche, launische und böszüngige Person wie Elsa Maxwell, die Klatschbase Nr. 1 aus Hollywood, überall eingeladen wird.

Beziehungen? Gewiß, ich habe Beziehungen. Aber als ich anfing, hatte ich sie nicht. Meine Laufbahn als Journalistin begann an der Einfahrt der Autobahn Hamburg-Lübeck. Nachdem ein Fernlastfahrer und ein Handelsvertreter im Kleinwagen (mit Firmenaufschrift) abgelehnt hatten, mich mitzunehmen, stieg ich in den Zwölfzylinder-Lincoln eines in Hamburg akkreditierten Generalkonsuls und überholte die beiden anderen. Heute, in der Erinnerung, kommt mir das symbolisch vor. Die Kamera, mit der ich in Lübeck fotografierte, hatte ich mir geliehen. Den Bericht tippte ich auf einer geborgten Maschine. So war mein Start zwar hoffnungsvoll, jedoch nicht aussichtsreich.»

Alle zwei Wochen taucht in Inges Liste Gassys Name auf. Und schließlich erscheint mit geradezu quälender Häufigkeit der Name der Redaktionssekretärin der *Constanze*, Christiane Ibscher, die ihr mit neuen Vorschlägen für die Kolumne *Goldstaub* im Nacken sitzt. Offenbar ist Christiane Ibscher eine der Ersten, die ahnen, dass Inge sie bald verlassen wird. Der Beruf hat ihren Blick dafür geschärft, ob der Mensch, den sie vor sich hat, arbeitshungrig ist oder nicht, und in letzter Zeit wirkt Inge zerstreut. Sie ist da und doch nicht da. Doch weil ihre beste Fotoreporterin noch in Hamburg ist und die Leserinnen nach neuem Klatsch und Tratsch aus der Welt des Luxus und der Mode gieren, lässt sie ihr keine Ruhe.

Der Name, genauer gesagt, die Abkürzung, die bis zum Ende des Jahres nur selten auftaucht, ist «GGF», Giangiacomo Feltrinelli. Ist es übergroße Vorsicht gegenüber einer noch frischen und deshalb zerbrechlichen Liebe? Abergläubische Zurückhaltung? Oder liegt es einfach nur daran, dass Inge ihr Gefühlsleben von der Arbeit trennen will?

Sicher ist jedoch, dass Inge vielleicht zum ersten Mal in ihrem Leben eine Seite an sich entdeckt, die ihr überschwängliches und offenes Wesen stets verborgen hielt: die Vorsicht.

Bertrand Russell sagt, Vorsicht in der Liebe kann sich für das wahre Glück als fatal erweisen. Wer weiß, ob Inge diesen Satz je gelesen hat, doch dass sie in ihrem Leben stets versucht hat, sich an dieses Gebot zu halten, liegt auf der Hand. Wäre sie vorsichtig gewesen, hätte sie nichts erreicht. Sie hätte sich in einer Männerwelt nicht durchgesetzt und wäre nicht die geworden, die sie ist. Einfacher gesagt, wäre sie vorsichtig gewesen, wäre sie nicht auf das gelbe Fahrrad gestiegen und hätte Göttingen nie verlassen. Vielleicht wäre sie nicht glücklich geworden.

Doch Russell spricht von Herzensangelegenheiten, und da liegen die Dinge komplizierter. War Inge in der Liebe vorsichtig? War sie glücklich?

Vor der schicksalhaften Begegnung mit Giangiacomo Feltrinelli hatte sie Affären, Beziehungen, keine Frage. Sie ist jung, schön, überschäumend, ein Wirbelwind. Sie hat aus ihrem Spaß, auf dem schmalen Grat zwischen Unschuld und Koketterie zu balancieren, zwischen dem «anständigen Mädchen aus Göttingen» und der Fotoreporterin, die den Männern auf Partys den Kopf verdreht, nie einen Hehl gemacht. Diese weder unbesonnene noch abgeschmackt vorsätzliche Uneindeutigkeit war wie ein moralisches Schutzschild, das sie vor leichtfertigen Beziehungen bewahrte. Wenn Giangiacomo der neue Mann ist, ist Inge die neue Frau. «Sobald es etwas gibt, das mich aufhalten könnte, muss es aus dem Weg geräumt werden», pflegt sie sich gern zu sagen. Ob dieses Etwas eine Beziehung oder die launischen Allüren eines Modestars ist, macht keinen Unterschied. Die neue Frau hat für Vorsicht nichts übrig. Doch vielleicht war Inge in der Liebe nie wirklich glücklich. Vielleicht trifft Bertrand Russells Gebot auf sie nicht zu.

Aber noch einmal: War sie in der Liebe vorsichtig? War sie glücklich?

Jahrelang hatte Inge eine heimliche Affäre mit Melvin J. Lasky, dem Herausgeber von *Der Monat*. Von Anfang an besteht zwischen den beiden ein erhebliches emotionales Gefälle. Was bedeutet ihr dieser Mann? Ist er eine wichtige Figur? Nein. Für Inge bleibt Melvin J. Lasky stets eine schreckliche Person, die nur eine entnervte Geste und einen leicht verächtlichen Blick verdient, sobald jemand sie nach diesem Mann zu fragen wagt. Es ist eine Beziehung, die im Verborgenen bleibt, vielleicht auch vor Inge selbst, und das ist dem hervorragenden Abwehrmechanismus zu verdanken, dessen sie sich schon als Kind bediente, um mit den schmerzhaftesten Momenten fertigzuwerden: Wenn man sich nicht mehr erinnern will, muss man nur aufhören, sich zu erinnern. Die Vergangenheit – oder die Gegenwart – auf Kommando ausradieren. Auch das hat Trudel ihr beigebracht. Ohne diesen Abwehrmechanismus wäre es der kleinen Inge schwergefallen, mit dem jähen Verschwinden des leiblichen Vaters zu leben und ebenso mit der Zurückweisung dieses Vaters in New York.

Während sich die Beziehung mit Lasky für Inge in eine geradezu demütigende Abhängigkeit verwandelt, scheint Inge für Lasky nicht mehr als eine Geliebte und Gespielin gewesen zu sein. In seinen Briefen an sie spricht er von sich wie von einem Lehrmeister. Sicher ist, dass die junge Fotoreporterin und der zehn Jahre ältere bekannte Journalist mit den wachsenden Geheimratsecken und dem immer dichteren Kinnbart eine *amour fou* beginnen, die geheim bleiben muss und nur ausgelebt wird, wenn es Lasky passt – nicht zuletzt, weil er seit 1947 verheiratet ist. Doch so ausweichend der wiewohl feurige Liebhaber Lasky auf der Gefühlsebene bleibt, so sehr hilft er Inge auf beruflicher Ebene, wo er nur kann. Unermüdlich verschafft er ihr wichtige Kontakte, berät sie und greift ihr unter die Arme, wann immer es nötig ist. Vielleicht verfolgt er eigene Absichten und will diese «weibliche Wunderwaffe des deutschen Journalismus» in eine Art Rammbock für seine antisowjetischen Tätigkeiten zugunsten der «kulturellen Freiheit» verwandeln. Auf ihre zweite New-York-Reise im Jahr 1957 hat Lasky Inge eine lange Liste von Kontakten in der Welt der Medien, der Politik und der Kultur mitgegeben. Darunter den zum Regisseur Elia Kazan sowie einen weiteren, der als Türöffner zum politisch hochaktiven Kreis rund um den Schauspielguru, Begründer des Method Acting und Leiter des berühmten Actors Studio Lee Strasberg dient. In Paris hat Lasky ihr sogar seine Wohnung überlassen, die Inge nach Belieben nutzen kann, wenn er in Berlin ist. Doch für Inge wird dieser Mann, der Leidenschaft und Fürsorge abwechselt, immer eine schreckliche Person bleiben.

Auf einen Brief vom Mai 1956, in dem Inge sich beklagt, dass ihre Liebe zu sehr der Logik seiner freien Tage unterworfen ist, antwortet Lasky mit geschliffenen Zitaten aus dem Buch *Homo Ludens* von Johan Huizinga. Spiel steht dem Ernst gegenüber ...

> «Und wir können mit diesem Aussondern des Spiels aus der Sphäre der großen kategorischen Gegensätze noch weitergehen. Das Spiel liegt außerhalb der Disjunktion Weisheit – Torheit, es liegt aber auch ebensogut außerhalb der von Wahrheit und Unwahrheit und der von Gut und Böse ... Die Schönheit des bewegten menschlichen Körpers findet ihren höchsten Ausdruck im Spiel. In seinen höher entwickelten Formen ist das Spiel durchwoben von Rhythmus und Harmonie, jenen edelsten Gaben des ästhetischen Wahrnehmungsvermögens, die dem Menschen beschert sind.»

Spielen ohne Vorsicht, die Formel fürs Glück. Doch vermochte diese Argumentation Inge offenbar nicht zu trösten, denn sie antwortet in fast verzweifeltem Ton: «Wie werde ich mich je in einen anderen Mann verlieben können?»

Sicher, sie hätte sich auf ihren Instinkt, auf ihr Gespür verlassen können. Doch das hatte sie auch ein Jahr zuvor nicht getan, als sie Lasky von der tiefen Verstörung schreibt, die ihre Beziehung ihr bereitet. Er beruhigt sie mit einem Schwall schöner Worte und versichert ihr seine Liebe. Ihr widerstrebt es jedoch, solche Worte zu gebrauchen, und sie antwortet: «Es ist alles so merkwürdig unwirklich und alles marionettenhaft um mich herum.» Sie schreibt ihm, dass sie, anders als er, «Angst habe», solche Wendungen zu gebrauchen, Angst, sie könnten nicht wahr, nicht echt und zu schnell dahergesagt sein. Ob er sie «ein bisschen» verstehen könne? «Wohin geht der Flug, aber das will ich jetzt nicht wissen, fragen und begreifen. And there is our little mysterium, or is it a grand one?» Sie schreibt, sie habe «Angst, etwas falsch zu machen». Zu der Zeit ist Inge fünfundzwanzig Jahre alt, und diese Liebe scheint keine Zukunft zu haben. Das hat sie von Anfang an gespürt.

Das wackelige Verhältnis zu Lasky zieht sich über etwas mehr als drei Jahre. Der Schweizer Journalist Herbert Lüthy, der Inge abgrundtief vergöttert, drückt ihr in einem Brief von 1957 seine ganze Abneigung gegen die in seinen Augen völlig verquere Beziehung aus. Doch kritisiert er auch Inge und ihre Unfähigkeit, in dieser *liaison dangereuse* eine klare Haltung zu beziehen. Es sei nicht seine Absicht, den Moralapostel zu spielen, schließlich gingen ihn weder ihr noch Laskys Privatleben etwas an. Und ebenso wenig Laskys Eheleben. Aber schade diese Unentschlossenheit, «dieses Weder-noch-Sowohl-als-auch» nicht beiden Seiten? Zerstöre es am Ende nicht auch Lasky? «Ich beschuldige die Regie der Schlamperei.» Heftige Worte, das weiß auch Lüthy, der sofort versucht, sie zu mildern und zu relativieren: «Und bitte, bitte, liebe Inge, nur nicht dieses Missverständnis: Ich für mich habe Ihnen überhaupt nichts vorzuwerfen, keine Falschheit und keine Bosheit, Sie waren wundervoll zu mir, und Sie sind und bleiben die bezauberndste und liebenswerteste Frau, die ich je sah.»

Inge gibt Herbert Lüthys Brief Lasky zu lesen, der aus der Haut fährt vor Wut. Er zeigt sich zutiefst verärgert über die Anmaßung des Kollegen, der es wagt, sich auf diese überhebliche Weise in ihre Beziehung einzumischen, vom Ton ganz zu schweigen. In einem Brief an Inge nennt Lasky Herbert Lüthy ein «Herbertchen», einen «Bergbauern», der nur leere Worte kennt. Ein Hin und Her schwerer Vorwürfe, das schon bald in einen öffentlichen Streit zwischen Lüthy und Lasky ausartet, zwei Gockel im Hühnerstall.

Dann kommt die Party im Hause Rowohlt und dieser Mann in nachlässig salopper Kleidung.

Mit Giangiacomo Feltrinelli scheint Inge endlich die Kraft gefunden zu haben, sich aus der zukunftslosen Beziehung mit Melvin J. Lasky zu befreien. Und vielleicht, eine Antwort auf ihre Fragen über die Liebe zu finden. Und über die Vorsicht. Wann traut man seinen Gefühlen? Wann nicht?

7 Die Verbindung zweier chaotischer Systeme

Inge und Giangiacomo haben ein ähnliches Verhältnis zu der Zeit. Einerseits ist sie ein Gegner, mit dem man es aufnehmen muss, um sich nicht zu sehr von ihm drängen zu lassen, um Raum für neue Projekte zu schaffen, für Bücher, die es zu verlegen, und Ideen, die es umzusetzen gilt. Andererseits ist sie die einzige Ressource, um ihrer Beziehung eine Zukunft zu geben. Inge braucht Zeit, um die Geschichte mit Lasky zu beenden; Giangiacomo braucht Zeit, um die vertrackten Prozeduren zur Aufhebung der Ehe mit seiner zweiten Frau hinter sich zu bringen. Inge weiß nicht, wie lange es dauern wird, bis sie wieder bereit ist, einem Mann zu vertrauen. Und auch Giangiacomo weiß nicht, wie lange es dauern wird, bis er wieder bereit ist, einer Frau zu vertrauen. Beide haben Wunden, die verheilen, Kränkungen, die vergessen, Hoffnungen, die neu geschöpft werden müssen. Und all diese Dinge brauchen Zeit.

Man bräuchte ein ganzes Leben, um zwei chaotische Systeme wie diese in Einklang zu bringen, ohne dass sie aneinander zerbrechen. In den letzten Monaten des Jahres 1958 und zu Beginn des Jahres 1959 greifen die Gesetze der Physik plötzlich nicht mehr, und die Zeit beginnt, schneller zu laufen.

Der Countdown hat begonnen.

September 1958

Nach dem Sommer kehrt Giangiacomo endlich mit klareren Ideen ins Büro zurück: Das mit Inge ist keine vorübergehende Schwärmerei, ganz im Gegenteil. Er hat sich verliebt. Trotzdem, die Arbeit ruft, die Journalisten belagern ihn. Plötzlich sind auf der ganzen Welt ungenehmigte Übersetzungen des *Doktor Schiwago* aufgetaucht, dazu ein Raubdruck auf Russisch. Einige davon wurden während der Weltausstellung in Brüssel von russischen Emigranten am Stand des Vatikans verteilt. Feltrinelli ist alarmiert. Angeblich stecken hinter der Aktion antisowjetische Kreise, die mit der CIA zusammenarbeiten.

Aus einem Interview der *Sunday Times*:

> «Mit Entschiedenheit wandte ich mich dagegen, daß die antisowjetischen Kreise das Buch politisch instrumentalisierten und dem Autor auf diese Weise schaden konnten.»

Doch es gibt nicht nur Scherereien. Auf dem Schreibtisch seines Mailänder Büros an der Via Andegari liegen auch zahlreiche begeisterte Briefe, die ihn zur Veröffentlichung von *Doktor Schiwago* beglückwünschen. In einem im September an Pasternak geschriebenen Brief zitiert Feltrinelli ein paar Zeilen, die ihm der Schriftsteller Carlo Cassola schrieb:

> «Ich habe die Lektüre des Doktor Schiwago beendet. Kein anderes zeitgenössisches Buch hat in mir größere Begeisterung geweckt, mich tiefer bewegt, mir mehr intellektuelles Vergnügen bereitet, mir mehr Trost und Gelassenheit vermittelt als dieses.»

Der unglaubliche Erfolg des *Doktor Schiwago* macht das sowjetische Regime fuchsteufelswild und gibt dem Verlag Auftrieb. Der kaum vier Jahre zuvor gegründete Giangiacomo Feltrinelli Editore gerät in einen Aufmerksamkeitsstrudel, der weit über Italien hinausreicht.

Hatte die blutige Niederschlagung des ungarischen Volksaufstands von 1956 durch die sowjetischen Truppen die Genossen in aller Welt bereits in zwei Fraktionen gespalten, bricht der Kalte Krieg mit dem Fall Pasternak nun auch in die Kultur ein: Im Herbst 1958 hat der Verlag die *Politischen Schriften* des Ungarn Imre Nagy veröffentlicht, der von der Roten Armee gefangen genommen und zum Tode verurteilt wurde.

Auf Giangiacomos Schreibtisch an der Via Andegari 4 stapeln sich die Manuskripte. Das Verlagsprogramm des kommenden Jahres ist dicht bestückt, vor allem, was die fremdsprachige Belletristik anbelangt: *Porträt eines Unbekannten* von Nathalie Sarraute, *Wiedersehen in Howards End* von Edward Morgan Forster, *The Habit of Loving* von Doris Lessing, *Ginger Man* von James Donelavy, *The Setting Sun* von Osamu Dazai, *Das Aleph* von Jorge Luis Borges, *Das Versprechen* von Friedrich Dürrenmatt, *Homo Faber* von Max Frisch, *Der Regenkönig* von Saul Bellow, *Die Mutter der Könige* von Kazimierz Brandys.

Ein Berg Arbeit, der Zeit verschlingt und einen fiebern lässt. Giangiacomo findet trotzdem Momente für die einzige Frau, die gerade in der Lage ist, das Fieber seiner Arbeit mit ihm zu teilen. Es gibt Tage, an denen Giangiacomo Inge zwei oder drei Telegramme schickt, sie mehrmals anruft und ihr wenigstens einen, wenn nicht gar zwei Liebesbriefe schreibt.

Es ist, als lebten sie ein Märchen. Sämtliche Zutaten sind vorhanden: die Liebe, die Widrigkeiten des Lebens, die sich ihr in den Weg stellen, und ein Mann und eine Frau, die versuchen, sie zu überwinden. Fragt sich nur, ob wirklich alles so perfekt sein kann. Die Antwort zwingt dazu, das Märchen zu verlassen und die Schwierigkeiten in den Blick zu nehmen, mit denen Inge Schönthal und Giangiacomo Feltrinelli in den kommenden Monaten auf unterschiedliche Weise zu kämpfen haben. Laut Inge ist es Giangiacomo, der ihrer Beziehung misstrauischer gegenübersteht. Als Erbe eines großen Vermögens ist ihm bewusst, dass die Menschen, die seine Nähe suchen, es häufig vor allem auf sein Geld abgesehen haben. Doch trotz aller Unsicherheit und Zurückhaltung haben die glücklichen Tage in Sletten Wirkung gezeigt. Als jeder wieder in sein eigenes Leben zurückkehrt, beginnen eine langsame, vor allem schriftliche Annäherung mit überaus poetischen, mitunter ironischen Briefen und zuweilen ein regelrechtes Kräftemessen, das einen der beiden – vor allem Inge – in vorübergehende Verzagtheit und tiefe Verzweiflung stürzt. Die sowohl stilistisch als auch inhaltlich elegantere Feder führt Giangiacomo. Angefangen bei der unglaublich leichten Handschrift, zumal im Vergleich mit Inges «Gekritzel». Sie selbst nennt es so, wohlwissend, dass es schon für andere Empfänger häufig nicht zu entziffern war. Aus seinen Briefen sprechen große Zärtlichkeit, Verspieltheit und eine stilistische Verve, die mehrere Sprachen miteinander verquickt. Er nennt sie Ingelein, Ingemaus, Hundenase, Eskimoqueen, vielleicht ihr Lieblingsspitzname, der auf ihre schräg geschnittenen Augen anspielt. Zwischen den Zeilen versucht er, Inge an seiner Arbeit teilhaben zu lassen, an den Scherereien, die seinen Verlegeralltag bestimmen. Und Scherereien gibt es in diesem Herbst 1958 genug. Was ihm am meisten Sorgen bereitet, ist

Boris Pasternaks Gesundheit. Dann ist da der *Gattopardo* von Giuseppe Tomasi di Lampedusa, der in den Druck geht, während er bereits auf der Suche nach ausländischen Verlegern ist, die an den Rechten interessiert sein könnten.

Gianciacomo korrespondiert mit Inge vor allem auf Englisch. Kurz nach ihren «stillen Tagen in Sletten» schreibt er ihr am 4. September:

> «My darling, my sweet Inge, when as a tough cultural sophisticated journalist you are excited and crowded by interesting men remember, darling, that you have one Struwwelpeter that loves you. […] Sletten war gestern, aber Sletten ist überall, auch in Hamburg und wo immer Du bist. Und morgen wird es ein anderes Sletten kommen … und ein weiteres und weiteres. […] Ich wünschte, ich könnte Dir so viel geben, wie Du mir gibst.»

In der Zwischenzeit hat Inge ihm offenbar einen Brief geschrieben, in dem sie ihm eine kurze Pause vorschlägt, damit jeder für sich Klarheit schaffen und sein Leben in Ordnung bringen kann. Sie verwendet das Wort «Waffenstillstand».

Doch im folgenden Brief aus Paris hat sie bereits ihre Meinung geändert: «It's absolutely idiotic and will help nobody!» Inge entschuldigt sich und klingt ziemlich zerknirscht: Sie müsse nun einmal entsetzlich viel arbeiten und einer Flut von Terminen nachhetzen. Doch wenn er sie sehen wolle, könne er jederzeit nach Paris oder Nizza kommen, schlägt sie ihm kühn vor. Oder sie könnten sich in ein paar Wochen in Italien sehen. In Kürze werde sie in Rom sein, um den Fotografen Federico Patellani zu treffen. Und wenn sie sich in Mailand verabredeten? Oder ist Mailand noch ein zu heikles Terrain?

In diesen Briefen scheint Sletten zu einem anderen Leben zu gehören. Das ist auch Inge wohl bewusst.

> «Warum sind wir nicht dort geblieben – für immer und haben uns auf den Spitzbergen zwei Eskimo-Iglus gebaut?»

Auch Inge spricht von ihrer Arbeit. Nebenbei rät sie ihm, das *Time-Magazine* vom ersten September zu lesen, in dem eine sehr schöne Rezension von Vladimir Nabokovs neuem Roman *Lolita* erschienen sei. Inge spricht mit Ledig-Rowohlt darüber und informiert auch Feltrinelli. Es scheint, als wolle sie sich in Feltrinellis Augen langsam als Trendscout für literarische Neuheiten etablieren. Sie hat ihn wissen lassen, dass sie den Musiker Nicolas Nabokov, einen Cousin des Schriftstellers, persönlich kennt und über ihn ein Treffen mit dem Autor einfädeln könnte. Das ist nicht der erste Tipp, den sie ihm gibt. Bereits in einem anderen Brief aus der Zeit hat sie ihm dringend ans Herz gelegt, Stefan Zweigs posthum erschienenes autobiographisches Buch *Die Welt von Gestern* zu lesen.

Die Korrespondenz setzt sich lange fort. Die Briefe kommen aus halb Europa. Meistens sind sie auf dem Briefpapier von Hotels, Fluggesellschaften oder Redaktionen verfasst. Manchmal sind sie fröhlich, andere Male voller Angst, einander zu verlieren, ehe man überhaupt die Chance hatte, sich richtig kennenzulernen. Ein unablässiges Wechselbad der Gefühle mitten im Herbst 1958, in dem beide höchst eingespannt sind. In Inges Briefen tauchen hin und wieder geradezu rührende Beschwörungen auf:

> «Bitte laß Dir die Haare nicht zu sehr schneiden, das letzte Mal waren sie zu kurz.»

«Ein bisschen wilder, Typ Iwan der Schreckliche» mag sie ihn lieber.

> «Und rauche bitte nicht zu viel! Fahr vorsichtig Auto! Ich habe dauernd Angst, es könnte Dir etwas zustoßen.»

Ende September reist Inge nach Rom, um Patellani zu treffen, mit dem sie über zukünftige Foto- oder Filmprojekte sprechen will. Auf ihrer Suche nach neuen Geschichten für die Kolumne *Goldstaub* lernt sie Journalisten und Schriftsteller kennen, darunter Indro Montanelli, Ignazio Silone und Luigi Barzini jr. (der durch die Heirat mit der 1935 verwitweten Giannalisa Feltrinelli Giangiacomos Stiefvater geworden ist). Feltrinelli und Inge hoffen, sich auf ihren Reisen zu überschneiden, zum Beispiel in Zürich oder München, doch wenn sie in Italien ist, ist er häufig in Deutschland und umgekehrt. Manchmal verpassen sie sich um Haaresbreite.

In Rom erhält Inge einen Brief von Feltrinelli, in dem er schreibt, er habe in Köln einen Hamburger Freund von ihr getroffen, Ulrich Mohr. Eines Abends, während sie sich in ihrem Zimmer im Hotel d'Inghilterra ausruht und auf einen Anruf von Feltrinelli wartet, reißt eine Mitteilung der Rezeption sie aus dem Halbschlaf.

«Signorina Schönthal, Sie haben Besuch.»

Inge springt in das erstbeste Kleidungsstück und läuft in die Halle hinunter. Es könnte Giangiacomo sein, der sie überraschen will, das sähe ihm ähnlich. Doch kaum setzt sie einen Fuß in die Lobby, bleibt sie wie angewurzelt stehen. Sie traut ihren Augen nicht. Vor ihr steht Melvin J. Lasky. Inge ist stinksauer und würde am liebsten im Erdboden versinken.

«Komm schon, Inge, lass uns reden», bittet er.

«Nicht heute, ich habe eine Verabredung, morgen vielleicht», lässt sie ihn abblitzen und rennt die Treppe hinauf davon, sodass Lasky nichts anderes übrig bleibt, als ihr den Namen des Hotels nachzurufen, in dem er abgestiegen ist.

Am nächsten Morgen, Donnerstag, dem 30. September, wacht Inge früh auf, es ist kaum sechs Uhr. Warum ruft Giangiacomo nicht an? Sie weiß nicht, was sie davon halten soll. Die Antwort gibt Feltrinelli ihr ein paar Tage später in einem langen Brief. Er entschuldigt sich, sie nicht angerufen zu haben, doch er hätte beschlossen, den Zug um 6:30 Uhr morgens zu nehmen, und habe sie so früh nicht wecken wollen. Er schreibt auch, wie sehr er sich freue, den Journalisten Ulrich Mohr kennengelernt zu haben. «Er hat ein wirklich nettes Gesicht und eine einfache und direkte Art.» Sie hätten zusammen gegessen und sich großartig verstanden. Mohr habe ihm auch von einem Segelboot erzählt, das er ihm für einen guten Preis verkaufen könne. Feltrinelli ist nicht entgangen, wie sehr Uli Mohr an seinem «Schützling» hängt.

In Rom ist Inge am selben Tag mit Indro Montanelli und seiner Lebensgefährtin Colette Rosselli zu einem schnellen Mittagessen an der Piazza Navona verabredet. Danach will sie in das nächstbeste Reisebüro gehen und einen Flug nach Wien buchen, die nächste Etappe für ihre Beiträge für *Constanze* und *Brigitte*. Kurz überlegt sie, Lasky in seinem Hotel aufzusuchen, doch allein die Vorstellung verstört sie. Kommt gar nicht in die Tüte, die Beziehung zu diesem Mann ist tot und begraben; besser, sie kehrt in ihr Hotel zurück, schläft eine Nacht darüber und wartet auf ein Telefonat von Giangiacomo. Erschöpft kehrt Inge auf ihr Zimmer zurück. Ist die Beziehung zu Lasky wirklich tot und begraben? Inge geht wieder los, sucht ihn in seinem Hotel auf, und die beiden reden bis 11 Uhr abends. Als sie wieder ins Hotel d'Inghilterra zurückkehrt, vertraut sie ihrer Agenda den Zustand ihrer Beziehung mit dem alten Liebhaber an.

Our funeral.

Dann, mitten in der Nacht, ruft Lasky an, vielleicht in einem letzten, verzweifelten Versuch, die Beziehung zu retten, doch Inge bleibt hart, und als sie endlich auflegt, vermerkt sie in ihrem Kalender:

It's the end.

Mit rotem Kugelschreiber kritzelt sie an den Rand:

Picasso: Im Grunde gibt es nur die Liebe!

Irgendwo in Europa steht Giangiacomo mitten in der Nacht des 30. September auf und setzt sich an den Schreibtisch. Für die wichtigsten Dinge wählt er diesmal Französisch:

«Darling, my darling! Je te prends par la main et ensemble on part pour un long voyage – le voyage de notre vie. Ce n'est pas un voyage d'hypothèse, mais des réalités, que nous construisons ensemble jour par jour, avec patience, avec amour. I kiss your eyes. Good night my love.»

Oktober 1958

Oktober wird ihr Monat werden, da sind sie sich sicher. Doch eines ihrer ersten Treffen platzt, weil Giangiacomo zur Buchmesse nach Frankfurt fliegt, während sie wegen ihrer Kolumne *Goldstaub* noch in Rom ist. Zuerst versteht Inge nicht, warum diese «silly Buchmesse» für Feltrinelli so wichtig ist. Sie kann nicht ahnen, dass die Frankfurter Buchmesse nur wenige Jahre später auch für sie ein ebenso unumgänglicher wie heiß geliebter Termin werden soll. Eine Bühne, auf der sie in fünfzig Jahren kein einziges Mal fehlen wird.

Inges Flug am 4. Oktober nach Wien macht eine Zwischenlandung in München. Wieder hofft sie, Feltrinelli abzupassen; tatsächlich hat er davon gesprochen, eventuell ein paar Tage dort zu sein. Sie hat ihm bereits die möglichen Anschlussflüge mitgeteilt.

«Es wäre wirklich schön, wenn wir schon in München im selben Flugzeug säßen», schreibt sie ihm. Doch von GG keine Spur. Um 21:20 Uhr landet Inge in Wien und lässt sich von einem Taxi in ihr Hotel direkt neben dem Stephansdom bringen.

«Ein schreckliches Hotel», notiert sie in ihrem Kalender. Es befielen sie klaustrophobische Gefühle, «aber wohin gehen, nachts um diese Zeit?»

Dennoch ist an Schlaf nicht zu denken, und sie beschließt, einen Spaziergang durch die dunklen Straßen des Zentrums zu machen. Ziellos wandert sie umher und steht plötzlich vor der Marietta Bar, einem damals sehr angesagten Jugendstillokal. Es ist 1:30 Uhr, und sie sitzt bis 4 Uhr morgens am Tresen. Als sie ins Hotel zurückkehrt, nimmt sie sich vor, auf keinen Fall in dieser «Absteige» zu frühstücken, als sie um 10 Uhr mit dröhnendem Schädel aufwacht, gibt es hier ohnehin kein Frühstück mehr. Also sucht sie sich ein kleines Café. Sie traut ihren Augen nicht, als der erste Mensch, der ihr entgegenkommt, ausgerechnet der Komponist Nicolas Nabokov ist. Als würden die Kollegen des Kongresses für kulturelle Freiheit sie verfolgen. Eine Woche zuvor in Rom stand plötzlich Melvin J. Lasky in der Hotelhalle, und jetzt steuert Nicolas Nabokov (der den Kongress seit 1951 leitet) direkt auf sie zu, als wären sie verabredet.

Der Komponist ist offensichtlich sehr erfreut, Inge zu treffen, aber kein bisschen überrascht. Er sagt, er sei in Wien, um den Komponisten Igor Strawinski zu treffen. Inge und Nabokov kennen sich über den Kongress für kulturelle Freiheit und die Veranstaltungen in Paris und London; außerdem ist er im Haus von Liliane und François Bondy in Paris ein stets gern gesehener Gast. Auch Herbert Lüthy kennt Nabokov seit Jahren.

Später wird Inge Giangiacomo natürlich von dieser eigentümlichen Begegnung schreiben und ihm erzählen, dass Nabokov eine russische Raubkopie des *Doktor Schiwago* in seiner Tasche hatte.

«Was meinst du, bin ich nicht eine gute Spionin?», fragt sie Feltrinelli und bittet ihn in fast flehentlichem Ton, sie von ihrem «Prinzessinnenleben» zu befreien.

> «All diese Männer, die dauernd etwas von mir wollen, mich besuchen, ständig anrufen, mich anflirten und anmachen. Nicht, daß ich mich nicht selber wehren könnte, oh, nein, ich kann das perfekt – fast so gut wie Madame de Staël, die das Talent besaß, Männer, die einmal in sie verliebt waren, zu Sklaven ihrer Freundschaft zu machen.»

Doch die einzigen Avancen, Briefe und Telefonate, nach denen sie sich sehnt, sind seine, «my darling, mein goldener Struwwelpeter», schreibt sie ihm in einem anderen Brief und entschuldigt sich, sollte sie hysterisch oder gar verzweifelt klingen.

> «Wann kann ich endlich ganz für Dich und Deine Sache da sein? Ich könnte Dir doch so viel Arbeit abnehmen. Ich bin so traurig, ärgere mich, daß wir all diese Zeit verschwenden.»

Wieder die Zeit. Wieder die Stunden, die verrinnen, ohne einander zu sehen. Unerträglich.

Es vergeht so gut wie kein Tag, an dem die beiden sich nicht schreiben. Feltrinelli versucht, Inge zu beschwichtigen. Wahre Liebe brauche Zeit, um zu wachsen, sagt er. Natürlich ist die physische Trennung auch ihm zuweilen unerträglich. Doch er weiß – nein, er ist sich sicher, dass sie bald füreinander da sein werden. Und diese Gewissheit gibt ihm Kraft. Sie ist seine Kraft.

> «My Eskimoqueen! Meine kalte Hundenase! I love you!» GG.

Am 5. Oktober hat Inge Uli Mohrs Geburtstag im Kalender notiert. Sie will ihm gratulieren, doch er ist nicht da. Also ruft sie seine Eltern an, die ihr mitteilen, der Sohn sei segeln. Zu Giangiacomo gibt es für den gesamten Wien-Aufenthalt nur einen Eintrag. «Womöglich hat er von Deutschland aus einen direkten Zug nach Mailand genommen.»

Zwischen dem 7. und dem 11. Oktober sehen sich Inge und Nabokov beinahe täglich. Offenbar ist Nabokov Inge dabei behilflich, an den Bekanntenkreis rund um die Familie des Herzogs Maximilian von Hohenberg heranzukommen, des ältesten Sohnes von Franz Ferdinand, der 1914 in Sarajewo ermordet wurde. Womöglich wertvolle Kontakte für die Klatschkolumne über den Wiener Jetset, für die auch ein Besuch der Kaiserlichen Schatzkammer vorgesehen ist. Am 8. Oktober feiert Herzog Maximilian mit Nicolas Nabokov und Inge in der Marietta Bar den dreißigsten Geburtstag des österreichischen Schauspielers und Dramaturgen Helmut Qualtinger. Tags darauf geht Inge mit Nabokov ins Burgtheater, um sich die Bühnenversion des Films *Moulin Rouge* anzuschauen, doch sie fliehen während des zweiten Aktes. Wie so oft gehen die beiden ins Hotel Sacher, um zusammen zu essen, am liebsten Tafelspitz und natürlich Sachertorte. Am nächsten Tag stellt Nabokov ihr den französischen Musiker und Komponisten Georges Auric vor. Inge vermerkt in ihrem Kalender: «Bester Film-Musik-Komponist der Welt». Abends landen sie fast immer in der Marietta Bar und bleiben oft bis zum Morgengrauen.

Es sind fieberhafte Tage, die Inge auf den Seiten ihres Kalenders zu ordnen versucht, doch das weiße Papier füllt sich allzu rasch, und Pfeile und Striche reichen nicht mehr, um Anmerkungen, Telefonnummern oder Notizen über ausgedehnte Einkaufsbummel miteinander zu verbinden. Der Kalender und Inges Leben sind ein einziges Chaos.

Man muss kein Graphologe sein, um in den wilden Notizen zwischen dem 5. und dem 13. Oktober eine Implosion von Ereignissen und Gefühlen zu erkennen. Bei diesem emotionalen und existenziellen Durcheinander, gepaart mit Hyperaktivität, die sie häufig bis tief in die Nacht mit reichlich Alkohol in der Marietta Bar sitzen lässt, versteht man den Hilferuf an Giangiacomo, sie so bald wie möglich aus ihrem Feuilletonprinzessinnen-Dasein zu befreien. Das von Inge wenige Wochen zuvor benutzte Wort «Waffenstillstand» muss eine

Freud'sche Fehlleistung gewesen sein. Zwischen Giangiacomo und Inge gibt es keinen Krieg. Doch es ist anzunehmen, dass Inge einen existenziellen Kampf führt, eine Katharsis durchlebt, sich häutet. Sie hat sich verloren. Die Freunde kennen ihr überschäumendes Wesen. Der Strudel von Ideen, in den sie sich stürzt, ist ihr natürliches Habitat, aus dem sie wieder auftaucht, wenn ihr danach ist oder sie die Nase voll davon hat. So war es schon immer. Das ist Inge. Aber diesmal sieht es so aus, als könnte sie es allein nicht schaffen.

Im selben Herbst fliegt Inge an Bord einer Pan-Am-Maschine nach Paris und schickt Feltrinelli einen weiteren, noch drängenderen Hilferuf. Im Brief heißt es, wenn es nach ihr ginge, würde sie im Flugzeug sitzen bleiben und geradewegs nach New York weiterfliegen. Die Vorstellung, die Fragen der Freunde zu ihrem Mailänder Prinzen über sich ergehen lassen zu müssen, erscheint ihr unerträglich. Sie kann schon hören, wie Lil und François Bondy sich hämisch nach ihrem «Sommerflirt» erkundigen.

> «Darling, mein angebeteter Giangiacomo, ich wäre gern deine «Königin».

Am 15. Oktober schreibt Giangiacomo Feltrinelli in einem Mix aus Englisch und Deutsch an seine Geliebte und sagt ihr, dass er es kaum mehr aushält, getrennt von ihr zu sein. Er muss sie sehen, bei ihr sein und unterbreitet ihr einen Plan, um sie so schnell wie möglich in Zürich zu treffen.

> «Liebe Fräulein Inge,
>
> was soll der große Struwwelpeter mit zehn (10, dix, dieci) wonderful long nails, mit zehn herrlichen gepflegten Fingern if

these hands can't touch your hands, if they can't caress your face, your lips? I think there is only one thing to do. Shall I tell you? You take a sleeper – I take my Citroën and we both rush to Zurich as soon, as fast as we can. (Will you tell the Lokomotivführer he should drive with particular care?!)

My darling Ingelein, what a day!! I wrote you a letter from the office this afternoon in a moment of relative calmness and this is the daily night letter. Darling today two letters, one telegram and one phone call. Struwwelpeter is going completely …?! But who cares? I love you and it makes me so happy to speak, to write you. I mean who cares, as long as you darling don't mind reading all my messages.

Time tables will be held, with 10 days Verspätung – not a tragedy. A messenger of Claude Gallimard offered me to coedit L'Histoire Universelle de l'Art, not bad. I already told you about Ruth Fischer. The nice thing is that probably she really is clean. What worries me is all this Pasternak affair. There must be some terrific international secret service behind all this. I have not yet a complete set up of the whole affair. Do you know a Comtesse de Proyard in Paris? She seems to be some sort of friend of Pasternak. But I think she is involved with the whole Dutch question. And what I resent is the tone of her letter today …? Telling what to do – or …? She will get her answer tomorrow!

But I will also have to takle the whole BBC problem. Because you see, what I resent is the misuse of Dr. Zivago as propaganda, cold war ecc., ecc. It's because it discredits the work, it's because I do not want the author to get into trouble. Maybe I have to fly Saturday or Sunday to Den Hague.

Darling and you will be in Hamburg and hundreds of people will be able to see you, to talk to you and you will be the smiling glamorous efficient girl. But you always are my sweet curled Ingegoose, mit einer kalten Hundenase and lovely tender lips. And they do not know it. «Sie wissen nicht, mit wem sie sprechen.» But one day ein Schiff mit acht Segeln und fünfzig Kanonen wird anlegen am Kai und wird beschießen die Stadt!! Heute wissen sie nicht, was für ein Glück sie haben, Dich sehen und sprechen zu können. Morgen werden sie heulen und schreien. Und das Schiff mit acht Segeln und fünfzig Kanonen wird entschwinden mit Dir! My darling, good night, sleep well, be wonderful. I love you sososo much, be lovely calm, smile to the people but be my only everlasting love. I kiss you.

Darling, forgive me please if in the last days I was too worried.»
G. G.

Ein intensiver Monat, der am 23. Oktober seinen Höhepunkt erreicht, als Boris Pasternak den Literaturnobelpreis erhält. Die Anerkennung geht dem sowjetischen Regime gegen den Strich, es droht damit, ihm die Staatsbürgerschaft abzuerkennen, sollte er sie annehmen. Nachdem er der Schwedischen Akademie in einem Telegramm mitteilt, wie «zutiefst dankbar, gerührt, stolz, überwältigt, verwirrt» er sei, sieht Pasternak sich gezwungen, den Preis abzulehnen.

November 1958

Paris.

Inge hat Heinz Berggruen besucht. Seit der Begegnung mit Picasso sind sie in Kontakt geblieben. Diesmal haben sie sich auf einen Aperitif in der Bar eines Hotels in Saint-Germain-des-Prés verabredet, wo er sie mit einer großen, wunderschönen und eleganten Frau bekannt machen will. Sie heißt Marianne Feilchenfeldt, ist Galeristin und zwanzig Jahre älter als Inge. Ihr Mädchenname lautete Breslauer, sie war eine der wenigen erfolgreichen Fotografinnen ihrer Generation. Marianne Breslauer lernte Fotografie am Berliner Lette-Verein und war eine Vertreterin der Strömung Neues Sehen. Mit zwanzig Jahren wurde sie Schülerin von Man Ray, und nur wenige Jahre später verzeichnet ihr Lebenslauf bereits mehrere Reportagereisen unter anderem mit der Schweizerin Annemarie Schwarzenbach. Weil sie Jüdin ist, muss sie nach Hitlers Machtergreifung aus Deutschland fliehen, lernt in Amsterdam den Kunsthändler Walter Feilchenfeldt kennen, der mit großen Malern wie Oskar Kokoschka und Marc Chagall und mit dem Kritiker und Sammler Paul Cassirer verbunden ist und Kunsthandel auf höchstem Niveau betreibt. Auch Walter Feilchenfeld ist aus Deutschland emigriert. Walter und Marianne verlieben sich und heiraten 1936. Kurz darauf hängt Marianne den Fotoapparat an den Nagel, um sich mit ihrem Mann dem Kunsthandel zu widmen. Inge und Marianne sind sich auf Anhieb sympathisch und werden bald enge Freundinnen. Gleich im ersten Augenblick haben sie in der anderen eine Ähnlichkeit wahrgenommen, und das nicht nur wegen der gemeinsamen Erfahrungen in Nazideutschland. Der Fotografinnenberuf verbindet sie. Aber nicht nur menschlich ist Inge von

Marianne Feilchenfeldt beeindruckt, sondern auch, weil sie den Mut hatte, gänzlich auf die Fotografie zu verzichten, um ihren Mann in seiner beruflichen Passion zu unterstützen.

Inzwischen hat Inge womöglich aufgehört, sich zu fragen, ob es Zufälle gibt. Es mag zwar amüsant sein, sich in Marianne zu spiegeln, diesem möglichen Bild von sich selbst in zwanzig Jahren, doch leicht ist es nicht. Solange es um geteilte Vorhaben, mehr oder minder übereinstimmende Ziele geht, fällt das Spiel leicht. Doch für Inge ist diese Begegnung entscheidend. Marianne zeigt ihr nicht, was für ein Mensch aus ihr werden könnte, sie bietet ihr kein alternatives Lebensmodell, sondern zeigt ihr vielmehr, dass es in Ordnung ist, Dinge aufzugeben, sie sein zu lassen, sich von ihnen zu befreien. Wird ein Faden nicht durchtrennt, bleibt immer ein Faden.

Zurück in Deutschland, fordert Inge deshalb ihre sämtlichen Briefe von Lasky zurück und besteht darauf, sich nie wiederzusehen.

Der erste Faden ist durchtrennt. Bleibt noch die Arbeit.

Schon lange hat Inge genug davon, Berühmtheiten aus Kultur und Mode nachzujagen, doch jetzt verwandelt sich die Langeweile in Verdruss, wie sie Giangiacomo in einem Brief aus Paris andeutet.

> «I'm so fed up and tired with it – dieser glamourösen Pseudo-Welt der Oberflächlichkeit.»

Doch nicht einmal einem veränderungsfreudigen Menschen wie Inge Schönthal ist es möglich, ein Stein für Stein aufgebautes Leben über Nacht umzukrempeln. Als sie Feltrinelli schreibt, sie müsse sich in den kommenden Monaten um einen Haufen Angelegenheiten und Termine kümmern, ist das weder ein Bluff noch eine Ausflucht, um Zeit zu gewinnen. Ein Blick in ihren Kalender macht schwindelig. Kein Tag, der nicht randvoll mit Verabredungen ist. Für ihre Kolumne *Goldstaub* fliegt sie gehetzt von Paris nach Rom, dann erneut nach Wien und schließlich nach London. Seit ein paar Monaten setzt *Constanze* Inges richtigen Namen unter die Kolumne, nicht mehr ihr Pseudonym. Unterdessen hat Inge angefangen, auch für *Brigitte* zu schreiben, die 1957 von *Constanze* aufgekauft wurde und von Huffzky eine Neulancierung erfährt. Obendrein taucht unter den im Kalender notierten Namen auch eine komplette Liste ihrer europäischen Freunde auf. Es ist, als wollte Inge sich auf einer Art «farewell tour» noch einmal von jedem verabschieden, um sich für ihr neues Lebensprojekt mit Giangiacomo Feltrinelli wirklich und vollständig frei zu fühlen. Sie verleugnet es nicht mehr vor sich selbst, trotz der Zweifel, Ängste und Unsicherheiten.

Die seltenen müßigen Momente in den großen Metropolen nutzt sie, um ins Theater oder in Jazzkneipen zu gehen. Klassische Musik gehört nicht zu ihren Leidenschaften. Wenn sie sich mit ihren Freunden trifft, dann an Orten, an denen man sein muss, will man zu einem bestimmten Kreis dazugehören. In Paris verabredet sie sich im Les Deux Magots oder im Café de Flore, in Wien im Hotel Sacher oder im Demel, und wenn sie in London Lust auf chinesisches Essen hat, weiß sie, dass sie zur rechten Zeit am rechten Ort ist, denn dort gibt es die besten Restaurants.

Zur High Society hat Inge ein zwiespältiges Verhältnis. Einerseits lässt sie sich keinen Empfang entgehen und hat nichts dagegen, sich in bestimmten Kreisen zu bewegen, andererseits findet sie die Menschen, denen sie dort begegnet, häufig anstrengend und allzu sehr auf momentane Moden beschränkt.

Dann kommt mitunter die störrische Rebellin in ihr zum Vorschein, die keine Scheu hat, laut zu sagen, was sie denkt.

Den entscheidenden Schritt für ein zukünftiges gemeinsames Leben in Mailand unternehmen Giangiacomo Feltrinelli und Inge Ende November 1958. Inge ist für ein paar Tage in Zürich. Sie hat sich mit Herbert Lüthy verabredet, versucht, Max Frisch ans Telefon zu bekommen, und kann sich mal wieder mit ihrer Freundin Marianne Feilchenfeldt treffen, die inzwischen dort lebt. Dann hat sie sich wie nebenbei eine Rolex gekauft. *Constanze* und *Brigitte* schulden ihr noch zweitausend Euro an Honorar. Sie hat auch bei der Confiserie Sprüngli vorbeigeschaut und eine Geschenkpackung Pralinen gekauft und ist dann in den Trans Europe Express nach Mailand gestiegen. Giangiacomo will seiner Mutter Giannalisa endlich seine neue Liebe vorstellen.

An diesem Freitag ist Giangiacomo selbst zum Hauptbahnhof gekommen, um sie abzuholen. Er ist sichtlich nervös, was ihn jedoch nicht daran hindert, Inge mit Fürsorglichkeit zu überschütten. Mit dem Citroën DS fahren sie in die Via Andegari 4 gleich neben der Scala und nehmen den Aufzug in den vierten Stock. Inge ist sprachlos von allem, was sie sieht, aber bemüht sich nach Kräften, sich nichts anmerken zu lassen. Sie ist lebhaft und fröhlich wie immer, wenn sie Menschen zum ersten Mal begegnet. Der Tisch ist gedeckt. An den Wänden hängen große Renaissance-Gemälde. Nach einer Weile taucht Giannalisa auf: Sie ist noch immer die schöne, strenge Frau, die Inge einige Jahre zuvor in New York getroffen hat.

«Herzlich willkommen», begrüßt Giannalisa sie auf Deutsch. «Giangiacomo sagte mir, wir seien uns bereits in New York begegnet. Bei welcher Gelegenheit, wenn ich fragen darf?»

«Das war im Dezember 1952 auf einem Ball zu Ehren des Herzogs von Windsor.»

Giannalisa fordert Inge auf, am runden Esstisch Platz zu nehmen. Es wird ein einfaches, aber köstliches Mittagessen serviert: Risotto alla Milanese. Die beiden Frauen scheinen sich gut zu verstehen. Inges Befürchtung, die Stimmung könnte von einem Moment zum anderen umschlagen, bewahrheitet sich nicht. Giannalisa ist sehr diskret, und nach dem Essen zieht sie sich zurück, um sich ein wenig auszuruhen. Giangiacomo und Inge brechen mit dem Auto Richtung Schweiz auf. Giangiacomo hat für sie beide in Ascona, im Kanton Tessin, eine Villa mit prophetischem Namen gemietet: Villa Poetica, ihr erstes Liebesnest, das fast auf italienischem Boden steht.

Als sie am Sonntagabend nach Italien zurückkehren, stellt Feltrinelli ihr seinen alten Freund Giuseppe Del Bo vor, der ihm seit Jahren behilflich ist, die Bibliothek mit der Sammlung von Originalunterlagen der internationalen Arbeiterbewegung aufzubauen. Die Bibliothek bildet den Kern dessen, was im Jahr 1961 das Feltrinelli-Institut und später die gleichnamige Stiftung werden soll. Am Montag bleibt Inge noch ein bisschen Zeit für eine kleine Einkaufstour durch Mailand. Nach dem Shopping wartet der Zug auf sie, der sie wieder nach Norden bringt.

Am Tag nach Inges Abreise schickt Feltrinelli ihr einen Brief.

> «Nie zuvor habe ich Deine Liebe und Deinen Schutz so stark und intensiv gespürt, und ich habe große Sehnsucht nach Dir. I am not depressed. Ich danke Dir, amore mio, für die unglaubliche Zärtlichkeit und das Glück, das du mir schenkst.»

Er schreibt, er sei überglücklich, wie die Begegnung zwischen Giannalisa und ihr gelaufen sei und wie Inge sie gemeistert habe.

> «These are wonderful days we are living, the beginning of a wonderful life.»

Schon bald wird die Wohnung an der Via Andegari für sie beide hergerichtet. Versprochen!

Im Zug, der sie nach Deutschland zurückbringt, hat Inge Giangiacomo auch eine kurze Nachricht geschrieben.

«Es war eine kluge Entscheidung von Dir, mich nach Mailand kommen zu lassen – a very important step and a new perspective. I'm not as depressed as before and I hope so much that everything will turn out well.»

Zum Ende des Jahres 1958 gibt es in Inges Leben keine Spur mehr von Melvin J. Lasky, doch ihre Beziehung zu Herbert Lüthy ist intakt geblieben. Ihre Freundschaft ist nicht an dem Streit mit Lasky zerbrochen, auch wenn es eine Weile brauchte, um sie wieder zu kitten. Zu ihrem Geburtstag am 24. November 1958 hat Lüthy ihr einen langen Brief geschrieben, in dem er die leidige Angelegenheit mit Lasky noch einmal Revue passieren lässt.

«Es tut mir leid, daß meine Briefe an Sie nicht unter uns geblieben sind und offenbar weiter gelangten. Was soll ich schon erzählen, wer wem was gesagt hat, es wird ja ohnehin wieder zu Ihnen rundumkommen. Just und widerwärtig wie Bazillen. […] Es war naiv zu glauben, daß ich da bescheiden und unbemerkt am Weg bleiben könnte. Stattdessen war es also eine Zirkusnummer. […] Aber daß Briefe, sehr persönlich und im Vertrauen geschriebene Briefe weitergegeben werden, das hatte ich mir in meinem Provinzlerherzen nicht ausgedacht.»

Offensichtlich ist Lüthy noch immer verletzt, doch er macht sich auch selbst Vorwürfe.

«Wenn ich es nun nachträglich bedenke, vielleicht hätte ich darauf gefaßt sein sollen. Ich kann mir sogar sagen, es geschieht mir recht. Zur moralischen Entrüstung jedenfalls kann ich mich nicht aufraffen, ich sehe zu genau, wie ich selber nun aus diesem Blickwinkel aussehe. Nicht schön! Irgendwo zwischen Schakal und Halunke. Trotzdem, ich war nicht darauf gefaßt. Auf viel, aber nicht auf das. Es ist mir so fremd und unbegreiflich wie das seelische Verhalten von Tiefseefischen. Nicht die Bosheit frappiert mich daran, aber es ist so geschmacklos und ohne alle Eleganz. Es mag ein Vergnügen sein, Hähne gegeneinander aufzuhetzen – aber dann doch wenigstens Hähne, nicht so lahme blinde Küken. Was ist da für ein Spaß dabei? Weiß der Himmel, Inge, das sind doch Mülleimergeschichten. Ich bringe es nicht einmal fertig, böse zu sein. Ich begreife es einfach nicht. Resigniert. Entmutigt. Mit einem widerwärtigen Geschmack wie von einem faulen Apfel auf der Zunge.»

Und schließlich die letzte, heftige, wenn nicht gar zynische Attacke.

«Ach, Inge, was für einen kläglichen Kuhhandel haben Sie da angerichtet. Und da es der Ingen vier oder fünf gibt – oder noch vielmehr, ich stelle mir immer alles zu einfach vor – und darunter eine oder zwei, die ich unbegreiflich gernhatte, wünsche ich diesen von ganzem Herzen Glück und viel Freude und Heiterkeit, und Sie sollens den andern Ingen nicht weitersagen – denen wünsche ich weiter viel Erfolg – und punctum. Ich hoffe, Sie können die alle weiter gut auseinanderhalten, mir gelingt es momentan nicht mehr.»

Vielleicht ist es eine dieser Ingen, die Lüthy gernhat, die beschließt, ihm noch im selben Herbst einen Überraschungsbesuch in Paris abzustatten. Trotz der Bitterkeit und Enttäuschung, die aus seinem Brief hervorgeht, freut sich Lüthy, sie zu sehen. Endlich können sie in Ruhe miteinander reden und Frieden schließen. Auch will Inge ihn um einen großen Gefallen bitten, doch ist dies nicht der richtige Moment, besser, sie tut es brieflich, jetzt, da sich die Wogen zwischen ihnen wieder geglättet haben. Die Bitte lautet folgendermaßen: ob er sie mit Max Frisch in Kontakt bringen könnte? Gerade hat sie *Biedermann und die Brandstifter* in Frankfurt im Theater gesehen und war begeistert.

All ihre Bemühungen um Lüthy, um noch vor Jahresende Max Frisch zu begegnen, sind nur ein Beispiel der unermüdlichen Tour de Force, die Inge in diesen Monaten auf Trab hält, um Kontakte zu knüpfen. Doch gibt es einen grundlegenden Unterschied zu früher: Inge Schönthal taucht immer mehr in die weite Welt des Literatur- und Verlagsbetriebs ein, das belegt auch die entscheidende Begegnung mit dem Verleger Gottfried Bermann Fischer und seiner Frau Brigitte. Das legendär gewordene «offene Haus» der beiden in der Erdener Straße im Berlin der Dreißigerjahre, in dem Künstler und Wissenschaftler ein und aus gingen – an einem Tag Thomas Mann und am nächsten Albert Einstein in Turnschuhen –, hat sie zutiefst beeindruckt.

Das Projekt eines gemeinsamen Lebens mit Giangiacomo Feltrinelli verändert ihre Wahrnehmung der Welt: eine Liebe und ein Verlagshaus, das ein offenes Haus ist.

Zur gleichen Zeit hat Giangiacomo mit völlig neuen unternehmerischen und verlegerischen Herausforderungen zu kämpfen. Von einem Tag auf den nächsten stand sein junger Verlag im internationalen Rampenlicht. In den Zeitungsfeuilletons erhalten die zahlreichen Übersetzungen des *Doktor Schiwago* große Aufmerksamkeit. Da wird bekannt, dass Pasternaks Gesundheitszustand sich zusehends verschlechtert. Dass er den Nobelpreis ablehnen musste, gibt Anlass zu etlichen Spekulationen. Giangiacomo Feltrinelli kommt nicht zu Atem, gleichzeitig muss er in vorderster Reihe an mehreren Fronten kämpfen. Während er immer mehr zu einer öffentlichen Person wird, mangelt es dem Verlag nach wie vor an einer PR-Strategie. Viele fragen sich, welche verlegerische und politische Haltung Feltrinelli vertritt. Den Mailänder Linksintellektuellen bleibt er ein Rätsel, und jeder seiner Schritte wird argwöhnisch verfolgt. Welche Haltung gedenkt der linke Verleger und Großbürgersohn zum Kalten Krieg, zum Zerwürfnis zwischen Ost und West und zu den kritischen Entwicklungen innerhalb der italienischen Linken einzunehmen? Er wiederum ist kein bisschen erfreut, zum Diskussionsgegenstand von Debatten und politischen Auseinandersetzungen geworden zu sein. Sein Interesse gilt seinen Autoren und dem Auftrag des Verlages, einen kritischen Geist zu bewahren und seiner aufklärerischen Berufung gerecht zu werden. Feltrinelli ist durch die Welt gereist und hat Bücher und Originaldokumente über die Geschichte sozialer Bewegungen und der Arbeiterklasse gesammelt und archiviert. Nach Jahren des Zusammentragens ist seine Bibliothek zu einer von Gelehrten aus unterschiedlichsten, nicht mehr ausschließlich kommunistisch geprägten Bereichen frequentierten Recherchequelle geworden. Feltrinelli ist nicht blauäugig, und Jahre später fragt er sich in einer kleinen Schrift:

«Kann ein Verleger die Welt verändern? Schwerlich: ein Verleger kann auch das Verlagswesen nur bedingt verändern. Kann er die Welt der Bücher verändern? Er kann Bücher verlegen, die für einen Teil einer größeren Welt des Buches stehen und damit diese Welt durch ihre Gegenwart verändern. Diese Feststellung mag sehr formal erscheinen und entspricht nur bedingt dem, was ich denke: Meine Vision, das, was ich als das große Glück beim Verlegen von Büchern empfinde, ist das Buch, das sich einmischt, das einen Atem hat, das Buch, das bei denen, die es lesen, etwas auslöst, ein Buch auch, das offene Ohren hat und auch Botschaften sammelt und verbreitet, die womöglich rätselhaft und sakrosankt sind, das Buch, das im Wirrwarr des Alltag auch auf die letzten Äußerungen hört, die oft noch wirksam sind, wenn der allgemeine Lärm verklungen ist.»

Der recht chaotisch veranlagte Feltrinelli ist die schöpferische und innovative Seele des Verlags. Den sprühenden Jahren zwischen Nachkriegsaufbau und Wirtschaftsboom setzt der Verleger die Notwendigkeit einer kulturellen Neuausrichtung entgegen. Sein typisch ambrosianisches, von Unternehmergeist geprägtes Konzept umfasst den gesamten Werdegang des Buches, von der Entstehung des Wortes bis zu seinem Verkauf, einschließlich Vertriebsgesellschaft und einer neuen, fortschrittlichen Idee von Buchhandlung. Dennoch fehlt dem Verlag etwas, denkt Feltrinelli, ausgerechnet jetzt, da er so große internationale Aufmerksamkeit erfährt. Unweigerlich muss er an Inge denken, die ein außergewöhnliches Kommunikationstalent und großes Temperament besitzt, dazu bemerkenswertes Gespür und große Lust, an vorderster Front zu wirken. Als Fotoreporterin hat sie zudem bewiesen, dass sie ihre Arbeit zu organisieren weiß. Sie hat eine Menge Ideen und ist fest entschlossen, sie umzusetzen. Und sie hat keinerlei Schwierigkeiten, sich auf Menschen einzulassen, ganz egal, aus welchen Verhältnissen sie stammen und woher sie kommen. Sie ist das, was man auf Deutsch «tüchtig» nennt, jemand, der dort anpackt, wo sein Einsatz und seine Fähigkeiten gebraucht werden. Es bleibt dabei, Inge ist die einzige Frau, die Giangiacomo eine Stütze sein kann.

Dezember 1958

Endlich finden sich Inge Schönthal und Giangiacomo Feltrinelli mit dem Offensichtlichen ab: Die Begegnung am 14. Juli im Haus des Verlegers Heinrich Maria Ledig-Rowohlt hat ihr Leben verändert. Nach etlichen Kurven und Umwegen hat ein glücklicher Zufall sie endlich zusammengebracht. Zwei chaotische Systeme, die sich so wunderbar ineinanderfügen, dass sie in beiden ungeahnte Kräfte freisetzen, die sich mit der Zeit in komplementäre, kreative Energie verwandeln. Bedenkt man die außergewöhnliche Lebensphase, in der sich die beiden befinden, hätte es keinen passenderen Zeitpunkt geben können, um ihre Kräfte in einem gemeinsamen Lebensprojekt zu bündeln. Das im Laufe der Monate gewachsene gegenseitige Vertrauen und die tiefe Liebe haben Inges und Giangiacomos Beziehung ein leidenschaftliches und fruchtbares Fundament für ihre zukünftige Verlagsarbeit gegeben. Sie haben einen Begriff dafür geprägt und sprechen in ihren Briefen von «inteamwork». Es ist ihr ganz persönlicher «Komplott», wie Giangiacomo sagt, der fest entschlossen ist, seinen Weg mit Inge weiterzugehen. «Doch echtes Vertrauen braucht Zeit», schreibt er einmal, als sich in ihr wieder Zweifel und Verzagtheit regen wollen. Und er fährt fort:

> «Wenn sich alles zu schnell und zu perfekt fügt, besteht die Gefahr, daß sich umgehend als Illusion erweisen kann, was gerade noch so wunderbar erschien.»

Umso wichtiger ist es, seinen Zielen treu zu bleiben. Menschen ohne Ambitionen würden gar nicht richtig existieren, seien oft schon tot, ohne es zu wissen, so sieht es Feltrinelli.

Sie beide aber seien drauf und dran, einen ehrgeizigen Weg einzuschlagen. Doch damit ihr Projekt Erfolg haben kann, müssten sie beide sich auch persönlich ändern.

> «We both have to change and are already changing. Life is a continuous development and the decision of two people who are in love is to develop together.»

Inge antwortet mit einer Postkarte von Paul Klees *Zwitschermaschine* von 1922. Was, wenn sie einfach zu ambitiös für ihn ist?, schreibt sie auf der Rückseite. Und wäre er bereit, all ihrer Energie und Neugier genügend Raum zu geben, damit sie sich nützlich machen kann? Sie jedenfalls ist bereit, ihr «sophisticated ego», wie Giangiacomo es einmal genannt hat, in ein kollaboratives Ego im Dienst einer höheren Idee zu verwandeln.

Doch zuerst gibt es noch einiges zu regeln. Vor allem für Feltrinelli. Inge kann noch nicht zu ihm in die Wohnung an der Via Andegari ziehen. Bis zur amtlichen Annullierung seiner zweiten Ehe gilt es noch etliche Hürden zu nehmen. Das Verfahren ist kompliziert und kostspielig, denn in Italien ist Scheidung noch alles andere als normal. Auch deshalb braucht Inge hin und wieder unmissverständliche Signale, dass es eine gemeinsame Zukunft gibt. Das weiß er, und es ist berührend, wie Feltrinelli trotz der erdrückenden Arbeit immer Zeit findet, sie per Brief oder Telegramm zu beruhigen; mit großer Einfühlsamkeit und zutiefst vertraulichen poetischen Bildern gelingt es ihm, seine *Eskimoprinzessin* an sich zu ziehen. Es ist seine Aufgabe, das Nest ihrer Liebe und ihrer gemeinsamen Zukunft zu bauen. Die Familie Feltrinelli besitzt einige Immobilien, darunter ein Gut in Kärnten, ein Jagdhaus in der Steiermark und eine Villa in Gargano am

Gardasee, die, wie der Autor Alberto Arbasino es einige Jahre später ausdrücken wird, einem bayerischen Mausoleum gleicht und während der Italienischen Sozialrepublik von Mussolini als Wohnsitz beschlagnahmt wurde. Außerdem hat Giangiacomo vor Kurzem einen verfallenen, renovierungsbedürftigen Aussichtsturm in dem Dörfchen Villadeati im Monferrato gekauft.

Daneben gibt es noch die tägliche Verlagsarbeit. Im Dezember ist der *Gattopardo* erschienen, der sich unerwartet zu einem Riesenerfolg entwickelt. Man kommt mit dem Nachdruck kaum hinterher, und die ausländischen Verlage reißen sich um die Rechte.

Wieder in Hamburg, scheint Inges berufliche Wandlung endgültig auf dem Weg zu sein. Sie bittet Uli Mohr, ihr beim Ausfüllen der Steuererklärung zu helfen, womöglich der erste Schritt, um Ordnung in ihre beruflichen Tätigkeiten zu bringen. Und sie bittet ihn, ob er sich um den Verkauf des schwarzen Käfer-Kabrios kümmern könne, da sie Deutschland bald verlassen wird. Der Hamburger Verleger Walter Blüchert meldet sich mehrfach bei ihr, offenbar hat er die Hoffnung, die immer berühmtere Reporterin Inge Schönthal könnte das Projekt *Wie ich Reporterin werde?* zu Ende bringen, noch nicht ganz begraben. Spätestens im März 1959 rechnet er mit der Manuskriptabgabe. Inge versucht, ihn weiter hinzuhalten. Auch die Spesenzettel für *Constanze* und *Brigitte* müssen ausgefüllt werden. Der Verleger Heinrich Maria Ledig-Rowohlt lädt sie häufig zum Abendessen ein, und wie unter Kollegen entbrennen zwischen den beiden hitzige Diskussionen über Autoren. Irgendwann beklagt sich Ledig-Rowohlt bei ihr, dass Giangiacomo Feltrinelli die Übersetzungsrechte für den *Gattopardo* nicht an ihn, sondern an den Piper Verlag verkauft hat. Für das nächste Jahr plane er eine

Taschenbuchreihe, die sich auch für den Feltrinelli-Verlag als interessant erweisen könnte. Bei der nächsten Gelegenheit will er mit Giangiacomo darüber sprechen.

Im Herbst 1958 beginnt auch der Name des Schriftstellers Gregor von Rezzori in Inges Kalender aufzutauchen. Sie begegnet ihm regelmäßig im Hause Rowohlt und staunt jedes Mal, wenn sich dieser Gast wie eine perfekte «Hausfrau» an den Herd stellt und für alle kocht. Nicht auszuschließen, dass der in Deutschland erfolgreich von Rowohlt verlegte Autor heimlich die Hoffnung hegt, Inge könnte dem Verleger Feltrinelli seine Bücher empfehlen. Tatsächlich legt sie einem Brief an Giangiacomo eine Rezension von Rezzoris neuem Roman *Ein Hermelin in Tschernopol* bei. Die Rezension ist allerdings recht kritisch. Die Geschichte an sich «ist wunderschön», schreibt der Literaturkritiker, doch leider zu lang und zu verworren. Rezzoris Ironie und Humor scheinen nicht nach Feltrinellis Geschmack zu sein, denn in seinem Katalog taucht keines seiner Bücher auf. Dennoch bleiben Giangiacomo und Grisha, wie Rezzori bei seinen Freunden heißt, einander lange eng verbunden. Der Autor ist ein großer Entertainer, der ganze Gästescharen zu unterhalten vermag, und für Inges Charme ebenfalls sehr empfänglich. Einmal lässt er sich sogar dazu hinreißen, ihr ungeachtet ihrer Beziehung mit Giangiacomo in scherzhaftem Ton zu schreiben: «Wenn Sie sich mir schon seelisch nicht hingeben, könnten Sie es doch wenigstens gelegentlich körperlich tun.

Zwischen einer Verpflichtung und der nächsten fliegt Inge ab und zu nach London und sieht ihren alten Freund, den Fotografen Erwin Blumenfeld. Und endlich erfüllt sich ein alter Traum, sie kann für ihre Kolumne *Goldstaub* Cecil Beaton treffen.

«Noch nie habe ich so viel Perfektion, so viel Farbensinn im Haus eines Junggesellen entdeckt! Sein Salon erstrahlte ganz und gar in warmem Tiefrot der enormen Samtportieren. Cecil ist ein ungeheuer vielseitiger Künstler. Seine Fotos sind weltberühmt, er war und ist Schriftsteller, Bühnenbildner, Maler, Schauspieler, Dramaturg und – sein eigener Modeschöpfer. Er duftete nach Old Spice und trug schwarze Pumps mit Schnalle (ähnlich den Knappenschuhen im Mittelalter) und einen engen mausgrauen Anzug mit Biesen überall. Er war trotz Krankheit bemüht, mir das ganze Haus zu zeigen, überall gab es weichseidene Sofas (auf die man sich gar nicht zu setzen wagte), Barockengel und blitzende Kristalllüster. Ich erinnerte ihn an seine berühmten

Fotos: die Herzogin von Kent, umrahmt von Blumen und Gräsern, Greta Garbo mit wallenden Haaren, seine berühmten Abendkleider! «Ja, früher fotografierte ich ein schönes Gesicht immer vor einem komplizierten Hintergrund, einem Leopardenfell, kostbaren Möbeln. Heute verzichte ich auf künstlichen Ballast. Ein schönes Gesicht muß für sich sprechen!»

Kurz vor Weihnachten fliegt Giangiacomo geschäftlich für ein paar Tage nach Palermo. Der *Gattopardo* ist soeben erschienen, und es gibt mehrere Pressekonferenzen, bei denen er nicht fehlen darf. In einem Brief an «Ingelein, mein Liebling, my queen» beteuert Feltrinelli, er tue nichts anderes, als «die ganze Zeit» an sie zu denken und sich zu fragen, was sie gerade mache: Wie geht es dir, Inge?

«Palermo war sehr schön, aber ohne Freude für mich – mit der Ausnahme von gestern Morgen, als ich einige schöne Sachen für meine Ingemaus gefunden habe. Wir müssen hier einmal zusammen herkommen und erst dann werden wir die Schönheit der Stadt genießen können. Jetzt bin ich wieder auf dem Weg nach Rom und morgen wieder in Mailand (wo ich endlich Deine Post finden werde).»

Zum Schluss gibt es eine weitere schöne Neuigkeit. Wegen letzter Visumangelegenheiten will Giangiacomo in Rom noch bei der amerikanischen Botschaft vorbei. Das letzte Mal war er mit seiner Mutter Anfang der Vierzigerjahre in Übersee, nicht, um Ferien zu machen, sondern um den Zahnarzt des Vertrauens aufzusuchen (für Giannalisa war Doktor Gottlieb der Beste, und obwohl er von Wien in den Big Apple ausgewandert war, dachte Giangiacomos Mutter gar nicht daran, ihn zu wechseln).

Doch als ehemaliges Mitglied des PCI war er nach 1945 in den USA nicht mehr willkommen. Jetzt aber ist die Zeit reif, schreibt er Inge aus Palermo, «dass der Eintritt in die Staaten mir nicht mehr weiter verweigert sein wird. Hurra!!! Dann geht es bald mit Dir, mein Liebling, nach New York.»

Schon in drei Wochen soll das Visum kommen.

Ist das dem Pasternak-Effekt zu verdanken? Höchstwahrscheinlich. Der Verlag hat die Visumsanfrage des Verlegers mit der Notwendigkeit begründet, die Angelegenheiten seines bedeutendsten Autors in den Vereinigten Staaten persönlich klären zu müssen. Die Verhaltensänderung der Amerikaner lässt sich also nicht mit plötzlichem Wohlwollen gegenüber der Person Feltrinelli erklären. Vielleicht hoffen sie, dass sich der «Ex»-Kommunist in Zukunft aktiv in den Kampf gegen die Sowjetunion einbringen wird (sogar der *Herald Tribune* und die *Washington Post* berichten über seine von Justizminister William Rogers unterschriebene Einreiseerlaubnis).

Für Inge scheint endgültig ein neues Leben begonnen zu haben. Sie ist außer sich vor Freude. Wird jetzt einer ihrer größten Wünsche wahr? Schon während ihrer Tage in Sletten im August träumten Inge und Feltrinelli von einer gemeinsamen Reise nach New York. Inge will Giangiacomo unbedingt all die Menschen vorstellen, die sie kennengelernt hat, angefangen bei Leó Szilárd, der ihnen bald darauf einen Gegenbesuch in Italien abstatten wird.

Das Sahnehäubchen wäre eine Fortsetzung der Reise nach Kuba. Schon malt sich Inge einen Besuch bei Hemingway in der Finca Vigía aus. Der Autor würde sich bestimmt freuen, das Mädchen mit dem Bikini wiederzusehen. Außerdem würden sich Feltrinelli und Hemingway sicher glänzend verstehen: Beide entstammen sehr begüterten Familien, sind von Abenteuergeist getrieben und ziemlich kompliziert. Und was, wenn sie ihre Reise in Kuba begännen? Sie könnten von Deutschland aus ein Handels- oder Passagierschiff nach Havanna nehmen und von dort in die Vereinigten Staaten weiterreisen. Inge überlegt, vor Giangiacomo aufzubrechen, um das Terrain zu ebnen, und besorgt sich beim Safari-Reisebüro der Hapag-Lloyd eine Liste der «günstigsten Überfahrten». Doch gibt es nichts unter 1000 Mark. Der Preis richtet sich nach der Reisedauer, die zwischen zwölf und vierundzwanzig Tagen liegt. Daraufhin lässt sie sich Preise für eine direkte Überfahrt nach New York geben. Sie weiß, wie wichtig diese Reise für Feltrinelli ist. In einem Brief versucht sie ihn mit durch und durch professionellen Gründen zu beruhigen (schließlich hat sie oft auf der anderen Seite der Barrikaden gestanden) und über potenzielle Fragen der Journalisten nachzudenken. Obwohl die Diskussion um *Doktor Schiwago* in den Vereinigten Staaten gerade erst begonnen hat, schlagen die Wellen bereits hoch. Das Schlimmste wäre, schreibt sie, wenn er versuchte, der Presse auszuweichen, denn das würde ihn zu einer umso begehrteren Beute machen. Besser, sie dächten gemeinsam über die Fragen nach, die die Journalisten ihm stellen könnten, und nähmen die Antworten vorweg. Er soll ihr eine Liste der aktuellen Themen rund um das Buch schicken, dann könnte sie versuchen, eine Presseerklärung aufzusetzen. Bestimmt würden die Journalisten ihn nach seinem Verhältnis zum PCI fragen. Am Schluss des Briefes deutet Inge ihm ein gesundheitliches Problem an, Unterleibsschmerzen.

«Frauengeschichten, die ich Dir nicht weiter erörtern will, auch Dir nicht – mein lieber Struwwelpeter.»

In den nächsten Tagen werde sie zu einer Untersuchung ins Krankenhaus gehen. Doch gebe es keinen Grund, sich Sorgen zu machen:

> «Ich bin zwar ein bißchen piepsmäusig im Moment, werde aber schon wieder ganz *tough* werden am Montag, so eine antiseptische Klinikatmosphäre mit Nonnen und weißen Kitteln macht mich eiskalt und souverän – I hope so!»

Der letzte Kalendervermerk von 1958 ist vom 20. Dezember, ein Friseurtermin um 8:30 Uhr morgens, dann nichts mehr bis zum Jahresende. Das ist ungewöhnlich.

Weihnachten feiert sie wie jedes Jahr mit «Mutti» und den Halbgeschwistern Olaf und Maren in Göttingen. Gleich darauf bricht sie in die Steiermark auf, wo ein Jagdhaus der Familie Feltrinelli steht. Inge und Giangiacomo wollen ein paar Tage Ski fahren. Zurück aus den kurzen Ferien, ist es zur Abwechslung Feltrinelli, der eine gewisse Verzweiflung äußert. Er schreibt seinem «Ingelchen, Darling und Liebling», alles um ihn her erscheine ihm wie in einen langen, leblosen Schlaf gefallen. Alle zwei Tage schickt er ihr einen zwei- bis dreiseitigen Brief, denen häufig Telegramme folgen.

> «Auch das Arbeiten wird mir schwerer. Mit Dir in der Nähe ist es so einfach, mich auf etwas zu konzentrieren.»

Wenn sie nicht in seiner Nähe ist, kostet es ihn unglaubliche Mühe, die Schwermut zu bekämpfen «und meinen Kopf und Hinterkopf mit anderen Gedanken zu beschäftigen». Nach den wunderbaren gemeinsamen Tagen «ist es wieder viel trauriger», ohne sie zu sein. Doch trotz dieser Sehnsucht fühlt er sich auch wie ein neuer, stärkerer Mensch, «durch unsere Verschwörung, unsere Intimität und Liebe».

Auf ihrer Rückreise aus der Steiermark hat sich Inge mit Uli Mohr und anderen Freunden zu einem Skiwochenende in Kitzbühel verabredet. Feltrinelli fragt:

> «Und Dir, kleine Piepsmaus und große Dame, wie geht es? Gutes Skifahren in Kitzbühl? Aber Mössna war doch viel schöner und besser und alles. Nicht zu vergleichen, nicht wahr, Liebling?»

Diese letzten Zeilen wecken Zweifel: Kann es sein, dass Feltrinelli ein bisschen eifersüchtig ist?

Januar 1959

Das Jahr 1959 ist erst wenige Tage alt, als Inge nach Hamburg zurückkehrt. Die Nachricht macht in der Kantine der Deutschen Presse-Agentur DPA schnell die Runde. In Journalisten- und Verlegerkreisen kursieren bereits seit Längerem Gerüchte, Inge sei für immer auf dem Sprung nach Italien, was den engsten Kreis aus Freunden und Kollegen in Aufregung versetzt hat. Will sich eine von ihnen tatsächlich aus dem Staub machen, alles aufgeben? Sollten sie nicht alle zusammenbleiben, auch wenn sie sich das vielleicht nie gesagt haben?

Am Abend des 19. Januar, es ist schon spät, und Inge will gerade ins Bett gehen, klingelt das Telefon. Die letzten Tage waren anstrengend, es gab tausend Kleinigkeiten zu erledigen, Spesenabrechnungen, Rechnungen, Steuererklärung, Bankgeschichten; zur Reinigung und zum Schuster zu gehen. Tags zuvor hat Ledig-Rowohlts Assistentin Anne-Lotte Becker-

Berke mit leisem Vorwurf zu ihr gesagt, sie sei nicht für eine feste Beziehung gemacht und müsse die freie Frau bleiben, die sie bis dahin gewesen sei und die alle liebten. Die Redaktionssekretärin der *Constanze*, Christiane Ibscher, hat sich wiederum darüber beklagt, es werde immer schwieriger, sich mit ihr in Verbindung zu setzen, und es fehle ihr an Arbeitseifer. Was los sei mit ihr? Von ihrer Sommerromanze mit dem kommunistischen Verleger aus Mailand wissen inzwischen alle. Viele von Inges engsten Freunden haben Feltrinelli bereits kennengelernt. Doch vielleicht hat all das auch gar keine Bedeutung, schließlich ist Inge immer für eine Überraschung gut, mit der niemand gerechnet hat. Sollte es sich diesmal aber um etwas wirklich Ernstes handeln, werden ihre Freunde sie nur schweren Herzens ziehen lassen.

Nach längerem Klingeln hebt Inge den Hörer ab. «Schönthal.» «Hallo Inge, ich bin es, Heinrich, höre mal, hättest Du morgen Abend Zeit für ein Abendessen bei mir? Ich will eine Handvoll Leute einladen, die sich sicher freuen, dich mal wieder zu sehen, bevor du wieder abhaust. Zudem würden uns Hans Huffzky und Armin Schönberg gerne ihr Neukonzept für die *Constanze* zeigen.» Leider habe der Springer Verlag den Relaunch noch nicht abgesegnet, sagt Ledig Rowohlt. Huffzky sei etwas besorgt. Grisha ist anscheinend auch gerade in Hamburg und hat angeboten, etwas zu kochen. «Natürlich gerne. Aber klar doch, morgen, um wie viel Uhr denn?», fragt Inge. «So gegen 20 Uhr. Und sag, Du hast mir mal erzählt, Hemingway habe Dir damals 1953 auf Kuba noch einige Fotos von sich aus alten Tagen mitgegeben. Wir planen, zu seinem 61. Geburtstag ein Buch über ihn zu machen mit möglichst vielen unbekannten Bildern. Könntest Du uns freundlicher Weise einige dieser Fotografien zur Publikation überlassen? Selbstverständlich würden wir auch gerne einige

Deiner Fotos von 1953 in das Buch aufnehmen.» «Ich schaue, was ich so auf die Schnelle zusammenkriege. Allenfalls muss ich Uli Mohr fragen, ob er etwas zusammenstellen könnte. Er hat eigentlich von all meinen Fotografien Kopien. Danke für die Einladung, freue mich sehr. Und wie geht es Jane?» Ledig-Rowohlt ist verstummt. «Hallo! Heinrich?» «Ja, Inge, Du weißt ja, dass wir zurzeit nicht die besten Tage zusammen haben. Aber sie wird morgen sicher auch dabei sein.» «Bis morgen dann», Inge hängt auf. Letzte Woche war sie bei Ledig-Rowohlt zum Tee. Da saß seine Frau Jane die ganze Zeit wortlos in einer Ecke. Inge hatte den Eindruck, sie sei von Medikamenten völlig zugedröhnt.

Alle sind da. Es ist fast wie vor einem halben Jahr, als Inge hier im Haus von Heinrich Ledig-Rowohlt Giangiacomo Feltrinelli zum ersten Mal begegnet war. Hans Huffzky, sein Freund und Kollege Armin Schönberg, der Graphiker und Layouter, die Ibscher natürlich, Uli Mohr. Und sogar Rosmarie Pierer ist gekommen. Herrlich. Auch Jane ist da, sitzt aber regungslos in einem Sessel und starrt aus dem Fenster. Nicht einmal zur Begrüßung ist sie aus ihrer Ecke gekommen. Inge trägt einen jener farbigen Röcke, die sie sich in Ghana schneidern ließ. Nur der Unternehmer Rudolf August Oetker fehlt eigentlich noch. Etwas später kommt überraschend auch Axel Springer kurz vorbei. Oetker sei mit einem der neuesten Passagierschiffe seiner Reederei auf einer großen Reise, wohl um die halbe Welt, wenn nicht gar ganz rundherum, erzählt Springer. In der Küche ist mit umgehängter Schürze im Dunst der dampfenden Töpfe der Schriftsteller Gregor von Rezzori am Kochen, vor sich hin singend und leicht tänzelnd. Auf den diversen Tischchen liegen bereits herrliche Tapas. Inge will Grisha in die Pfannen schauen. «Raus Ingelein», es soll eine Überraschung werden. «Spanien ist das Thema.

Und den Fisch riechst Du ja wohl. Wir brauchen doch etwas Sommer in diesen grauen Hamburger Winter hinein», japst Rezzori mit vollem Mund.

Bald sitzen alle eng im Kreis um ihre Inge herum bei Sekt, Tapas und, eher ungewöhnlich mitten im Winter, mit einer kalten spanischen Cazpacho-Tomatensuppe. Köstlich. Und Inge kommt bald richtig in Fahrt mit ihrer Schilderung all der phantastischen Erfahrungen, die sie mit ihrem Prinzen aus Mailand in den letzten Monaten machen durfte. Zwar habe sie im Austausch mit Ledig-Rowohlt durchaus schon seit einiger Zeit in die Welt des literarischen Verlagswesens hineinsehen können. «Aber es ist schon eine ganz spezielle Sache, einen jungen Verlag in einer Phase zu erleben, die ihn aus dem Nichts quasi über Nacht in die internationalen Schlagzeilen katapultiert. Die ganzen Diskussionen um Pasternaks *Doktor Schiwago* habt ihr ja auch mitbekommen, den Literaturnobelpreis, dessen erzwungene Ablehnung durch den Autor und der angedrohte Entzug der russischen Staatsbürgerschaft durch die Sowjets. Und in den letzten Wochen wird die Publikation des Romans *Gattopardo* von Giuseppe Tomasi di Lampedusa durch Feltrinelli in Italien erneut in allen Feuilletons heftig diskutiert.» Während Inge so erzählt, schnellt plötzlich Jane von ihrem Sessel hoch, tanzt wild mitten hinein in das Wohnzimmer, wirft ihre Arme hoch und schwingt sie wie ein fliegender Schwan die Flügel, als wollte sie gleich abheben, und schreit: «Die große Liebe. What a miracle!» Beklemmende Ruhe, alle schauen sich verwundert an, da und dort ein leichtes Achselzucken. Dann steht Ledig-Rowohlt ganz ruhig auf, geht zu Jane, nimmt sie bei der Hand und führt sie behutsam in ein Nebenzimmer. Mit Heiterkeit tritt der nächste Tänzer auf und rettet die Szene. Grisha, der von allem nichts mitbekommen hat, kommt mit einem gigantischen Topf aus der Küche, setzt ihn elegant mitten auf den großen Esstisch. «Voilà. Pahelia für alle!» Dazu servieren Ledig-Rowohlt und Christina Ibscher einen Rioja. Es bleibt noch eine Weile ganz still, alle scheinen den spanischen Fischeintopf zu genießen. Inge steht nach einiger Zeit auf, hebt das Glas. «Danke, lieber Heinrich, es ist wunderbar, dass Du uns heute hier zusammengebracht hast. Und Grisha, alter Lüstling, Deine spanische Küche ist wieder einmal eine Wucht!» «Danke, Ingelein, zum Dessert kriegst Du als Wink aus Italien gleich noch eine Zabaione», sagt Grisha.

Nach dem Kaffee, nicht wirklich italienisch, aber ganz schön schwarz, bitten Huffzky und Schönberg ins Nebenzimmer, auf dessen Boden sie die Maquetten ihrer neu gestalteten CONSTANZE ausgelegt haben. Alle stehen sie ein paar Minuten stumm und staunend um das entfaltete Opus herum und scheinen allesamt beeindruckt, gar begeistert zu sein. Rosmarie Pierer meint, die Zeitschrift wirke auf sie sehr angelsächsisch – oder sogar amerikanisch. *Life* lässt grüßen, findet auch Ledig-Rowohlt. Axel Springer hält sich auffällig bedeckt. «Nun, sag schon Axel, was meinst denn Du dazu?», fragt Inge keck, «Du wirst das Ganze ja letztlich absegnen und finanzieren müssen.» Springer lächelt leicht verlegen, er könne sich im Moment nicht äußern, das Neukonzept liege gerade beim Vorstand, der demnächst darüber befinden wird. «Aber das dauert nun schon eine Weile», setzt Ledig-Rowohlt nach. Es gehe das Gerücht, gewisse Leute im Springer Verlag würden gerne die zwei Frauenzeitschriften CONSTANZE und BRIGITTE zusammenlegen. «No comment», sagt Springer, «wir wissen ja alle, wie gerne Gerüchte in unserer Szene aufgeblasen werden.» Hans Huffzky sagt mit gespielt

wirkender *nonchalance*, er plane, sollte der Relaunch so nicht umgesetzt werden können, sich für unbestimmte Zeit in die DDR abzusetzen. Insofern sei ihm mehr oder minder egal, was der Vorstand entscheide. Er habe den Plot eines stark autobiographischen Romans im Kopf, «ein wenig im Stil des Buches *Homo Faber* von Max Frisch». «Na dann, viel Glück, und wer bleibt eigentlich noch in Hamburg?», fragt Rosmarie Pierer, die ganz aufgekratzt wirkt. Sie hat etwas viel Rioja erwischt. «Ingelein, nun aber ehrlich, das war doch eine ganz gute Frage von Jane? Ist es Deine große Liebe?», fragt sie in die Runde der Gäste hinein, als alle wieder eng beisammen im Wohnzimmer sitzen. Es geht gegen 22 Uhr. Die Hausglocke klingelt. Steht da doch tatsächlich kein Geringerer als Kollege François Bondy plötzlich hier. Heinrich habe ihm von diesem Treffen erzählt. Er sei *per caso* in Hamburg, weil er morgen an der Universität eine Gastvorlesung über die politische Situation in Ungarn halte. «Habt ihr gerade von Inges Mailänder Prinzen geredet?», fragt Bondy leicht süffisant lächelnd. In Paris sei die Nachricht natürlich auch schon angekommen. Sein Kollege Herbert Lüthy wirke seither ziemlich deprimiert, nachdem er ohnehin nicht sonderlich guter Laune sei, weil ihn gerade der Umzug von Paris nach Zürich sehr beschäftige. «Er wird ja bald ein richtiger Professor an der Eidgenössischen Technischen Hochschule sein», schmunzelt Bondy.

Jetzt oder nie, denkt Inge, besser sie kann hier ihren besten Freunden direkt mitteilen, was an der Sache dran ist, als dauernd mit neuem Gerede über ihren ambitiösen *Sommerflirt* und den mysteriösen *Latin Lover* konfrontiert zu sein. «Große Liebe, ein großes Wort. Ich habe echt Mühe, meine Gefühle für Feltrinelli in Worte zu fassen. Wenn *große Liebe* meint, dass man so stark füreinander empfindet, dass man sich eine gemeinsame Zukunft vorstellen kann und bereit ist, dafür auch einiges anderes aufzugeben, dann ist das jetzt ohne Zweifel meine ganz große Liebe», sagt Inge. Sie wüssten allerdings beide, dass das nicht einen Zustand beschreibt, sondern einen Weg, auf dem beide gefordert sind, sich immer neu aufeinander zuzubewegen. Man müsse dabei auch bereit sein, sich zu verändern. «Du wirst also bald nach Mailand ziehen?», fragt Rosmarie Pierer. «Nein, jedenfalls nicht gleich heute oder morgen», sagt Inge, «Giangiacomo Feltrinelli hat sich gerade erst von seiner zweiten Frau getrennt. Die Scheidung ist juristisch noch am Laufen.» Aber sie würden sich in wenigen Wochen zusammen auf eine längere Reise in die USA und nach Kuba machen. «Und Giangiacomo möchte gerne noch für einen kleinen Abstecher nach Venezuela. Ich hingegen fände spannender, ein paar Tage Mexiko zu bereisen.» Vier Tage nach dem freundschaftlichen Abendessen bei Ledig-Rowohlt meldet sich auch der Unternehmer Rudolf August Oetker bei Inge. Seinem Brief, den er offenbar auf dem Passagierschiff MS CAP NORTE geschrieben hat, entnimmt sie, dass er tatsächlich keine Ahnung hat von ihrer «neuen Liebe». «Wie findest Du es eigentlich, dass ich auf die große Reise gegangen bin, ohne mich ordnungsgemäß von Dir zu verabschieden, und ohne Dich zu fragen, ob Du nicht mitfahren willst? Wärest Du denn mitgekommen, oder bist Du für das nächste halbe Jahr völlig mit Terminen ausgebucht? Deinem Briefchen im Telegrammstil nach, hast Du das Arbeiten wohl an den Nagel gehängt und gehst jetzt dem Vergnügen nach. Solches und Ähnliches solltest Du mir berichten. Damit man sich darauf einstellen kann und keine Pannen passieren, indem ich Dir bei unserem nächsten Zusammentreffen mir nichts dir nichts um den Hals falle. Also wärest Du mitgekommen? Dann kannst Du nach Buenos Aires nachkommen und mit uns zurückfahren.» Ein weiterer Verehrer, der die Ingemaus begehrt? Umgehend erzählte Inge davon in ihrem nächsten Brief an Feltrinelli: «Du siehst, mein frecher Kater, es gibt durchaus noch andere wohlhabende Herren, die mich nähmen.»

April 1959

Soeben sind Inge und Giangiacomo von ihrer Amerikareise zurück in Europa. Es waren intensive Monate on the road und auf der Suche nach neuen Verlagskontakten. Die erste Etappe war New York Ende Januar, dann ging es zehn Tage später weiter nach Mexiko City und nach Acapulco, wo sie ein Auto gemietet haben und an der Pazifikküste Richtung Norden nach Zihuatanejo gefahren sind, an einen Ort, der jeglichen Sorgen, bürokratischen Hindernissen und bösen Zungen nicht ferner sein könnte. Der ideale Ort, um zu heiraten. In einem «Büro für schnelle Eheschließungen» geben sie sich vor einem Beamten mit langen, fettigen Haaren, der die Formeln auswendig herunterleiert und dabei eine Zigarre pafft, das Jawort. Die Hochzeitsreise ist kurz, denn die frisch Vermählten reisen nach New York zurück. Dank *Doktor Schiwago* stehen Giangiacomo Feltrinelli die Türen der Verlagswelt offen. Kurt Wolff, der den Roman auf den amerikanischen Markt gebracht hat, fungiert als Türöffner bei den größten amerikanischen Verlagen. Inge und Giangiacomo wohnen bei ihm in Manhattan. Die Begegnungen vervielfachen sich. Feltrinelli gibt Barney Rosset, dem Herausgeber der renommierten Zeitschrift für Avantgardekultur, *Evergreen Review*, ein Interview, in dem er die kurze Geschichte des Verlages und seines zukünftigen Weges zusammenfasst.

> «Wir haben 1955 angefangen, und bis auf ein paar Ausnahmen waren unsere ersten Titel ziemlich schlecht. Ich bin nach Amerika gekommen, weil wir heute eindeutig bessere Bücher verlegen und noch bessere verlegen wollen. Ich dachte, direkte und persönliche Kontakte zu amerikanischen Verlegern könnten ein wichtiger Schritt sein, um uns weiterzuentwickeln, unseren Katalog mit neuen Autoren zu bereichern und uns vom literarischen Geschehen in Amerika ein konkretes Bild zu machen.»

Er nutzt die Gelegenheit, um mit Rosset, der Autoren wie Samuel Beckett, Henry Miller und Jack Kerouac großgemacht hat, über die Beat Generation, *Doktor Schiwago* und natürlich über Zensur, freie Presse und Redefreiheit zu sprechen. Für ihn, so erzählt Giangiacomo, entwickele sich das Leben ständig weiter, die Mehrheit werde die Minderheit nie daran hindern können, ihrerseits zur Mehrheit zu werden. Zwischen den beiden entsteht eine Freundschaft, wie auch mit Jason Epstein, der mit nur achtundzwanzig Jahren den Verlag Random House leitet und später den *New York Review of Books* gründen wird. Auch Mike Bessie, der an der Spitze von Harper steht, Bill Jovanovich, dem montenegrischen Leiter von Harcourt Brace, und Roger W. Straus, der 1946 den Verlag Farrar, Straus mitbegründete, werden zu Wegbegleitern und vor allem zu Freunden.

In New York ist Jagdsaison. Feltrinelli versucht, wegen *Lolita* mit Nabokov zu verhandeln, doch die beiden mögen sich nicht, und es wird nichts daraus. Besser läuft es mit Karen Blixen und ihrem *Jenseits von Afrika*. Die dänische Schriftstellerin ist auf Lesereise in den Vereinigten Staaten, und Inge und Giangiacomo treffen sie zum Lunch in ihrem Hotel. Die von mehreren Magenoperationen geschwächte Blixen nimmt nur Austern und Champagner zu sich. Giangiacomo führt das Wort, doch es ist Inge, die den richtigen Ton mit der Schriftstellerin trifft und ihre Sympathie gewinnt. Jack Kerouac wäre ein Traum, doch fürs Erste wird nichts daraus. Das junge Paar schaut bei Arthur Miller vorbei; es wäre schön, auch seiner Frau Hallo zu sagen, die er 1956 geheiratet hat, doch die zieht sich während ihres Besuchs ständig um und lässt auf sich warten. Inge und Giangiacomo versuchen, Zeit zu schinden, aber es hilft nichts. Sie werden Marilyn Monroe ein anderes Mal die Hand drücken.

Dann folgt die Stippvisite in Kuba. Mitte März kommt das Paar mit dem Nachtflug in Havanna an. Nicht einmal zwei Monate sind vergangen, seit Castros Rebellen den Diktator

Batista zur Flucht ins Exil in die Dominikanische Republik gezwungen haben. Die Stadt erscheint wie in einem euphorischen Schwebezustand. Giangiacomo schreibt:

> «Herrliche, sehr chaotische Stadt, mit Spaniern, Schwarzen und Chinesen, voller Leben, Farben, Treiben. Hin und wieder sieht man hier und da bärtige Kämpfer mit Pistolen und Maschinengewehr, die auf Stühlen vor öffentlichen Gebäuden lümmeln, um sie vor dem Feind zu schützen.»

Das frisch vermählte Paar hat sich für das Havana Hilton an der Prachtstraße La Rampa im Viertel Vedado entschieden. Das von Batistas Regime vor genau einem Jahr unter großem Pomp mit dem Slogan «das größte Hotel Lateinamerikas» eingeweihte Haus verfügt über mehr als 600 Zimmer. Wenige Monaten später wird der Name des Hotels in Habana Libre geändert. Inge und Giangiacomo wissen nicht, dass Fidel Castro ausgerechnet dort, in der Continental Suite, sein Hauptquartier aufgeschlagen hat.

Am nächsten Morgen gehen sie am Malecón spazieren. Inge trägt eine gelbe Baumwollbluse und einen hellen, weiten Rock. Vor ihnen spielen die indigoblauen Wellen des Meeres. Inge will Giangiacomo das *Habana Vieja* zeigen. Sie kommen am Hotel Washington vorbei und fangen an, sich gegenseitig zu fotografieren. Auf den lichtweißen Straßen sind verträumte Pärchen zu Fuß oder mit dem Fahrrad unterwegs, Umarmungen in Bewegung: Vor Inges und Giangiacomos Augen entrollt sich ein phantastisches, funkelndes, wogend sinnliches Tableau vivant. Inge freut sich, dass die Kubaner von der Diktatur befreit wurden. Giangiacomo macht sich Notizen über Fidel Castros Bewegung des 26. Juli. Wer weiß, was Hemingway von dieser Revolution hält, fragt sich Inge.

Am Abend stehen die beiden vor dem hölzernen Eingangstor von Ernest Hemingways Finca. Es scheint sich nicht viel verändert zu haben, seit Inge vor Jahren hier gewesen ist. Das Tor ist mit einer dicken Eisenkette verschlossen, und das Schild, das die Besucher auffordert, sich anzukündigen, ist noch immer an seinem Platz. Der Weg, der vom Tor zum Haus führt, ist gepflegt wie immer. Dann eine Stimme. «Inge, increíble, me alegro de verte!»

Es ist René, Hemingways *Butler*. Die beiden umarmen sich gerührt. Inges grazile Figur verschwindet fast in den Armen des Mannes. «René, mira, este es mi marido, Giangiacomo», sagt Inge stolz.

Nein, Hemingway ist nicht auf der Insel, sagt René, in den letzten Monaten habe er sich selten blicken lassen. Er hat ihn seit Monaten nicht gesehen. Soweit er weiß, ist er in seinem Haus in Kalifornien. Ehe sie gehen, ist noch Zeit, einen Drink zu nehmen und dem Paar das Foto mit dem Marlin zu zeigen, das «Papa» hat rahmen und im Schlafzimmer aufhängen lassen. Im Haus ist alles noch genauso, wie Inge es in Erinnerung hatte. In den folgenden Tagen gehen Inge und Giangiacomo in Santa María del Mar vor den Toren Havannas baden, besuchen das El Floridita und machen unzählige Fotos, bei denen Inge sich vom Schwarz-Weiß verabschiedet.

Dann geht es wieder zurück nach New York, aber erst nach einem Zwischenstopp in Miami, um Gassy zu sehen, die dort wohnt, seit ihr Mann die Leitung eines Forschungsprojekts bei der NASA übernommen hat. Nachdem sie einen Chevrolet gemietet haben, machen sie gemeinsam die gleiche Reise durch die USA wie Inge viele Jahre zuvor, allerdings in der Gegenrichtung, als könnte sie damit die entsetzliche Erinnerung an jene Männer für immer ausradieren, mit denen sie damals mitgefahren war.

Mai 1959

Giangiacomo ist in Mailand. Inge in Hamburg. Er weiß, dass ihn der «Fall Pasternak» und seine juristischen Schlachten erwarten. Inge vermerkt in ihrem Tagebuch, sie müsse sich dringend eine italienische Grammatik besorgen.

Jetzt beginnt eine neue Geschichte.

Das Mädchen aus Göttingen ist endgültig verschwunden.

Inge Feltrinelli tritt auf die Bühne.

Anmerkungen des Autors

Seit ich mich das erste Mal fragte, warum es, abgesehen von zahllosen Artikeln und Interviews über die «letzte Granddame» des europäischen Verlagswesens, keine echte Biographie von Inge Schönthal Feltrinelli gibt, sind zweiundzwanzig Jahre vergangen. 2001 war sie gerade einundsiebzig Jahre alt geworden und leitete den Mailänder Verlag seit über dreißig Jahren. Ich war achtundvierzig und seit vier Jahren Chefredakteur des Schweizer Kulturmagazins *DU*. Anlässlich einer Ausstellung der Stadt Zürich zum dreißigsten Todestag von Giangiacomo Feltrinelli hatten die beiden Kuratorinnen des Museums Strauhof, Sybille Gut und Francesca Tommasi, vorgeschlagen, die März-Ausgabe von *DU* der Figur des Verlegers zu widmen.

Im März 2002 wurde die Ausstellung «Feltrinelli: Verleger und Revolutionär» eröffnet, und die monographische Ausgabe unserer Zeitschrift erschien. Darin brachten wir ein kurzes Interview mit Inge, der dritten Frau des Verlegers, bebildert mit einigen Fotos aus ihrer Zeit als Fotoreporterin, die dem verlegerischen Abenteuer vorausging.

Sie kennenzulernen und eine leise Ahnung von ihrer Jugend in Deutschland und den Jahren vor ihrer Begegnung mit Giangiacomo zu erhalten, hinterließ einen tiefen Eindruck bei mir.

Wer war Inge Schönthal? 2003 wurde ich Redaktionsleiter des kulturellen Gesprächsformats *Sternstunden* im Schweizer Fernsehen. Im November 2005 lud ich Inge Feltrinelli zu einem einstündigen Gespräch an den Tisch von *Stern-*

stunde Philosophie. An dem Abend blitzten endlich die ersten Umrisse der Kindheit und Jugend zwischen Göttingen und Hamburg auf und die Schwierigkeiten, die ihre Fünfzigerjahre bestimmten. In der Zwischenzeit war das Leben der Fotoreporterin Inge Feltrinelli dank einer anlässlich ihres siebzigsten Geburtstags von ihrem Sohn Carlo organisierten Mailänder Ausstellung wiederentdeckt worden.

Im Juli 2014 moderierte ich in Luzern *Impuls*, ein neues Gesprächsformat des KKL (Kultur- und Kongresszentrum Luzern). Trotz ihrer vierundachtzig Jahre kam Inge Feltrinelli für eine öffentliche Unterhaltung mit dem Zug aus Mailand. Während des darauffolgenden Abendessens traute ich mich zum ersten Mal, ihr zu sagen, dass es dringend ein Buch über ihr Leben bräuchte. Sie machte ihre typische wegwerfende Handbewegung, schüttelte energisch den Kopf und sagte: «Vergessen Sie's. Ich bin eine unwichtige Person.» Ich wusste jedoch, dass sie mehrere Anfragen von Biographen erhalten hatte und dass sogar Isabel Allende sich an einer Geschichte über ihr Leben versuchen wollte.

Im Winter 2016 startete ich einen zweiten Anlauf, und unverhofft zeichnete sich während eines Mailandbesuchs die Chance auf ein langes Interview ab: «Im Frühling könnten wir uns eine oder zwei Wochen lang täglich treffen und plaudern ... Und dann sehen wir weiter.» Am 25. Mai 2017 trafen wir uns zu einem ersten Interview in ihrem Büro an der Via Andegari: eine Stunde, dreißig Minuten und fünfzig Sekunden. Zehn Tage lang machten wir ohne Pause weiter. Rund fünfzehn aufgenommene Stunden. Danach gab sie mir eine Liste von Personen, die ich kontaktieren könnte. Vor allem sollte ich möglichst bald Gassy kennenlernen, ihre beste Jugendfreundin, und ihren ersten Tanzlehrer: Otto

Hack. Eine Reise in ihre Heimatstadt Göttingen war ebenfalls ein Muss.

Es folgten Monate intensiven Austauschs und regelmäßiger, teils geplanter, teils von ihr spontan erbetener Treffen. Sie gab den Takt vor, immer freundschaftlich und großzügig, aber gern auch in leichtem Kommandoton. Inge Feltrinelli konnte «herrisch» und mitunter sogar schroff wirken, doch war sie stets verlässlich, respektvoll und von vollendeter Höflichkeit. Bei der Arbeit war sie das Inbild des Pragmatismus, gewissermaßen durch und durch deutsch: Wer mit ihr zu tun hatte, musste «tüchtig» sein. Im Laufe der Jahre haben wir uns stets gesiezt und beim Vornamen angeredet.

Im Herbst 2017 hatte ich mir vorgenommen, aus den Unterhaltungen mit Inge Feltrinelli einen ersten roten Faden zu spinnen, eine Art erzählerische *guideline* durch ihr bewegtes Leben, um daraus den Entwurf für ein Buch zu entwickeln. Ich stellte ihn ihr vor, und sie schien damit zufrieden.

Im Frühjahr 2018 begann ich mit dem ersten Kapitel über Inges Kindheit und Jugend in Göttingen.

In der zweiten Augusthälfte, wenige Wochen vor ihrem Tod, durfte ich sie in ihrem Haus in Österreich besuchen, und obwohl schon sehr krank, schaffte sie es, sich der Lektüre der ersten Seiten zu widmen. Als ich in mein altes Haus ins Tessin zurückgekehrt war und gerade über ihren Besuch bei Hemingway in Kuba 1953 schrieb, erhielt ich die Nachricht von ihrem Tod. Sofort traf mich der Gedanke, wie viele Fragen ich ihr gern noch gestellt hätte. Und seither veränderte sich die Quellenlage alle paar Wochen. Über 50 Jahrgänge Agendas hat mir Sohn Carlo zugänglich gemacht, die neben wichtigen Geschäftsterminen teilweise über Seiten erzählerische Passagen enthalten. Kartons voller Briefe tauchten auf, Zeitschriften, die Inge Schönthal beiseitegelegt hatte,

Artikel befreundeter Autoren und zahlreiche Manuskripte ihrer Reportagen aus den Fünfzigerjahren, darunter zu den gleichen Themen oft mehrere unterschiedliche Fassungen. In einer farbigen Schuhschachtel fanden sich unzählige Liebesbriefe von Melvin J. Lasky.

All diese Quellen liegen seit einigen Monaten bei der Fondazione Giangiacomo Feltrinelli und sollen nun gesichtet, geordnet und professionell archiviert werden. Aber das wird dauern. Diese Hinterlassenschaft ist eine wahre Goldgrube, die maßgeblich dazu beigetragen hat, dieses Buch mit ihrer Stimme zu füllen (von den Notizbüchern, in denen sie von ihrer Reise nach Paris und New York erzählt, über die Reportagen aus Spanien, Brasilien und Ghana, ihre Artikel für *Constanze* bis zu den Entwürfen ihres nie fertiggestellten Buches *Wie werde ich Reporterin?*, die von Greta Garbo, Erwin Blumenfeld, Richard Avedon, John Rawlings, Ernest Hemingway, Pablo Picasso, Federico Patellani usw. erzählen). Ihre Schätze sind noch längst nicht alle gehoben. Sie warten nur darauf, auf der Suche nach den vielen anderen Leben des Mädchens aus Göttingen ergründet zu werden. Bewusst sind in dem vorliegenden Buch fast ausschließlich primäre Quellen verwendet worden. Im Buch sind Zitate und Fotografien so platziert, dass sie als Quellen bezüglich Zeit und Herkunft gut zu orten sind. Darum finden sich hier keine Liste der Zitate und kein Literaturverzeichnis. Und eines ist gewiss, diese vorliegende biographische Annäherung an «das erste Leben» von Inge Feltrinelli wird nicht das letzte Buch über sie sein. *Affaire à suivre!* Sind die hinterlassenen Dokumente erst einmal erfasst und archiviert, werden künftige Recherchen erleichtert. Vielleicht findet sich in den von Inge Feltrinelli gesammelten Papieren irgendwann gar das fertige

Manuskript ihres geplanten Buches zum Fotojournalismus –
Wie werde ich Reporterin?

Danksagungen

Ein herzlicher Dank an alle, die mich auf dem langen Weg zu diesem Buch begleitet und unterstützt haben. Vor allem an Carlo Feltrinelli und seine Familie und an Tomás Maldonado, Inge Feltrinellis Lebensgefährten, der wenige Monate nach ihr starb.

Mein Dank geht in alphabetischer Reihenfolge an alle, die bereit waren, mich für ein Gespräch zu empfangen. Auch wenn die meisten der hier genannten Personen Inge Feltrinelli nur aus ihren Mailänder Jahren kannten, hat mir der Austausch mit ihnen die Erfahrungen und Erinnerungen geschenkt, dank derer ich mich ihrem Leben annähern konnte: Maria Luisa Agnese, Natalia Aspesi, Costanza Barbieri, Daniel Barenboim, Benedetta Barzini, Otello Baseggio, Bianca Beccalli, David Bidussa, Walter Feilchenfeldt, Gary E. Fisketjon, Gianluca Foglia, Richard Ford, Gassy Geiss, Silvia Grassi, Vittorio Gregotti, Otto Hack, Michael Krüger, Gad Lerner, Michael Lüthy, Giulia Madifassi, Romano Montroni, Anna Nogara, Christoph Ransmayr, Jean Richards, Alberto Rollo, Gaia Servadio, Massimiliano Tarantino, Salvatore Veca, Massimo V. Zelman.

Ich danke Dieter Bachmann, Marco Guetg, Georg Kreis und René Keist für ihren freundschaftlichen Zuspruch in den Momenten des Zweifelns und Haderns. Ein besonderer Dank geht auch an die ersten drei Leserinnen meines Manuskripts, Antonia Meier-Gamma, Jana Schünemann und Gigi Falk.

Danke an Andrea Affaticati und an Leonella Basiglini für ihre wertvollen Übersetzungen.

Carlo Buga vom Feltrinelli Verlag möchte ich meinen Dank ausdrücken, der mit großer Empathie dazu beigetragen hat, dem Buch sprachlich und stilistisch die richtige Form zu geben.

Inhaltsverzeichnis

1 **Mischling ersten Grades**
   7

2 **Die tanzenden Physiker**
   37

3 **Das Feldbett**
   73

4 **A Star ist Born**
   137

5 **Bewährung an der Front**
   203

6 **Der moderne Mensch**
   283

7 **Die Verbindung zweier chaotischer Systeme**
   319

Anmerkungen des Autors   371
Danksagung   377
Bildnachweis   381

Bildnachweis

S. 10   Inge mit eineinhalb Jahren, 1932
S. 13   Trudel Rosenmüller, Inges Mutter um 1927
S. 17   Die vierjährige Inge mit Nachbarskind (oben), mit sechs Jahren (unten), 1936
S. 44   Im Innenhof der Zieten-Kaserne in Göttingen, Offiziere vor dem Ausreiten
S. 47   Inge mit Freundinnen, rechts vermutlich Gassy Bach, um 1942
S. 48   Inge mit Papi Otto Herberling und Pony Fritz
S. 49   Mit Papi Otto und Schwesterchen Maren, um 1942
S. 52   Inge mit dreizehn Jahren, 1943
S. 53   Heimkehr von einer Schlittenfahrt, Winter 1943
S. 54   Inge, die stolze Reiterin
S. 70   Inge mit der Großmutter mütterlicherseits, um 1948
S. 74   Das erste Passfoto, 1950
S. 81   Hamburg, angekommen im neuen Leben, 1950
S. 85   Inge erprobt ein Blitzgerät für ihre Rolleiflex, 1951
S. 89   Hans Huffzky, Chefredakteur der Zeitschrift *Constanze*, mit dem Verleger John Jahr, um 1955
S. 99   Inge in Paris, 1951. Foto von Rosmarie Pierer
S. 102 Vor dem Atelier von Modekönig Jacques Fath, 1951. Foto von Rosmarie Pierer
S. 104 Inge vor dem Packard Clipper eines Reporters der Zeitschrift *National Geographic*, Paris 1951. Foto von Rosmarie Pierer
S. 107 Inge mit Anna Magnani, Cinecittà, Rom 1952
S. 119 Inge in Spanien, 1952

S. 121	Mit Torero Pepe Luis Vàzques in Sevilla (oben), Inges erster Stierkampf, 1952
S. 123	Vor und hinter der Kamera in Andalusien, 1952
S. 133	Mit dem Verleger Heinrich Maria Ledig-Rowohlt, 1952
S. 135	Spieglein, Spieglein an der Wand …? Inge kurz vor ihrer Abreise nach New York, 1952
S. 142	Auf der Terrasse im Penthouse an der Fifth Avenue (oben). In den Straßen von *downtown* New York (unten)
S. 145	Kurze Pause, Madison Avenue
S. 146	Greta Garbo, Fifth Avenue. Inges erster Scoop
S. 149	Models im Atelier von Erwin Blumenfeld
S. 152	Richard Avedon mit Model Dorian Leigh
S. 163	«Väti» Siegfried Schönthal in den USA, um 1950
S. 166	John Fitzgerald Kennedy und Elisabeth Arden an einem Ball zu Ehren des Herzogs von Windsor, 1953
S. 187	Inge in der Finca Vigia, dem Haus von Ernest Hemingway in San Francisco de Paula in Kuba, 1953
S. 189	Hemingway in der Bar *El Floridita* in Havanna
S. 191	Kontaktbogen zur Fotografie mit Hemingway, dem Fischer Gregorio Fuentes und dem Merlin
S. 193	Inges Lieblingsfoto. Hemingway macht Siesta auf dem kühlen Boden
S. 195	Picknick im Felde
S. 200	In Inges erster eigenen Wohnung in Hamburg, Brahmsallee 15, 1953
S. 204	Ankunft in Rio de Janeiro mit dem Frachtschiff Babitonga, Februar 1954
S. 206	Werbung für *Contaflex*, eine erste Kompaktkamera
S. 217	Inge auf dem Cover diverser Zeitschriften
S. 233	Inge mit dem Fotografen und Filmer Federico Patellani beim Dreh für einen Dokumentarfilm in Griechenland, April 1954

S. 235	Beim Dreh in Griechenland
S. 238	Kunsthändler Daniel Kahnweiler, Paris 1955 // © Succession Picasso / VG Bild-Kunst, Bonn 2024
S. 246	Picassos «heilige Gemächer» in der Villa *La Californie* in Cannes // © Succession Picasso / VG Bild-Kunst, Bonn 2024
S. 247	Inge mit dem «König der modernen Malerei» // © Succession Picasso / VG Bild-Kunst, Bonn 2024
S. 250	Simone de Beauvoir in ihrer Wohnung in Montparnasse, Paris 1956
S. 251	Skizze von Raymond Peynet // © VG Bild-Kunst, Bonn 2024
S. 258	Billy Wilder (oben) und Audrey Hepburn am Dreh für den Film «Ariane», Paris 1956
S. 262	Die Designerin und Keramikkünstlerin Eva Zeisel
S. 273	Aufmacher zur ersten Reportage von Inge aus Ghana in *Constanze*, Herbst 1958
S. 274	Inge in Ghana in Aktion
S. 278	Porträt mit einem Stammeshäuptling, Selbstauslöser, Ghana 1958
S. 281	Selbstporträt: Ich bin eine Reporterin, 1958
S. 285	Der Mailänder Verleger Giangiacomo Feltrinelli
S. 336	Marianne Breslauer, spätere Feilchenfeldt. Foto von Erwin Blumenfeld
S. 350	Cecil Beaton, London 1958
S. 357	Heinrich Maria Ledig-Rowohlt mit dem Autor Gregor von Rezzori. Abschiedsparty für Inge zu Hause bei Ledig-Rowohlt (unten), 1959
S. 361	Inge auf der Überfahrt nach Brasilien
S. 367	Inge mit ihrer besten Freundin Gassy Geiss am Strand von Miami, April 1959
S. 369	Mit Giangiacomo Feltrinelli auf einen Drink im *El Floridita*, Havanna April 1959

S. 376　　Zu Besuch bei Inge Feltrinelli in Villadeati im Piemont, Juni 2018. Foto von Antonia Meier-Gamma

Bis auf das Foto auf Seite 376 stammen alle Aufnahmen aus dem Inge Feltrinelli Archiv. Alle Rechte vorbehalten.